आनंद पथ

आंतरिक सुख की सार्थक तलाश

अमित कुमार निरंजन

संपादन - संजय देव (पूर्व संपादक, अमर उजाला)

मयंक चतुर्वेदी (वरिष्ठ पत्रकार, साहित्यकार)

आईडिएशन/सहयोग - निधि दुबे.

Notion Press Media Pvt Ltd

No. 50, Chettiyar Agaram Main Road,
Vanagaram, Chennai, Tamil Nadu – 600 095

First Published by Notion Press 2022
Copyright © Amit Kumar Niranjan 2022
All Rights Reserved.

ISBN 979-8-88521-264-9

इस किताब का लेखक मैं नहीं, वे दृश्य व अदृश्य ऊर्जाएं हैं जो इस असीमित सृष्टि में रहने वाले हर जीव के कल्याण के लिए जुटी हुई हैं। सौभाग्य है कि अनंत ऊर्जाओं ने मुझे चुना। इन ऊर्जाओं से मन को संदेश मिलते रहे, शरीर ने उन संदेशों को शब्दों में उतारा है (या कह लें, जमीनी स्तर पर लागू किया)। इसलिए भगवान बुद्ध और सभी धर्मों के गुरुओं को इस किताब का हर सूक्ष्म से सूक्ष्मतम कण समर्पित। 21वीं सदी की सबसे बड़ी त्रासदी कोरोना काल में अपनों को खोने वाले परिजनों को भी समर्पित है यह किताब। उनके दु:ख को आत्मसात कर किताब को लिखने की प्रेरणा हमेशा मिलती रही। दृश्य व अदृश्य ऊर्जाओं का आभार जिनके मार्गदर्शन में किताब का हर शब्द गढ़ा गया। उम्मीद है ये किताब शांति और आनंद की खोज में आपकी मददगार साबित होगी। लेखक सृष्टि के हर प्राणी के लिए दुख और कष्टों से मुक्ति की कामना करता है। अध्यात्म के इस सफर में परिजनों, मित्रों, परिचितों के सहयोग और उनके त्याग के लिए आभार।

अनुक्रमणिका

पहचान के दो शब्द

ज्ञानियों से सुना है कि अगर किसी शख़्स में परदुख-कातरता का गुण है तो अपनी तमाम अनगढ़ताओं, खामियों के बावजूद वह शख़्स बेहतरी की राह पर बढ़ जाने की संभावनाओं से सदा सम्पन्न रहता है, रहेगा। अपने से छोटे जिस शख़्स में ऐसा होते हुए देखा है, उसकी विकास यात्रा के कुछ पड़ावों की दास्तान है यह किताब।

एक ईमानदार लेकिन बेहद अक्खड़ और कोई भी समझौता कर पाने की क्षमता से विहीन युवक के रूप में अमित को लंबे समय तक मैंने देखा है। अपनी भावुक ईमानदारी और आदर्शवादी जीवन मूल्यों की वजह से बड़े से बड़े जोखिम को उठा लेने की तैयारी रखने वाले अमित को मैं उसके दिल्ली आने के शुरुआती दिनों से जानता हूँ। खूब मेहनत करने का माद्दा रखने वाले, रिश्तों में ईमानदारी रखने वाले लेकिन एक किस्म की अपरिपक्व सनक वाले अमित को मैंने धीरे-धीरे, बहुत थोड़ा-थोड़ा बदलते हुए भी देखा है।

अमित कुमार निरंजन की ये किताब आत्मविकास की संभावनाओं के ताज़गी भरे दरवाजे खोलती है। अपने विकास की राह पर कठिन से कठिन हालात से निकल कर भीतर की शांति के सोते की छुअन कैसे जीवन बदलने लगती है, इसका रोचक खाका यहाँ मिलता है। तमाम तरह की डगमगाहटों और कशमकशों के बावजूद हर वक्त हर इंसान के भीतर एक ऐसी गुरु सत्ता या मार्गदर्शक होता है (या कह लें कि हो सकता है) जो हर कठिनाई से उस इन्सान को निकाल लाये, इसके बारे में एक अलग तरीके से अमित के इस आख्यान में आपको चीज़ें मिलेंगी।

ऐसा मार्गदर्शन पाने के लिए किसी भी शर्त की जरूरत नहीं है, निराशा और हताशा के गर्त में से भी निकलकर सुंदर सार्थक जीवन की राह गढ़ी जा सकती है, इसकी एक बहुत रोचक और ईमानदार झाँकी आपको इस किताब में पेज-दर-पेज देखने को मिलती है।

जिंदगी में कुछ सार्थक करने की जिजीविषा वाले अमित को जब मैंने अपने एक मित्र के माध्यम से बिहार की बाढ़ में जाकर कठिन काम में झोंका था तब उसे बेहतर

काम करते हुए देखा तो बहुत अलग तरह की खुशी हुई और उसके इस सुलझे हुए जोश के लिए प्यार और सम्मान मेरे मन में गहराया था। फिर उसके बाद युवान अखबार में उसके काम को देखने का मौका मिला। वहाँ भी उसकी सोद्देश्य कर्मशीलता और नासमझ सा लगने वाला अक्खड़पन, दोनों का तालमेल बनता- निखरता देखता रहा।

मानव जीवन में और कुम्हार के घड़े में एक फ़र्क होता है। घड़ा एक बार ही चाक पर चढ़कर बन लेता है लेकिन मानव जीवन को न जाने कितनी बार जीवनानुभवों की चाक पर चढ़ते रहना होता है...खुद का गढ़ा जाना देखना होता है...।

अमित की तरह ही हम सबकी विकास यात्राएँ चल रही हैं...चलती रहेंगी। इस आख्यान को पढ़कर मुझे एक अलग तरह का आनंद आया और ईश्वर की करुणा और कौतुक के खेल को एक ऐसे जीवन में सिलसिलेवार घटते देखने का मौका मिला, जिसको थोड़ा-बहुत मैंने भी जाना है। जो लोग इस किताब के माध्यम से ही अमित को पहली बार जानेंगे, उनके लिए यह बाल सुलभ चपलता के रूपांतरित होकर गंभीर होते, सार्थक और मूल्यवान अनुभवों से भरते व्यक्तित्व के माइलस्टोनों को देखने का एक अलग अनुभव होगा।

मेरे हिसाब से यह किताब एक निमंत्रण है उस यात्रा में सहयात्री होने का जिसके छोर अभी दूर भले ही हों लेकिन जिसकी दिशा सार्थकता और तूफ़ानों के बीच अडिग खड़े रह सकने की बुनियादी ज़िद की स्पष्ट घोषणा करती है। साथ ही यह किताब इस सनातन सत्य को भी फिर से कहती है कि आध्यात्मिक अनुभव दुनियावी जीवन को बेहतर जीने की सबसे मज़बूत और भरोसेमंद मार्गदर्शिका हैं...जीवन की चुनौतियों से भागने का चोर दरवाज़ा नहीं।

अमित की यात्रा जारी है, हम सबकी भी जारी है। हम एक-दूसरे की इन विकास यात्राओं से बहुत कुछ पा सकते हैं, पाते ही हैं। आप भी पायेंगे, ऐसा विश्वास है। सब कुछ से आप सहमत हों, यह कतई ज़रूरी नहीं।

आध्यात्मिक अनुभव जिस निरपेक्ष आत्मविश्वास और आनंद की छुअन से आपको नहलाते हैं, पाक करते हैं, उन्हें करीब से देखने का संभवतः एक भावुक निमंत्रण है यह किताब।

अज्ञेय की एक कविता से अपनी बात पूरी करता हूँ

धुंध से ढँकी हुई

कितनी गहरी वापिका तुम्हारी

कितनी लघु अंजली हमारी।

फिर भरते हैं ओक,

लहर का वृत्त फैल कर हो जाता है ओझल,

इसी भाँति युग-कल्प शिलित कर गये हमारे पल-पल वापी को

जो धुंध ढके है

छा लेती है गिरि-गह्वर भी अविरल।

किंतु एक दिन खुल जायेगा

स्फटिक-मुकुर-सा निर्मल वापी का तल,

आशा का आग्रह हमें किये है बेकल–

धुंध ढँकी

कितनी गहरी वापिका तुम्हारी

कितनी लघु अंजली हमारी...।

– संजय देव (पूर्व संपादक, अमर उजाला)

अध्याय - 1

डिप्रेशन : प्रकृति के नियमों के खिलाफ जीने का नतीजा

आप अमित कुमार निरंजन यानी लेखक के जीवन के उस कालखंड को पढ़ने जा रहे हैं, जिसमें उसने न केवल नकारात्मकता के रसातल में पहुंचकर सकारात्मकता की ओर छलांग लगाई, बल्कि प्रकृति की अदृश्य शक्तियों से रू-ब-रू हुआ... कैसे वह एक मानसिक बीमारी से निजात पाने की प्रक्रिया में अध्यात्म के पथ पर चलने को प्रेरित हुआ और खुद की खोज में निकल पड़ा और फिर भगवान बुद्ध के बताए रास्ते पर चलकर इस शख्स की जिंदगी बदल गई।

मैं यानी अमित साक्षी भाव से आपको अध्यात्म के इस सफर के लिए आमंत्रित करता हूं, जिसमें आप पिछले एक साल (अगस्त 2020 से अगस्त 2021) में घटित हुए अनेक रोचक किस्सों से रू-ब-रू होंगे जो शायद आपको एकबारगी चौंका ही दें। ये ऑटोबायोग्राफी नहीं बल्कि एक सफरनामा है, जिसमें कई ऐसी अनुभूतियों का जिक्र है, जिनसे पता चलेगा कि दरअसल हम सब प्रकृति के मूल नियम को समझे बगैर, उन नियमों से जीवन जी रहे हैं, जो हमारे ऊपर कई पीढ़ियों से लादे गए हैं। और जब आप आत्मबोध के पथ पर अग्रसर होते हैं तो वो सब कर पाते हैं, जिसकी आप इच्छा रखते हैं। सफर शुरू करने के पहले आप इस शख्स के बारे में जान लीजिए, जिसके साथ आप इस यात्रा पर निकलने वाले हैं। लेखक के परिचय के गलियारे से गुजरने के बाद ही इस रोमांचक आध्यात्मिक यात्रा का लुत्फ ले पाएंगे।

मेरा जन्म 1984 को बुंदेलखंड के उरई (जिला जालौन, उत्तर प्रदेश) जैसे छोटे शहर में हुआ। एक साधारण किसान परिवार में जन्मे लेखक के पिता राम प्रकाश निरंजन बीएसएनएल के पूर्व कर्मचारी हैं और माता उमा देवी ग्रामीण परिवेश की घरेलू और व्यवहारिक महिला हैं। मार्च 2021 तक तक मैं देश के सबसे प्रतिष्ठित अखबारों में से एक दैनिक भास्कर में विशेष संवाददाता के पद पर कार्यरत था। इस जगह तक पहुंचने और बने रहने का संघर्ष अलग है। मेरी वर्क प्रोफाइल में आए दिन देश के उच्च अधिकारियों, मंत्रियों, सांसदों से मिलना आम बात थी। संसद से लेकर लोकसभा चुनावों

की जमीनी कवरेज का भरपूर अवसर मिला। दिल्ली स्थित आईएनएस की इमारत में दैनिक भास्कर का ऑफिस है। यहां से पांच किमी का दायरा राजनीतिक तौर पर बेहद प्रभावशाली माना जाता है। बहुत लोग हैं जो मानते हैं कि देश इसी पांच किमी के दायरे में काम करने वालों से चल रहा है। पत्रकारिता के क्षेत्र में सबसे प्रभावशाली स्थान पर लेखक अपना काम कुशलता से कर रहा था। दैनिक भास्कर के हर बड़े असाइनमेंट का हिस्सा रहता था। पत्रकार के तौर पर ये सब किसी उपलब्धि से कम नहीं था। इस प्रोफाइल पर काम करना कई पत्रकारों का सपना रहता है।

जब सब अच्छा था, तब लेखक के जीवन में ऐसा क्या हुआ जिस कारण उसने दैनिक भास्कर से न सिर्फ बेहद सहजता से इस्तीफा दिया बल्कि पत्रकारिता के क्षेत्र से ही दूरी बना ली? आखिर क्यों लेखक नकारात्मकता के दलदल में फंसता चला गया, जिससे निकलने में उसे कई बार करीब-करीब मृत्यु से साक्षात्कार करना पड़ा...?

ध्यान रहे, यह किताब लेखक के व्यवसायिक संघर्ष की नहीं, बल्कि जीवन परिवर्तन की झांकी है। जब भगवान बुद्ध के बताए रास्ते पर चला तो इस बात की अनुभूति हुई कि अमित की विकट स्थिति के लिए बाहर का कोई व्यक्ति नहीं, बल्कि वह खुद ही जिम्मेदार है। उथल-पुथल उसके अंदर चल रही थी और वह सुधार रहा था बाहर की परिस्थितियों को। जब खुद को समझने बैठा तो पाया कि दरअसल मैं या आप, अधिकतर लोग प्रकृति के नियमों के विपरीत जीवन जी रहे हैं। ऐसी स्थिति में इसके परिणाम भी गलत आना स्वाभाविक है।

बपचन में ऐसे जुड़ा पूजा-पाठ से -

मेरे पिता अपने काम के प्रति बेहद कर्मठ और मां पूरी तरह से गृहिणी की जिम्मेदारी निभाने वाली महिला हैं। दोनों का ही ईश्वर के प्रति बहुत लगाव है। वे अक्सर मुझे मंदिर ले जाते थे। संतों के सत्संग, भजन, तीर्थयात्रा, इन सभी जगह मैं 5 साल की उम्र से जाता रहा हूं। बचपन में मैंने बद्रीनाथ, ऋषिकेश वृंदावन जैसे कई तीर्थ स्थलों के दर्शन किए। मैं घूमने के उद्देश्य से उनके साथ जाता था और बड़े-बुजुर्ग ईश्वर की प्राप्ति, सुखी जीवन, मन की शांति और अपने बिगड़े हुए काम बनाने के भाव से इन धार्मिक स्थानों पर जाते थे। परिवार से स्नेह होने की वजह से पिता जी ने अपना ट्रांसफर मुंबई से कालपी (उत्तर प्रदेश) करा लिया। जो उरई से 35 किलोमीटर की दूरी पर था। उरई में पारिवारिक मकान था, हमारे संयुक्त परिवार में अभी भी करीब 20 सदस्य हैं। पिता जी नौकरी के सिलसिले में अधिकांश वक्त कालपी रहते थे, सप्ताह

में वे दो दिन उरई आ जाते थे। इस कारण से उरई में मेरी पढ़ाई दादा जी श्री विशाल सिंह निरंजन की देखरेख में हुई। वे उरई के गांधी इंटर कॉलेज में शिक्षक थे। स्वाभाविक तौर पर शुद्ध शिक्षक। उरई से करीब 12 किमी की दूरी पर हमारा गांव है वीरपुरा।

दादाजी धार्मिक हैं, सो उनकी अल्मारी में कई धर्म ग्रंथ रखे रहते थे। सुबह 4 बजे उठकर योगासन करने के बाद वे ठाकुर जी को नहलाते और बाद में कुछ संस्कृत की किताबें पढ़ते। दादाजी हर शनिवार को गांव जाते थे ताकि गांव में खेती-किसानी का जो बकाया काम हो, उसे पूरा कर सकें। फिर रविवार की शाम उरई आ जाते थे। सोमवार को स्कूल की सेवा के लिए। दादाजी की अनुपस्थिति के दौरान मैं उनके सुबह के क्रिया कलापों की नकल करता– ठाकुर जी को टीका लगाने के लिए चंदन घिसता और बाद में उनकी संस्कृत की किताबें पढ़ता, जिसके शब्द मुझे समझ नहीं आते थे। तब मेरी उम्र महज 7 साल रही होगी। न मैंने यह जानने की कोशिश की कि दादाजी ऐसा क्यों करते हैं और ऐसा ही क्यों करना चाहिए? तब हमें सिर्फ इतना ही बताया गया था कि ईश्वर की सेवा करने से वे आपकी मनोकामना पूरी करते हैं। इस कारण से परीक्षा में पास होने से लेकर साइकिल खरीदने तक में मैंने ईश्वर को कई इच्छाओं की पूर्ति का जरिया बना लिया।

मेरी 10वीं तक की पढ़ाई सरस्वती शिशु/विद्या मंदिर, उरई में हुई, जहां सुबह उठने से लेकर रात सोने तक के नियम बताए गए। सुबह उठते ही हाथों को देखकर धरती को प्रणाम करिए, क्योंकि ये हमें अन्न और खनिज देती है। स्कूल जाने से पहले बड़ों के पैर छूना, भोजन करने के पहले मंत्र पढ़ना जैसी और भी कई आदतें मुझे बचपन से सिखाई गईं। माता-पिता की छत्रछाया में बगैर किसी कष्ट के 12वीं तक की पढ़ाई उरई से ही पूरी हो गई।

आगे की पढ़ाई के लिए कानपुर में एनडीए और आईआईटी की तैयारी शुरू की। यहां से जीवन की असली चुनौती का आगाज हुआ। प्रतियोगी परीक्षाओं में उतार-चढ़ाव के बीच महसूस होता था कि कर्म ही सब कुछ है। इंजीनियरिंग कॉलेज में सिलेक्शन होने के बाद भी मैंने उसमें दाखिला नहीं लिया, क्योंकि इसमें मेरी कोई रुचि नहीं थी। सिर्फ परिवार की संतुष्टि के लिए इंजीनियरिंग की प्रवेश परीक्षा दी थी। मन आर्मी ऑफिसर बनने का था, एनडीए का बचा हुआ एक आखिरी अवसर भी चार नंबर से चूक गया। इसलिए कम्बाइंड डिफेंस सर्विस (सीडीएस) की तैयारी के लिए दिल्ली गया।

2003 में दिल्ली विवि के देशबंधु कॉलेज में बीएससी कंप्यूटर साइंस में दाखिला लिया। यहां आकर मुझे लगा कि मैं अब तक कूप मंडूक था, दिल्ली मुझे एक समंदर की तरह असीमित संभावनाओं जैसी प्रतीत हुई। यहां से मैं आर्मी अफसर बनने के लक्ष्य से भटकने लगा। यहां अपार संभावनाएं देख मैं खुद को रोक नहीं पाया। क्योंकि मन में कहीं न कहीं किसी कोने में समाज के लिए कुछ करने की बात बैठी हुई थी। सोच ये थी कि आर्मी अफसर बनने के बाद भी देश सेवा करनी है तो समाज सेवा करके भी देश के विकास में योगदान दूंगा। यही वजह रही कि मैंने पढ़ाई के दौरान ही अरविंद केजरीवाल, किरन बेदी, पानी वाले बाबा राजेन्द्र सिंह, मेधा पाटकर, पीवी राजगोपाल के साथ वॉलंटियर के तौर पर अवैतनिक काम किया। इनका नाम उस समय बड़े समाज सुधारकों में था।

किरन बेदी जी की टीम के साथ मिलकर मैंने अपने जिले में नशा मुक्ति अभियान तक चलाया था। समाज सेवा का भूत सर चढ़ चुका था। इस कारण मैं ग्रेजुएशन में दो बार फेल हुआ। ये बात है 2004 की। पिताजी बेहद नाराज थे, जो लाजिमी भी था। उन्होंने गुस्से में कहा, तुम अब पढ़ नहीं पाओगे। पिताजी की इस तल्खी के बाद भी मेरा समाज सेवा का भूत नहीं उतरा।

मैं मानव सेवा में इतना डूब गया था कि पढ़ाई के दौरान ही 2005 में आई सुनामी के समय मैं पीड़ितों की मदद के लिए तमिलनाडु और 2008 में कोशी बाढ़ पीड़ितों की मदद के लिए बिहार चला गया। वहां पहली बार महसूस हुआ कि मानव सेवा से बढ़कर कोई और पूजा नहीं होती। चूंकि मेरी मान्यताएं अवैज्ञानिक थीं, इसलिए मेरे मन में बहुत अच्छा काम करने के भाव में धीरे-धीरे अहम् आने लगा। इस काम के प्रति मन में कहीं न कहीं इच्छा उठती कि मेरे साथ अब तो जरूर कुछ अच्छा होगा। क्योंकि यहां तक पहुंचते-पहुंचते मुझे किसी ने नहीं बताया कि ऐसी कौन सी विद्या सीखूं जिससे अनासक्ति के भाव बने रहें। यानी जो काम करूं उसके बदले कोई चाहत न हो।

आस्था के इस असमंजस के बीच मेरा सफर चलता रहा। दो बार फेल होने के बाद मैंने दिल्ली विवि के ओपन स्कूल से बीए की डिग्री हासिल करने में सफलता पाई। इस दौरान मैंने अपना ठिकाना बुद्ध विहार बना लिया जो जेएनयू के ठीक सामने था। जेएनयू में मेरे कई मित्र रहते थे। मेरा काफी समय जेएनयू की धौलपुर लाइब्रेरी में ही बीतता था। जेएनयू में दाखिला लिए बिना भी वहां की आबोहवा ने मुझे और तार्किक बना दिया। हर तरह के धर्म, संप्रदाय, विचारधारा, क्षेत्रीयता के बारे में तुलनात्मक रूप से जानने का मौका मिला। हर धर्म, समुदाय, वर्ग, दर्शन तक तमाम तरह के

व्याख्याता-विशेषज्ञों को सुनने का मौका मिला। इस तरह जेएनयू ने मेरे अंदर के कुछ चक्षु जरूर खोल दिए।

लगातार दो साल फेल होने के बाद खड़ा होना आसान नहीं था। मेरे उरई के मित्र सौरभ जी उस समय जेएनयू में पढ़ाई कर रहे थे और पत्रकारिता से जुड़ चुके थे। उनकी सलाह पर पत्रकारिता की पढ़ाई शुरू की, जो मेरे स्वभाव और हुनर के ठीक विपरीत क्षेत्र था। क्योंकि मुझे घूमने-फिरने का शौक था, लिखने-पढ़ने की आदत अभी नहीं लगी थी। शुरुआती दौर में सौरभ भाई (वर्तमान में दी लल्लनटॉप और इंडिया टुडे के एडिटर) और जेएनयू में असिस्टेंट प्रोफेसर प्रवीण कुशवाहा जी (इनका अब कोरोना से निधन हो चुका है) की मदद से मैं दुनियादारी की पटरी पर फिर दौड़ने के लिए तैयार हो गया।

माखनलाल चतुर्वेदी पत्रकारिता विवि की प्रवेश परीक्षा से लेकर इंटरव्यू की तैयारी सौरभ जी और प्रवीण जी ने ही जेएनयू में कराई थी। पत्रकारिता की पढ़ाई शुरू हो चुकी थी, लेकिन सिर से समाज सेवा का भूत फिर भी नहीं उतरा। 2008 में मुझे बिहार में कोशी नदी में बाढ़ की सूचना मिली। उस समय स्मार्टफोन नहीं होते थे, और टीवी से कई सालों से दूरी बनी हुई थी। पीड़ितों की मदद के लिए अमर उजाला के पूर्व एडिटर संजय देव जी की मदद से मैं सहरसा चला गया। संजय जी आध्यात्मिक व्यक्ति हैं। उनके व्यवहार और वाणी में गजब की सौम्यता है, प्रोफेशनल और पर्सनल लाइफ में बेहतरीन संतुलन है, वे हर किसी से ऐसे मिलते हैं जैसे वो उनके परिवार का सदस्य हो। मदद के लिए हमेशा तत्पर, वो भी बगैर स्वार्थ के।

ऐसे अहम और अति महत्वाकांक्षा ने दौड़ाया -

पत्रकारिता की पढ़ाई के दौरान मेरी मुलाकात निधि दुबे से हुई जो आगे चलकर मेरी अर्धांगिनी बनीं। ये न होतीं तो मैं अच्छा पत्रकार न बन पाता। मुझे पत्रकार बनाने में इनका सबसे बड़ा योगदान है। माखनलाल चतुर्वेदी राष्ट्रीय पत्रकारिता विवि के आखिरी दौर में हम दोनों का ही राजस्थान पत्रिका में ग्वालियर के लिए सिलेक्शन हो गया। वहां अपने काम में अव्वल रहा। मेरे काम का स्तर तो बढ़ रहा था, लेकिन विनमता का स्तर अपनी जगह था, उसमें बढ़ोत्तरी नहीं हो रही थी। वहां एक सीनियर के गलत व्यवहार ने मुझे दुःखी कर दिया और मैंने गुस्से में आकर इस्तीफा दे दिया। बाद में सीनियर को अपनी गलती का अहसास हुआ और उन्होंने माफी भी मांगी, लेकिन मैं उस घटना को भूल नहीं पा रहा था। मुझे संपादक हरीश मलिक जी समेत कई वरिष्ठों ने बहुत रोकने की कोशिश की, लेकिन मैंने किसी की न सुनी (बाद में

महसूस हुआ कि यह मेरा अड़ियल रवैया था)। तुरंत ही 2011 में मैं नोएडा में अमर उजाला युवान का हिस्सा बना। इसके संपादक संजय देव जी ही थे। उन्होंने मुझे पढ़ने के लिए योगी कथामृत की जीवनी दी। इस किताब में आध्यात्मिक यात्रा के कई रोचक किस्सों की मौजूदगी थी। इसको पढ़ने के बाद पता चला कि आस्था और धर्म आपके जीवन में कैसे परिवर्तन लाते हैं। किताब में वर्णित अनेक चमत्कारिक बातों पर उस समय मुझे भरोसा नहीं हुआ। लेकिन अब खुद के साथ वैसी कुछ बातें महसूस होने लगीं तो भरोसा होने लगा है। ये बात जरूर थी कि किताब पढ़ने के बाद मेरे रुके हुए काम जरूर पूरे हो जाते थे।

तब मैंने इस किताब को भी अपनी इच्छापूर्ति का जरिया बना लिया था। संजय देव जी बार-बार चेताते कि इस मकसद से किताब पढ़ना ठीक नहीं है, ये अलग ही रास्ते पर ले जाएगा। मेरे बिगड़े काम हो जाते थे, इसलिए मैंने उनकी बात पर ध्यान नहीं दिया। ये सब इसलिए हो रहा था क्योंकि मैं भी समाज की अवैज्ञानिक मान्यताओं का शिकार बना रहा।

इस बीच घर की जरूरतें बढ़ने लगीं और खर्च भी, इसलिए ढाई साल बाद आगे बढ़ने की महत्वाकांक्षा ने अमर उजाला छोड़ने के लिए मजबूर कर दिया। बाद में 2013 में नवदुनिया भोपाल का दो साल हिस्सा बना रहा। यहां पर भी अति महत्वाकांक्षा के कारण इस अखबार को भी अलविदा कह दिया। पत्रिका ज्वाइन करने के बाद मुझे वहां अहम जिम्मेदारियां मिलने लगीं। लेकिन अपने संपादक की छोटी सी नाराजगी को मैं पचा नहीं पाया और यहां से भी अलविदा कह दिया। उस समय पत्रिका के स्टेट एडिटर अरुण चौहान जी (जो बाद में दैनिक भास्कर में मेरे एडिटर बने) और संपादक आलोक जी ने बहुत रोकने की कोशिश की, लेकिन यहां पर भी मेरा अड़ियल रवैया कायम रहा। छोटी सी बात को दिल से लगा बैठा।

कुछ समय बाद महसूस हुआ कि मेरा व्यवहार ठीक नहीं था। 2016 में अमर उजाला फिर से ज्वाइन किया, लेकिन तरक्की होते न देख डेढ़ साल में ही इसको भी अलविदा कह दिया। मेरा अहम् और अतिमहत्वाकांक्षा मुझे दौड़ाती रही। उसने कहीं ठहरने नहीं दिया। मेरे साथ-साथ मेरा परिवार भी दौड़ रहा था। फिर भी आम मनुष्यों की भांति कुछ विकारों और व्यवहारिक कमियों के साथ यहां तक का सफर कट गया।

जुलाई 2017 में दैनिक भास्कर में बड़ी जिम्मेदारियों के साथ ज्वॉइन किया। दैनिक भास्कर में काम करने की अपार संभावना है। काम करने वालों का संस्था सपोर्ट भी

बहुत करती है। मेरी टीम में जितने लोग थे, वे 15 साल या उससे अधिक समय से ब्यूरो में काम रहे थे, जबकि मैं नेशनल ब्यूरो में नया था। उस समय दैनिक भास्कर के संपादक थे, आनंद पांडे जी (जो वर्तमान में द सूत्र वेबसाइट के संस्थापक हैं।) उनके लीडरशिप में गजब का जादू था, वे मरे हुए इंसान में भी जान फूंक देते थे। उनकी बात अगर कोई सुन ले तो आशाहीन व्यक्ति में भी अपार ऊर्जा का संचार हो जाता है।

यही वजह थी कि उनके नेतृत्व में मैंने अपने पत्रकारिता के करियर का बेहतरीन प्रदर्शन किया। वे भी बड़े आध्यात्मिक हैं। आनंद पांडे जी का आध्यात्मिकता ज्ञान योग से जुड़ा महसूस हुआ।

⬥

जीवन में पाप-पुण्य का महत्व -

29 दिसंबर 2013 को मेरी पत्नी की डिलीवरी भोपाल में हुई। पैदा होते ही बच्चे की हालत नाजुक बताई गई। डॉक्टर बोले अगले 72 घंटे बहुत क्रिटिकल हैं, अभी कुछ कहना मुश्किल है। डॉक्टरों की बात सुन मेरे हाथ-पांव फूल गए। संकटकाल में पीपी सिंह सर, सीमा मैडम याद आए। भोपाल जैसे नए शहर में कई बार यही तारणहार बने। मेरे मानवीय प्रयास पूर्ण हो चुके थे, धरती के भगवान की बात सुन ऊपर के भगवान के सामने आत्मसमर्पण कर दिया। विनती की कि हे ईश्वर, मैंने अब तक जितने भी अच्छे कर्म किए हों, जो पुण्य के रूप में संचित किए हों, मैं उन्हें पूरी तरह आपको समर्पित करता हूं। अपना पुण्य का खाता शून्य करता हूं, आप किसी तरह इस बच्चे को बचा लीजिए। मन इतना डरा हुआ था कि कहीं ईश्वर के दरबार में पुण्य की गणना कम न पड़ जाए। इसलिए मैं अस्पताल में मौजूद जरूरतमंदों की मदद करने लगा। 24 घंटे बाद ही डॉक्टरों ने संकेत दिया कि अब आपका बच्चा खतरे से बाहर है। ईश्वर का धन्यवाद कह हम लोग घर आ गए। कुछ दिनों तक पूजा-पाठ करता रहा। लेकिन मानव सेवा के लिए वक्त नहीं निकाल पाया। इस समय तक मेरी आदत कुछ ऐसी हो चुकी थी कि मैं ईश्वर को किसी न किसी लालसा के लिए ही याद करने लगा।

दूसरी घटना कोरोना काल यानी अप्रैल 2020 को हुई, जब मुझे पाप-पुण्य का हिसाब देने का भी वक्त नहीं मिला। मेरी पत्नी प्रेगनेंट थी, काम के दबाव में मैं खुद पर और अपने परिवार पर ध्यान नहीं दे पा रहा था। मेरी हालत यह हो चुकी थी कि खबर छपना ही मेरे जीवन की बड़ी उपलब्धि और दैनिक भास्कर मेरे लिए दुनिया बन चुका था। मेरी पत्नी ने प्रेगनेंसी की जानकारी दी, जिसे सुन मैं खुश होने की बजाए

चिंता में आ गया। क्योंकि मैं अपने अंदर पहले से ही कई तरह के बोझ ढो रहा था। मैं इतने तनाव में जी रहा था कि नए मेहमान के आने की खुशी को भी महसूस नहीं कर पाया। मेरे और मेरी पत्नी के रिश्ते बिगड़ने लगे। काम की आपाधापी में मैं उसका ख्याल नहीं रख पा रहा था। मैं उस सोच में था कि हमें ये बच्चा चाहिए भी है या नहीं। कोरोना काल में मेरी पत्नी उरई में थी और काम के सिलसिले में मैं दिल्ली ही रुका रहा। उस समय पूरे देश में सख्त लॉकडाउन था। अप्रैल 2020 में मेरी पत्नी का उरई से फोन आया कि रुटीन चेकअप में बच्चे की हालत ठीक नहीं है, डॉक्टर अबॉर्शन की बात कर रहे हैं। हम दोनों ही अबॉर्शन के पक्ष में नहीं थे, किसी बच्चे को खो देने का ख्याल मेरे मन को स्वीकार्य नहीं था। खैर तमाम डॉक्टरों से सलाह मशविरे के बाद हमने अबॉर्शन का निर्णय लिया और हमने दुनिया में आने के पहले नए मेहमान को खो दिया। इस घटना के लिए मैं अपने आप को जिम्मेदार मानने लगा। क्योंकि मेरी पत्नी को जिस देखभाल की जरूरत थी, उसे मैं नहीं कर पाया।

इस बार पाप और पुण्य का हिसाब करने का भी मौका नहीं मिला। क्योंकि मैं पूरी तरह से स्वार्थी होकर काम में डूबा हुआ था। भगवान में आस्था और मानव सेवा बहुत पीछे छूट चुके थे। हालांकि कुछ हफ्तों बाद ही मैं इस दर्द से उबरने में (या कह लें कि उसे भूलने में!) कामयाब रहा।

इसी बीच, कोरोनाकाल में मेरे मित्र तरुण सिसोदिया के साथ हुई घटना ने मुझे अंदर से पूरी तरह से तोड़ दिया। मैं कोरोना में बेहतर रिपोर्टिंग की तलाश में था। मैंने एक विचार अपने संपादक से साझा किया। उन्हें पसंद भी आया, मुझे दैनिक भास्कर की चुनिंदा आधा दर्जन रिपोर्टरों की टीम में शामिल किया गया। जब दुनिया घरों में कैद थी, तब हम बाहर निकल रिपोर्टिंग की तैयारी में जुट गए। पंजाब, हरियाणा, लेह, जम्मू-कश्मीर जाने की योजना बनाई। टास्क के आखिरी दिनों में मैं जम्मू में था। आखिरी स्टोरी पर काम चल रहा था। तब एक महिला पत्रकार मित्र का फोन आया, उसने बताया कि तरुण सिसोदिया ने आत्महत्या कर ली। खबर सुनकर मैं पूरी तरह से सुन्न हो गया, अंदर से ठंडा पड़ने लगा। उसके बारे में कुछ दिन पहले पता चला था कि उसे कोरोना हुआ और एम्स दिल्ली में भर्ती कराया गया था। उसकी आत्महत्या की थ्योरी में कई विवाद पैदा हुए, लेकिन सच्चाई ये थी कि वो अब हम लोगों के बीच नहीं था।

तरुण ऑफिस में मेरे ठीक पीछे वाली कुर्सी पर बैठता था। इस घटना ने मुझे पूरी तरह से तोड़ दिया। मैंने स्टोरी लिखना कुछ दिन के लिए टाल दिया। घटना के पहले

मेरी जम्मू से सीधे दिल्ली जाने की योजना थी, लेकिन घटना के बाद मैंने संपादक से अपने घर उरई जाने की स्वीकृति मांगी, जो सहजता से मिल गई।

मैंने उरई आकर कुछ दिनों बाद महसूस किया कि मेरे अंदर से हर तरह के भाव खत्म होते जा रहे हैं। खबर छपना भी उपलब्धि जैसा महसूस नहीं हो रहा है। गाने-सुनना, फिल्म देखने में कोई आनंद महसूस नहीं हो रहा है। मैं कुछ न कुछ बड़बड़ाने लगा। स्वभाव चिढ़चिढ़ा होने लगा। कुछ भी गलत होने पर मैं दूसरों को दोषी ठहराने लगा।

मैं सोचने लगा कि मैं किस मकसद से जिंदा रहूं। सिर्फ अपने सात साल के बेटे को देखकर थोड़ी बहुत खुशी महसूस होती थी। मैं ये स्वीकार ही नहीं कर पा रहा था कि मैं डिप्रेशन में जा चुका हूं। दिमाग की वायरिंग गड़बड़ा गई थी। कमी मेरे अंदर थी, न कि बाहर। इसे मानने को मैं तैयार नहीं था। किसी बात से नाराज होकर मेरे पिता ने कहा तुम्हें स्वभाव को बदलना चाहिए। आप खुद को बदल सकते हैं, दूसरों को नहीं। तब मुझे पिता की बात उलटी लगी कि ये मेरी ही कमियां बता रहे हैं। लेकिन उनकी इस बात ने असर डाला। अगले ही दिन मैं उरई से दिल्ली के लिए निकल गया।

यह तो हुई एक भूमिका कि किस तरह का ऊटपटांग इनसान था मैं... मेरे जैसे बहुतेरे होते हैं...अब किताब का असली, मौलिक हिस्सा अगले अध्याय से शुरू होता है। इसमें आप देखेंगे कि लेखक के डिप्रेशन से न सिर्फ उबरने में बौद्ध धर्म की शिक्षा-दीक्षा काम आई, उसे कई एकदम नई और अंजानी शक्तियों का अहसास भी हुआ। आगे के सफर में आप मेरे साथ खुद साक्षी होंगे कि कैसे मानसिक स्वास्थ्य को दुरुस्त करने की यात्रा खुद की यानी सत्य खोज में बदल गई।

स्वागत है:...

<h1 style="text-align:center">अध्याय - 2</h1>

<h1 style="text-align:center">साउंड हीलिंग : शांति की अनुभूति संग डिप्रेशन से मिला क्षण भर में छुटकारा</h1>

डिप्रेशन धीरे-धीरे मेरे अंतर्मन थे। हावी होने लगा था। कमरे में लाइट की तेज रोशनी टॉर्चर रूम जैसी यातना देने लगी थी। मोबाइल की घंटी बजने पर मैं सिहर जाता था। मोबाइल पर दूसरी ओर से आने वाली आवाज मुझे इलेक्ट्रिक शॉक देने वाली लगती थी। आधा दर्जन से ज्यादा लोगों का सामना करना मेरे लिए नाजी फौज का सामना करने के बराबर था। मेरी कमियां बताने वाला मुझे दुश्मन लगने लगे थे। शरीर और मस्तिष्क का आपसी संपर्क बिगड़ने लगा था। चाय में नमक, शरबत में शक्कर की जगह रवा डाल देता था। ऑटो वाले से मैं पटेल चौक बोलता था लेकिन मुझे असल में राजीव चौक जाना होता था। ऑटो के रूट बदलने पर मुझे दिमाग की गड़बड़ वायरिंग का अहसास होने लगा था। ये घटनाएं बार-बार होने लगी थीं। दिमाग के नकारात्मक विचार मेरे सामने फिल्म की तरह चलते थे, वे किरदार प्रत्यक्ष रूप में मेरे सामने होते थे, उन्हें देखकर मैं बड़बड़ाने लगा था। जब पत्नी या बेटा टोकते, तब पता चलता कि मैं हवा में किसी से बात कर रहा था।

डिप्रेशन ने मेरे 105 किलो के वजनी शरीर को मानो 500 किलो का बना दिया हो। एक-एक कदम उठाने में खुद को ऐसे मोटिवेट करता था, जैसे एवरेस्ट पर चढ़ाई कर रहा हूं। अक्सर दूसरों को गलत बताकर खुद को पाक-साफ करने की आदत सी पड़ गई थी। अपने-पराए, सब दुश्मनों जैसे लगने लगे थे, सिर्फ बेटे से प्यार बचा था।

उरई के घर में एक कमरा बनवाने का मेरा पहला अनुभव था। हर छोटी चीजों का इंतजाम खुद करना था। कोरोनाकाल के पहले साल में चौमासों की उमस इस काम को और कठिन बना रही थी। शरीर से पसीना रुकने का नाम नहीं ले रहा था। ऊपर से नौसिखिए की मदद के लिए कोई आगे नहीं आ रहा था। दरअसल परिजन मदद को तैयार थे, लेकिन मेरा उग्र स्वभाव देख वे सलाह देने से भी परहेज कर रहे थे। मेरे

लिए परिवार ही सब कुछ था, लेकिन अब वे ही मुझ से दूर थे। मैं महसूस कर रहा था कि मेरा स्वभाव बहुत बदल गया है, लेकिन समझ नहीं आ रहा था इसका क्या समाधान है। मैं गुस्से के कारण अपनों पर कई बार खीझ जाता था। ऊपर से ऑफिस का काम मेरी बची हुई ऊर्जा को खत्म कर रहा था। समझ नहीं आ रहा था कि तनाव का कारण परिवार की बेरुखी है या ऑफिस का असाइनमेंट। कहने को तो उस समय वर्क फ्रॉम होम था, लेकिन ऑफिस के काम के साथ घर का कमरा बनवाना जटिल हो गया था। इसलिए दोनों ही काम करने में उलझन पैदा होने लगी थी।

एक अच्छी नींद और उसमें अच्छे सपनों का अहसास हुए कई माह गुजर गए थे। नींद जैसी भी आती हो, लेकिन सुबह बिस्तर छोड़ने के पहले मोबाइल पर खबरों का अपडेट लेना नहीं भूलता था। कोरोना काल में घर से काम का चलन था। सुबह-सुबह प्रधानमंत्री कार्यालय के बड़े सूत्र से टिप मिली की आज नई शिक्षा नीति आ सकती है। किसी भी एजुकेशन रिपोर्टर के लिए ये बड़ी बात थी। मेरी रुचि इसलिए भी थी कि देश की नई एजुकेशन पॉलिसी को ब्रेक करने का सौभाग्य मुझे मिला था, यह तब हुआ जब केन्द्र सरकार में उसकी नाक के नीचे से खबरों को सूंघना ही पत्रकारों के लिए बड़ी वीरता का काम माना जाता था। नामी पत्रकार इस पॉलिसी के खास हिस्सों को ब्रेक करने में ऐड़ी चोटी का जोर लगा रहे थे। मेरी सफलता का राज ये था कि वे सभी दिल्ली से ब्रेकिंग खोज रहे थे और मैंने इस खबर को बंगलुरू से ब्रेक किया। मुझे पता था कि बड़ी ब्रेकिंग के कारण दैनिक भास्कर इस खबर को अच्छे से प्रकाशित करना चाहेगा। इसलिए मैं सुबह से ही इस टिप को कन्फर्म करने में लग गया। शिक्षा मंत्रालय (उस समय इसका नाम मानव संसाधन मंत्रालय था) से मंत्री कार्यालय से जुड़े सूत्र ने ऐसी किसी खबर के होने से साफ मना किया और बताया कि पॉलिसी आने में अभी वक्त है। पीएमओ और शिक्षा मंत्रालय के दोनों ही सूत्र मेरे बेहद विश्वसनीय थे। मैं फिर भी अलग-अलग रास्तों से इसे कंफर्म करने लगा। लेकिन शिक्षा मंत्रालय के नकारने के एक घंटे बाद ही सरकार की ओर से ट्वीट आया कि आज एजुकेशन पॉलिसी आएगी। इससे पता चला कि उस समय पीएमओ और मंत्रालय के बीच समन्वय में काफी कमी थी।

यह दिन मेरे लिए बेहद तनावपूर्ण होने वाला था। एडिटर ने पूरी प्लानिंग बताई और मैं उसे धरातल पर उतारने में जुट गया। तनाव के कारण पहले ही मन बहुत भारी था, लेकिन इस खबर ने सांसों को भी भारी कर दिया। इस कारण मुझे छोटी से छोटी जानकारी जुटाने में भगवान को याद करना पड़ रहा था। ऐसा लग रहा था कि जैसे मेरे शरीर के दौड़ने की क्षमता है लेकिन किसी ने मेरे ऊपर टनों टन भार रख

दिया हो और मेरी दौड़ने की रफ्तार को कम कर दिया हो। मेरा एक-एक कदम स्लो मोशन में उठ रहा था।

तनाव का स्तर बढ़ाने में मच्छरों ने भी कोई कसर नहीं छोड़ी। उरई के मच्छर बड़े प्रसिद्ध हैं। अच्छे-अच्छों को नानी याद दिलाने की महारथ इन मच्छरों में है। इंटरनेट की स्पीड के लिए घर की छत पर रात 10 बजे स्टोरी के लिए जूझना जारी था, वहीं ये मच्छर मेरे बचे हुए धैर्य की परीक्षा ले रहे थे। इनका एक-एक डंक मिसाइल की तरह हमला कर रहा था। इनकी भिनभिनाहट फाइटर प्लेन जैसी लग रही थी। शायद वे इस तैयारी में थे कि इस इंसान को हर हाल में खबर लिखने से रोकना है। ऐसा करने पर शायद वे अपने दुश्मन पर विजय महसूस करते थे, लेकिन वे भूल गए थे कि उनका पाला ऐसे इंसान से पड़ा था जिसका भारी डिप्रेशन और बिगड़ी मानसिक हालत में सब गड़बड़ा सकता है, लेकिन पत्रकारिता का काम बेहतरी की ओर ही अग्रसर रहेगा। खैर, हजारों बार भगवान का नाम लेकर, दर्जनों बार चाय पीकर और मच्छरों का अपना रक्त पिलाने के बाद मुझे उस दिन न्यू एजुकेशन पॉलिसी की खबर लिखने में कामयाबी मिली।

अगले कुछ दिनों में मेरे ऊपर डिप्रेशन और हावी हो गया। मैं नकारात्मकता के रसातल में पहुंच गया, पूरी तरह से भाव शून्य हो गया था। ये स्थिति ठीक वैसी ही थी जैसे बगैर स्वाद का भोजन करना। मेरे मन में बिजली के लगातार झटके महसूस हो रहे थे। मैं सोचने लगा कि मैं किस कारण से जिंदा हूं, मुझे क्यों जीना चाहिए। अब खबर छपना भी उपलब्धि जैसा नहीं लग रहा था, जबकि पिछले कुछ सालों से बाईलाइन छपना मेरे लिए जीवन का एकमात्र सफलता का पैमाना बन गया था।

मेरे और मेरे पिता के बीच शुरू से ही बात कम होती थी, लेकिन उनकी बात का असर मुझ पर बहुत होता। मैंने उनसे कहा कि हमारे संयुक्त परिवार में स्थितियां पहले से बहुत बदल गई हैं। सब के बीच प्रेम भाव खत्म हो गया है। उन्होंने ज्यादा कुछ नहीं कहा, सिर्फ बोले कि हम किसी दूसरे को नहीं बदल सकते, लेकिन खुद को बदलना हमारे हाथ में होता है। उनकी बात ने दिल को तोड़ दिया, क्योंकि मैं अपेक्षा कर रहा था कि वे अपने बेटे का पक्ष लेंगे।

पिता की इस बेरुखी से मैं खुद को अकेला महसूस करने लगा, मैं रोने लगा, चिल्लाने लगा, सामान इधर-उधर फेंकने लगा। यहां तक कि मेरे परिजन मुझे पागल तक कहने लगे। सात साल का बेटा भी कहने लगा कि पापा आपको ये क्या हो गया

है। लेकिन मैं अंदर से साफ तौर पर महसूस कर रहा था कि डिप्रेशन ने न केवल मेरे मन पर बल्कि शरीर की हर कोशिकाओं को अपने कब्जे में कर लिया है।

अंतर्मन बार-बार चिल्ला रहा था, अमित रुको, तुम गलत कर रहे हो। कोई गलत नहीं हैं, तुम डिप्रेशन के शिकार हो, मानसिक बीमारी में ऐसा कर रहे हो। लेकिन मेरा मन मेरे नियंत्रण के बाहर जा चुका था। मैंने पहली बार अपने तीन रूपों का अनुभव किया- मैं यानी अंतर्मन, मेरा ऊपरी मन और मेरा शरीर। तीनों अपने हिसाब से काम कर रहे थे। इनके बीच कोई समन्वय नहीं था। फिर भी अंतर्मन रास्ता दिखा रहा था, लेकिन मेरा ऊपरी मन उसे नकार रहा था और कह रहा था– अमित, तुम सही हो, बाहरी दुनिया तुम्हारे साथ अन्याय कर रही है।

विवेक खत्म हो गया जिस कारण मेरा शरीर बिजली की गति से प्रतिक्रिया करने लगा था। प्रतिक्रिया के बाद महसूस होता था कि हे राम! मैंने ये क्या कर दिया। इस कारण अच्छे से अच्छे काम बिगड़ने लगे। वहीं ये भी बड़ी हैरत की बात रही कि इस बिगड़ी परिस्थिति में मैं किसी भी प्रकार के व्यसनों में नहीं पड़ा।

फिर एक रात मैं मानसिक रूप से अर्ध मृत अवस्था में पहुंच गया। पंखे की हवा गर्म तूफान जैसी लग रही थी। गर्मी और पसीने का अजीब अहसास शरीर को हो रहा था, ऐसा लग रहा था जैसे कोई मुझे बार-बार गर्म पानी से नहला रहा हो, और गर्म हवा का तूफान शरीर और मन को अंदर-बाहर से जला रहा हो। विडंबना ये थी कि इस दर्द को सिर्फ मैं ही महसूस कर रहा था, बाहर की दुनिया के लिए मैं बिगड़ैल हो चुका था। पैर टूटने पर कोई दौड़ नहीं सकता और उसकी मजबूरी को भी लोग समझेंगे, क्योंकि टूटा हुआ पैर देखा जा सकता है। लेकिन टूटे मन को कोई नहीं देख सकता, इसलिए उसके जीने की बदली हुई लय की वजह नहीं दिखती... और हमारे भारत में मानसिक बीमारियों को कई बार नजर लगना जैसे तंत्र-मंत्र से जोड़कर देखा जाता है।

अपने बेटे की बिगड़ी तबियत देख मेरे माता-पिता ने अगली सुबह पंडित जी को बुलाया। उन्हें खास तरह की पूजा के लिए दक्षिणा दी। मैं उनकी इस हरकत पर तर्क करने की स्थिति में नहीं था। पिछली रात जो हुआ, उसे देख कोई भी माता-पिता अपने बेटे की सलामती के लिए कुछ भी करने को तैयार हो जाता। उनकी लाचारी ने मुझे अंदर से झकझोर दिया। मैंने तुरंत दिल्ली जाकर मनोचिकित्सक से अपना इलाज कराने का मन बनाया।

मनोचिकित्सा के अनुभव - अगस्त के दूसरे हफ्ते में बीवी-बच्चे के साथ मैं दिल्ली आ गया। नाश्ता करने के बाद बहाना बनाकर, पत्नी को बगैर बताए मैं दिल्ली एम्स से पढ़े मनोचिकित्सक डॉ हर्षित के पास गया। पहली मीटिंग में मैंने उन्हें अपने तनाव की वजह बताई। उन्हें ये भी बताया कि कुछ साल पहले डिप्रेशन महसूस हुआ था, मैं डॉक्टर के पास गया भी, लेकिन ये सोचकर मैं चला आया कि मनोचिकित्सक के पास तो पागल जाते हैं। दूसरी ओर, बेहतरीन से बेहतरीन स्टोरी के कारण मेरा मनोबल बढ़ गया। मैंने उस समय में अपने दिमाग की स्थिति को अपने काम के परफॉर्मेंस से जोड़ दिया था। अगर दिमाग दुरुस्त नहीं होता तो मैं बेहतर रिजल्ट नहीं दे पाता। पिछले कुछ सालों से अजीब समीकरण देखने को मिल रहे थे। मेरे मानसिक तनाव का स्तर बढ़ता जा रहा था, वहीं दूसरी तरफ बेहतरीन स्टोरी भी कर रहा था। उच्च तनाव और बेहतरीन प्रदर्शन का विरोधाभास लगने वाला अजीब संयोग देखने को मिल रहा था। मेरे दिमाग ने मान लिया था कि कमी मेरे अंदर नहीं बल्कि बाहर है। इसे मानने की एक पुख्ता वजह ये भी थी कि प्रतियोगात्मक रवैया होने के कारण जाने-अनजाने में सहयोगियों से नाराजगी बढ़ती चली गई।

ऐसा लगता था कि वे मुझे पूरी तरह अकेला करना चाहते हैं। हालांकि इन सब के विपरीत मेरे काम का स्तर गिरने के बजाए और बेहतर होता गया। मुझे उस समय लगता था कि वे शायद मेरे प्रदर्शन से नफरत कर रहे हैं। मैंने डॉक्टर को बताया कि मैंने अपनी गलती सुधारने की कोशिश की, लेकिन उनकी ओर से रवैया सकारात्मक नहीं था। मुझे डॉक्टर से बात करते-करते महसूस हुआ कि दरअसल नकारात्मकता दोनों ओर थी। ये सब बातें करते-करते मैं डॉक्टर के पास कई बार रोया। (हालांकि बुद्ध के रास्ते पर चलने के बाद मुझे महसूस हो गया कि मेरे साथ जो भी अच्छा या बुरा हुआ, उसकी पूरी जिम्मेदारी मेरी ही थी। मुझे तनाव में पहुंचाने के लिए न दैनिक भास्कर जिम्मेदार था और न ही मेरे सहयोगी। इसमें उनका कोई दोष नहीं था। कई बार उनके सहयोगात्मक रवैए को भी मैंने साजिश के रूप में देखा, इसलिए मेरे साथ जो हुआ उसमें मेरे परिजन और मेरे ऑफिस के सहयोगियों का कोई दोष नहीं था।)

डॉक्टर ने कहा ये सभी लक्षण डिप्रेशन के हैं और मुझे पूरा भरोसा है कि आप जल्द स्वस्थ होंगे। मैं उनकी ओर आश्चर्य से भौंहें सिकोड़कर देखने लगा, क्योंकि बार-बार अंदर कौंधते आत्महत्या के विचारों के बीच डॉक्टर का ऐसा कहना मुझे आश्चर्य में डाल रहा था। मैंने भौंहें फैलाकर उन्हें देखा। डॉक्टर मेरे भावों को समझ गए थे। बोले आपको कुछ दवाएं लेनी होंगी और कुछ व्यायाम करने होंगे।

डॉक्टर की दी हुई दवाओं ने अपना खेल दिखाना शुरू किया। अचानक से मेरा उग्र स्वभाव शांत हो गया। एक ही दिन में मैं अपनी पत्नी और बेटे से प्यार से बात करने लगा। मेरी आवाज से कांटे बरसने की बजाए फूल झड़ रहे थे। स्वभाव में अचानक शीतलता का अहसास होने लगा। ऐसा लग रहा था जैसे मन के रथ पर उग्रता तो सवार है लेकिन उसे किसी अदृश्य शक्ति ने हंटर मार-मारकर किनारे बैठा दिया हो। मैं साफतौर पर महसूस कर रहा था कि उग्रता मेरे दिमाग से गई नहीं है, बस दवाओं के असर से उसने अपनी हरकत रोक दी है। सुबह शाम नींद आने लगी। उग्रता शांत हुई तो सुस्ती ने धर दबोचा। व्यायाम के नाम पर सिर्फ टहलना हो पाता था। सुबह उठने की हिम्मत अभी भी नहीं हो रही थी।

कुछ दिन बाद दवाओं के असर से मन अजीबो-गरीब हरकत भी करने लगा। पूरा दिन परिवार के साथ अच्छे से बीतता। सोने से पहले मैं अपने बेटे के साथ हंसी खुशी खेलकर सो जाता। लेकिन कुछ ही मिनटों बाद में उठता और दहाड़ें मारकर रोने लगता। मुझे कभी अपने मृत बच्चे का ख्याल आता तो कभी अपने मित्र तरुण की मौत का। मैं कोशिश करता कि मेरे रोने की आवाज बगल में लेटा मेरा बेटा और पत्नी न सुन लें, इसलिए मैं तकिया मुंह में दबा लेता था। लेकिन फिर भी रोने के कारण गले से उठती तेज कंपन की आवाज तकिया भी नहीं रोक पा रहा था। पत्नी जाग जाती। वो मुझे ऐसा देखकर डर जाती, लेकिन अगले ही पल हिम्मत जुटाकर मेरा हौसला बढ़ाती। यह हर रात की कहानी हो चुकी थी। करीब तीन हफ्ते तक ये सिलसिला चला।

मेरे एक मित्र डॉक्टर भारत भूषण जी ने मुझे अपने मनोचिकित्सक मित्र राजपाल जी से काउंसिलिंग की सलाह दी। मैंने उनकी सलाह मान ली। अब मेरा इलाज दो मनोचिकित्सक कर रहे थे। इनके सामने भी अपने हालात के बारे में वही बताया जो मैंने डॉ. हर्षित को बताया था। रुटीन के बारे में जब मैंने उन्हें बताया कि मैं रात में रामचरितमानस को पढ़कर सोता हूं, उन्होंने तत्काल कहा कि आप इसे तुरंत पढ़ना छोड़ दें। आश्चर्य से मैंने कारण पूछा तो उन्होंने बताया कि आम तौर पर देखा गया है कि जो बेहद भावुक होते हैं और बात-बात पर रोने लगते हैं उन्हें कुछ समय के लिए रामचरितमानस से दूर रहना चाहिए क्योंकि इसे पढ़कर इंसान और भी ज्यादा भावुक हो जाता है। यानी उनका कहना था कि आपके मन की भावुकता का ढक्कन पहले ही खुला हुआ है और रामचरितमानस जैसा ग्रंथ उस भावुकता को और बढ़ा देगा। यही वजह है कि यह पढ़ते-पढ़ते कई लोग रोने लगते हैं। उन्होंने आगे कहा कि जो

लोग बेहद उग्र होते हैं, वे रामचरितमानस पढ़कर अपनी उग्रता कम कर सकते हैं। इस कारण उन्होंने मुझे गीता पढ़ने की सलाह दी। उन्होंने ये बात अपने केस स्टडी के आधार पर साझा की।

उनकी बात मैंने मान ली। उसी रात से मेरे ऊपर इसका असर हुआ। उस रात मैंने रामचरितमानस पढ़ने की बजाए गीता का पाठ किया। हालांकि उस दिन मैं रात को उठा जरूर, और रोया भी, आंसू भी निकले लेकिन मुंह से आवाज नहीं निकली। और मेरी पत्नी और बेटा उस रात आराम से सोए। अगली रात मैं जागता रहा, और छत निहारता रहा, आंखें नम हुईं, लेकिन उस रात आसूं नहीं बहे। तीसरी रात बिना कुछ भाव आए मैं आराम से सोया। उस रात मुझे सालभर बाद सबसे अच्छी नींद आई। मुझे लगने लगा कि मैं ठीक हो रहा हूं। डॉक्टर की रामचरितमानस न पढ़ने की सलाह ने असर दिखाया। लेकिन कुछ और भी चीजें थीं, जिससे मेरा आत्मविश्वास पूरी तरह से नहीं बढ़ रहा था।

इधर, अभी भी मैं काम पर वापसी की हिम्मत नहीं जुटा नहीं पा रहा था। हालांकि मुझे अपने एडिटर से पूरा सहयोग मिल रहा था, उन्होंने कहा कि ठीक होने तक तुम आराम करो, नौकरी की चिंता मत करो। इधर, मैं अभी भी मर्डर वाली फिल्मों और खबरों का सामना नहीं कर पा रहा था। बाहरी लोगों से बात करने की हिम्मत नहीं होती थी। अभी भी सुबह-सुबह उठने के लिए खुद का मनोबल नहीं बढ़ा पा रहा था। सुबह चार बजे का अलार्म बजता, मेरी नींद भी खुल जाती। लेकिन बिस्तर पर पड़ा रहता। मेरा मनोबल बढ़ाने के लिए मेरा बेटा त्रिजल और पत्नी निधि सुबह चार बजे पार्क में कसरत करने के लिए उठ जाते। मेरी पत्नी अपने जीवन में सुबह जल्दी कभी नहीं उठी, लेकिन उसने मेरा मनोबल बढ़ाने के लिए सुबह उठना शुरू किया। लेकिन उनके जुनून का असर मुझ पर नहीं हो रहा था। वहीं जरा सी निगेटिविटी मुझे गहरे डिप्रेशन की ओर कुछ ही सेकंडों में ले जाती थी। मन में फिर सुसाइड के विचार आते और डॉक्टर या अपने शुभचिंतकों से बात कर खुद को शांत करने की कोशिश करता। ऐसा लग रहा था, जैसे मैं उस गाड़ी पर सवार हूं जो दवाओं के असर से सकारात्मकता की ऊंचाई की ओर बढ़ रही थी, लेकिन नकारात्मकता का हल्का झोंका उसे बेपटरी कर देता था। लगने लगा कि मैं जल्दी ठीक नहीं हो पाऊंगा। मैं जल्दी ठीक होने के लिए ईश्वर से प्रार्थना करता कि मुझे कुछ नहीं चाहिए, सिर्फ मानसिक शांति दे दो। मैं ईश्वर से ऐसी चीज मांग रहा था जिसका आभास मुझे अब तक नहीं हुआ था।

साउंड हीलिंग का असर: दवाएं अपना असर कर रही थीं, उन्होंने गिरे हुए इन्सान को बैसाखी थमा दी। पूर्व की स्थिति को देखते हुए काफी सुधार था। मैं जल्द स्वस्थ होने के लिए रिसर्च करने लगा। कोरोना काल में दिल्ली में लॉकडाउन के कारण जिम, योग, आयुर्वेद सेंटर बंद थे। इनकी होम सर्विस भी प्रभावित थीं। कुछ संस्थाएं दूसरे प्रदेशों में खुली भी थीं तो उनकी मासिक फीस तीन से चार लाख से ज्यादा थी, जो मेरे बजट के बाहर था। पत्नी निधि ने उस समय विपश्यना के बारे में बताया लेकिन कोरोना के कारण उनके शिविर भी बंद थे। मैं दवा रहित मेडिटेशन से जुड़कर खुद को ठीक करने का कोई रास्ता खोज रहा था। रिसर्च के दौरान ही मुझे साउंड हीलिंग के बारे में पता चला।

साउंड हीलिंग मास्टर सुधीर जी से बात की। उन्होंने बेहद कम बजट में, एक ही दिन में डिप्रेशन खत्म करने का दावा किया। मैंने उनके दावों पर कई सवाल दागे, बाद में थककर उन्होंने सिर्फ इतना ही कहा कि अगर आपको राहत न मिले तो आपके पैसे वापस। उनके आत्मविश्वास ने मुझ पर ज्यादा असर नहीं किया, लेकिन खुद को जल्द ठीक करने की चाहत ने मुझे साउंड हीलिंग सेशन करने पर मजबूर कर दिया।

सेशन में करीब एक दर्जन लोग थे। कोरोना के कारण ये काफी सीमित था। मेरे आगे बैठी हुई महिला मानसिक रूप से आंशिक विक्षिप्त लग रही थी। उसकी नजर हमेशा जमीन में धंसी नजर आती थी। मेरे पीछे बैठा शख्स किसी उग्रवादी से कम नहीं लग रहा था। वह क्रोध में नहाया हुआ महसूस हो रहा था। मेरे दाएं ओर एक डॉक्टर और सबसे पीछे एक आर्मी अफसर भी सेशन लेने आए थे। हालांकि इन दोनों को देखकर लग नहीं रहा था कि वे किसी मानसिक पीड़ा से गुजर रहे हैं। सेशन की शुरुआत में सभी ने अपना नाम और मानसिक पीड़ा के बारे में बताया। शेयरिंग में आर्मी अफसर और डॉक्टर के एक दशक से डिप्रेशन के बारे में पता चला। वहीं उग्रवादी दिखने वाला व्यक्ति पिछले आठ साल में डिप्रेशन के इलाज पर 10 लाख से ज्यादा खर्च कर चुका था, लेकिन बीमारी अभी भी कायम थी। वहीं मेरे आगे वाली महिला कई बार आत्महत्या की कोशिश कर चुकी थी लेकिन किसी न किसी कारण से बच गई। इन सबकी स्थिति को देख मुझे अंदर से थोड़ा भरोसा जागा कि इनके मुकाबले मेरी स्थिति ठीक है।

सेशन के दौरान एक खास किस्म की मशीन से सबका ऑरा मापा गया। मेरा ऑरा तीन मीटर था, जबकि एक स्वस्थ मनुष्य का ऑरा 20 मीटर माना जाता है यानी

उसमें सकारात्मक ऊर्जाओं के कंपन का प्रभाव 20 मीटर तक महसूस किया जा सकता है। इतने कम ऑरा को साउंड हीलिंग तकनीक में किसी की नजर लगना माना जाता है यानी वह कई तरह की नकारात्मक ऊर्जाओं से घिरा हुआ है। सभी का उसके मौजूदा ऑरा के हिसाब से इलाज शुरू हुआ। सुधीर कुछ बड़े कटोरे जैसे दिखने वाले बाउल पर मोटे फोम से लिपटा हथौड़ा मार रहे थे, साथ में कुछ मंत्र भी बुदबुदा रहे थे।

हम लोग आँखें बंद करके बैठ गए। ध्वनियां हमारे सिर के आसपास मंडराने लगी थीं। कटोरे पर एक बार की चोट से ही कई सेकंडों तक आवाज निकल रही थी। उनकी बढ़ती-घटती तरंगों का कंपन हमारे दिमाग के अंदरूनी हिस्से को साफ महसूस हो रहा था। ऐसा लग रहा था कि जैसे दिमाग में ये कंपन दिमाग की निष्क्रिय कोशिकाओं को जगाने की कोशिश कर रहा हो। गर्दन के ऊपर के हिस्से में भारीपन महसूस हो रहा था और त्वचा का ऊपरी हिस्सा लगातार कंपित हो रहा था।

साउंड हिलिंग का पहला हिस्सा खत्म हो चुका था, लेकिन बाउल के कंपन का आभास अंदरूनी नसों पर अभी भी महसूस हो रहा था। इस पहले सेशन से महसूस हो रहा था कि जैसे मस्तिष्क की नसों में तूफान उठ रहा हो और वे किसी बड़े युद्ध से लड़ने के लिए सक्रिय हो गई हों।

दूसरा सेशन लेटकर होना था, इस बार ध्वनियों की तरंगे बड़े स्तर पर आने वाली थीं। कई बाउलों पर विशेष प्रकार से चोट पहुंचाई जा रही थी। ये ध्वनियां वातावरण में खास किस्म का रिएक्शन पैदा कर रही थीं। इनका कंपन सिर से लेकर पैर के अंगूठे तक महसूस किया जा रहा था। इन ध्वनियों ने हमें चारों ओर से जकड़ लिया, अब हम इन ध्वनियों की गिरफ्त में थे। अब ध्वनियों ने मन के बाहरी और अंदरूनी हिस्से से खेलना शुरू किया। जिन कोशिकाओं को इन ध्वनियों ने कुछ ही समय में युद्ध के लिए तैयार किया था, अब वह युद्ध होने वाला था। अंदर से अचानक से सकारात्मक तरंगों की फौज उभरती महसूस हुई। इसने नकारात्मक ऊर्जा की फौज से डटकर मुकाबला किया। ये नकारात्मक तरंगें भी बेहद ताकतवर थीं, सकारात्मक तरंगों के आगे ये झुकने को तैयार नहीं थी। युद्ध अपने चरम पर पहुंचने वाला था।

इस बीच मेरे शरीर का तापमान बढ़ने लगा, एसी की ठंडक में पसीना आने लगा। साफतौर पर मैं अपने अंदर ऊर्जा का बढ़ता प्रभाव महसूस कर रहा था। वहीं, दूसरी ओर ध्वनि तरंगों का युद्ध अपने चरम पर पहुंच गया। निगेटिव एनर्जी पीछे हटती हुई नजर आई। इधर मेरा शरीर हवा में तैरता हुआ महसूस हुआ। अचानक शरीर पुष्प की तरह हल्का हो गया। इस बीच मन के बाहरी और अंदरूनी हिस्से को महसूस हुआ

कि नकरात्मक ऊर्जाएं हार मानकर पीछे हटने लगी हैं। क्षणभर के लिए पूरे शरीर से अंदरूनी रूप से महसूस होने वाला पहाड़ जैसा भार खत्म हो गया।

सेशन के तुरंत बाद मैं खुद को ऊर्जावान महसूस करने लगा था। अचानक से मन का भार कम हो गया। लग ही नहीं रहा था कि मैं कुछ घंटे पहले तक उस डिप्रेशन का शिकार था। जहां हर पल आत्महत्या के विचार जन्म लेते थे, वहां अब जीने की इच्छा के बीज पनपने लगे थे। सेशन का कमरा छोड़ते समय मैं मानसिक सुख को महसूस करने लगा था।

सुधीर जी ने इस ऊर्जा को बनाए रखने के लिए खास तरह का मेडिटेशन सिखाया, जिसे हमें कम से कम 21 दिन तक करना था। नई ऊर्जा से सराबोर होकर मैं शाम को घर लौट आया। मैं बहुत खुश था, इतना खुश देख पत्नी को बड़ी हैरानी हुई। मैं बेहद उत्साह में था। उन साथियों को तुरंत फोन लगाया जो मेरे दुख के साथी बने थे। उन्हें फोन पर मेरी आवाज में अलग तरह का कंपन नजर आया। वे मेरी आवाज से प्रभावित हो रहे थे, कई ऊर्जावान महसूस कर रहे थे। मेरे साथ-साथ शुभचिंतक ईश्वर का धन्यवाद कर रहे थे।

डिप्रेशन जैसी बीमारी का इलाज खास किस्म की साउंड हीलिंग से हो गया था। खैर मैं अपने जीवन की अब तक की सबसे गहराई वाली मानसिक शांति की अनुभूति कर रहा था। लेकिन मन के कोने में जिज्ञासा बार-बार उठ रही थी कि ये चमत्कार कैसे हुआ। और डर भी जन्म ले रहा था कि कहीं डिप्रेशन फिर से पलटवार तो नहीं करेगा। इसलिए डर को खत्म करने के लिए मैंने सुबह-शाम मेडिटेशन जारी रखा और साथ ही जिज्ञासा वश अनायास ही उस रास्ते पर चल पड़ा, जो भगवान बुद्ध की ओर जाने वाला था।

अगले अध्याय में आप पढ़ेंगे अंतर्मन शांत होने पर कैसे जिंदगी ऑटोमोड पर आ गई, और कैसे अचानक मन मेरे नियंत्रण में आने लगा, अचानक कुछ ही दिनों में मन की ताकत कई गुना कैसे बढ़ गई।

अध्याय - 3

सहज स्वीकार्यता : खुली मन की गांठें और 100 किलो वजनी तन ने दौड़ लिया हाफ मैराथन

लॉकडाउन लगने के पहले जनवरी 2020 में एक स्टोरी के लिए मुझे कर्नाटक भेजा गया था। स्टोरी इंडियन स्पेस रिसर्च ऑर्गनाइजेशन (इसरो) की थी। यह संस्था हर जानकारी को बेहद गोपनीय रखती है। इस कारण जानकारी जुटाने में दिक्कत हुई। मेरे पास 12 घंटे से भी कम समय था, इसी में ही जानकारी जुटाकर स्टोरी फाइल करनी थी। इसरो के कुछ वैज्ञानिकों से बात हुई भी, लेकिन उन्होंने अपना नाम न लिखने के लिए कहा, जिस कारण उनकी जानकारी सच होते हुए भी तकनीकी तौर पर हवाई बातें ही मानी जार्ती। कुछ जानकारी मिली, लेकिन स्टोरी के लिहाज से नाकाफी थी। काफी मशक्कत के बाद भी यह असाइनमेंट पूरा नहीं हो पाया। संस्था ने बेहद भरोसे के साथ हजारों किमी दूर इस स्टोरी के लिए मुझे चुना था, लेकिन मैं नहीं कर पाया। इस अखबार में रहते हुए, ये मेरी पहली असफलता थी। मेरे दिमाग में कई बातें चलने लगीं। तनाव की स्थिति बन गई। मैं किसी भी सूरत में खाली हाथ कर्नाटक से वापस नहीं जाना चाह रहा था। मैं खुद को शांत रखने की कोशिश करने लगा। इस बार भगवान को फिर याद किया, योग का सहारा लिया। कुछ समय श्वास पर ध्यान लगाया। मन कुछ शांत हुआ, और बेहतरीन स्टोरी के बारे में सोचने लगा।

मैं किसी तरह ऐसी स्टोरी करना चाह रहा था, जो मेरी असफलता को दबा दे। करीब आधे घंटे बाद होटल से चेकआउट कर लिया। गाड़ी में बैठा ही था कि ऑफिस से मधुर जी का फोन आया। आम तौर पर इनका फोन आते ही अंदर से सकारात्मक कंपन महसूस होने लगता है, इस बार भी वही हुआ। कारण इनके स्टोरी आइडिया कुछ अलग रहते थे। फोन रखते ही मेरी खुशी का कोई ठिकाना नहीं रहा। मुझे एक के बाद एक कर्नाटक और केरल की तीन स्टोरी कवर करने के लिए कहा गया। मैंने नकारात्मकता को किनारे रखा और असाइनमेंट को बेहतर तरीके से करने के लिए योजना बनाने लगा।

हमने गाड़ी चित्रदुर्ग से धारवाड़ की ओर मोड़ दी, जबकि कुछ मिनट पहले इसकी दिशा बंगलुरु की ओर थी, जहां से मुझे फ्लाइट पकड़नी थी। अब ये फ्लाइट कैंसिल करवा दी गई। धारवाड़ में 200 लोगों के संयुक्त परिवार की स्टोरी कवर की। जब स्टोरी छपी तब संस्था के सभी लोगों ने सराहा। इसके लिए टीम को प्रशंसा पत्र भी दिया गया। क्षण भर के लिए शांत हुए मन ने यह करिश्मा दिखाया था। इस तरह की घटनाएं आमतौर पर हममें से सबके साथ होती हैं। हमें तब बेहतर रिजल्ट मिलते हैं जब हम बेहद शांत हों, भले ही हमारा मन क्षणभर के लिए क्यों न शांत हो। लेकिन जब मन खुद-ब-खुद शांत रहने लगे तो क्या होगा... निश्चित तौर पर वह होगा जो आप चाहते हैं।

वर्तमान - साउंड हीलिंग सेशन से मुझे बेहद चमत्कारिक से परिणाम मिले थे। अवसाद एक झटके में गायब हो गया। मैं इस फायदे को गंवाना नहीं चाह रहा था। इसलिए मैंने पहले दिन से मेडिटेशन शुरू कर दिया। यह बेहद साधारण प्रक्रिया थी। मुझे बैठने में दिक्कत होती थी, इसलिए शुरू में मैंने कुर्सी पर बैठकर ध्यान शुरू किया। यहां से मेरी जिंदगी ने बदलाव का अधिक कोण अपना लिया। जिंदगी अब ऑटोमोड पर चलने वाली थी।

अगली ही सुबह बिना अलार्म के चार बजे नींद खुल गई। पत्नी और बच्चे के साथ लक्ष्मी नगर के पार्क पहुंच गया। पार्क में इक्का-दुक्का लोग ही थे। मेरे अंदर ऊर्जावान तरंगें लगातार प्रस्फुटित हो रहीं थीं। मैं तकरीबन करीब दो साल बाद ट्रैक पर उतरा था। दौड़ के लिए मन बनाया, बेटे के साथ दौड़ना शुरू किया। पहले सौ मीटर 100 किमी के बराबर लगे, लेकिन उसके बाद पैरों के पंजे खुद ही उछलने लगे। ऐसा लग रहा था जैसे मैं दौड़ नहीं रहा हूं, धरती मुझे आगे धकेल रही है।

उस दिन एक किमी की दौड़ पूरी की। यह मेरे लिए उपलब्धि जैसा था क्योंकि ठीक एक दिन पहले चार कदम चलना भी मीलों चलने के बराबर महसूस हो रहा था।

आत्मविश्वास बढ़ा...

दिन प्रतिदिन सुधार होता गया।

अब मुझे किसी काम को करने के लिए खुद को अंदर से धक्का देने की जरूरत नहीं पड़ रही थी। मुझे पता नहीं था कि सुधार की प्रक्रिया इतनी तेज होने वाली थी कि मैं महज 21 दिन में हाफ मैराथन (21 किमी) दौड़ने लगूंगा। पहले हफ्ते में एक बार में दस किमी, दूसरे हफ्ते में एक बार में 15 किमी की दौड़ आराम से हो गई।

साउंड हीलिंग सेशन के करीब दो हफ्ते बाद मुझे मनोचिकित्सक के पास जाना था। वे मेरी सुधार प्रक्रिया से खुश थे। उन्होंने दवाइयां पहले की अपेक्षा कम कर दीं। उनसे मैंने ध्वनि चिकित्सा के बारे में पूछा कि क्या ऐसा संभव है कि कई सालों के अवसाद को कुछ ही घंटे में खत्म किया जा सकता है। उन्होंने बताया कि इंसानी मस्तिष्क अभी भी विचित्र पहेली बना हुआ है। इस पर किस चीज का क्या असर हो, कुछ नहीं कहा जा सकता। आगे वे कहते हैं कि बहुत परंपरागत तकनीक अभी भी इंसानी दिमाग पर असर करती हैं। इसलिए तुम्हारे साथ जो अनुभव हुआ, वो भी संभव है। मेडिकल साइंस में मनोरोगी के अंतिम इलाज के तौर पर खास मशीन के माध्यम से तरंगें उसके दिमाग में डाली जाती हैं।

डॉक्टर की बात से ये साफ हो गया कि ये कोई चमत्कार नहीं बल्कि परंपरागत चिकित्सा पद्धति है। मैं डॉक्टर से बात करते वक्त भी बहुत उत्साहित था।

14 अक्टूबर, 2020...

"डॉक्टर साहब, मैं अगले हफ्ते हाफ मैराथन दौड़ने वाला हूं।"

डॉक्टर- अरे भई संभल कर, जोश में कहीं होश न खो बैठो, पैर-वैर न तुड़वा लेना...

"नहीं सर, मेरा मन कह रहा है मैं ऐसा कर लूंगा।"

डॉक्टर- 100 किलो का वजनी शरीर क्या कह रहा है।

"फिलहाल तो शरीर मन के नियंत्रण में है और मन मेरे नियंत्रण में है।"

तो...ठीक 21वें दिन मैराथन के लिए मैं सुबह साढ़े तीन बजे दिल्ली के आईटीओ पुल पर पहुंच गया। उत्साहवर्धन के लिए बेटा और मेरा दोस्त आशीष अपने पिता संग मेरे साथ में थे। कोरोना काल के कारण समूह की बजाए व्यक्तिगत दौड़ का आयोजन था। दौड़ की ट्रेकिंग ऐप से होनी थी। ऐप से स्टार्ट होते ही पहला कदम मीलों की दूरी नापने के लिए निकल पड़ा। शुरू के दस किमी बेहद आसानी से निकल गए। उस दिन ठंड के कारण दिल्ली आईटीओ का प्रदूषण औसत से ज्यादा था, इसलिए सांस लेना आग पीने के बराबर लग रहा था। नाक के नथुने में आग के शोले जैसा महसूस हो रहा था। गले में जलन होने लगी। तमाम उतार-चढ़ाव के बीच 19 किमी पूरे कर लिए। मेरे बाएं पैर की एक अंगुली में इस बीच भयानक दर्द उठा। दौड़ते-दौड़ते कराहने लगा। रुक कर जूता उतारने का मन हुआ। अब सड़क पर पड़ने वाला एक-एक कदम कंटीले रास्ते पर चलने जैसा लग रहा था। दौड़ते-दौड़ते मुझे महसूस हो रहा था कि

अंगुली की बाहरी त्वचा की संवेदना पता नहीं चल रही है। मुझे लगने लगा कि मन की ताकत आजमाने के लिए शरीर दांव पर लगा दिया। 100 किलो के वजनी शरीर को हाफ मैराथन के लिए और अभ्यास की जरूरत थी। शायद यही सही समय था मन की ताकत को आंकने का। ये मेरा आत्मविश्वास जगाने के लिए जरूरी था।

मैं किसी भी सूरत में मन पर नियंत्रण का प्रमाण महसूस करना चाह रहा था। क्योंकि तीन हफ्ते पहले अवसाद की स्थिति में यही कमजोर मन मुझे सौ मीटर भी दौड़ने से रोक रहा था। अब तक 19 किमी की दौड़ पूरी हो चुकी थी। अगले दो किमी के लिए मैंने मन और शरीर की ऊर्जा को इकट्ठा किया। दौड़ते-दौड़ते मैंने कुछ समय के लिए आंखें बंद कर लीं। बंद आंखों से पैरों की थाप हाथी जैसी वजनी महसूस हो रही थी, लेकिन मन को कुछ क्षण के लिए स्थिर करने में कामयाबी मिली। दौड़ की अवस्था में पांच सेकंड की मन की एकाग्रता ने करिश्मा दिखाया। उंगली का दर्द गायब हो गया। पैर हल्के हो गए। शरीर अचानक से हल्का महसूस होने लगा। मैं खुद को प्रोफेशनल धावक की तरह महसूस करने लगा। और इस तरह हाफ मैराथन 3 घंटे में पूरी हो गई। बेशक हाफ मैराथन पूरी करने का ये अच्छा रिकॉर्ड नहीं था, लेकिन मेरे लिए ये किसी ओलंपिक के गोल्ड मेडल से कम नहीं था— कुछ दिन पहले तक मन से मैं लगातार मात खा रहा था, इसने जीना दूभर कर दिया था। लेकिन अब पहली बार मन पर विजयी होने का प्रमाण महसूस किया।

अंतर्मन के स्तर पर मेरा मेडिटेशन करना लगातार जारी था। बेहद अनुशासित होकर सुबह-शाम आधे-आधे घंटे ध्यान क्रिया करता था। ध्यान के दौरान पैरों में खून का बहाव 10 मिनट में बंद हो जाता था। मेरा निकला हुआ पेट कमर को झुका देता था, इसलिए सहारे के लिए दीवार से टिक जाता था। पैरों के सुन्न होने पर ध्यान करते-करते पैर फैला लेता था। कभी-कभी बिस्तर या कुर्सी पर बैठकर ध्यान क्रिया करता था। यही नहीं, लक्ष्मी नगर जैसे घने इलाके में घरों से खटर-पटर की आवाजें आना आम बात थी।

इन तमाम शारीरिक और भौतिक विषमताओं के बीच ध्यान की क्रिया को कभी भी नहीं छोड़ा, क्योंकि मैं अवसाद को पनपने का कोई मौका नहीं देना चाह रहा था। आखिर वो दौर मेरे लिए नरक जैसा था।

जहां एक ओर शारीरिक और मानसिक स्तर पर मेरा सुधार बेहद करिश्माई रूप से हो रहा था, वहीं दूसरी ओर अंतर्मन में कुछ अलग अनुभूति हो रही थी। मैंने पहली

बार महसूस किया कि बाहरी मन और शरीर से परे है अंतर्मन, जिसे वैज्ञानिक तौर पर अवचेतन मन या सबकॉन्शस माइंड कहते हैं। इसे मैंने पहली बार महसूस किया। ऐसा लग रहा था जैसे यहां जल का स्रोत है, जो बेहद शांत नजर आ रहा था। ध्यान क्रिया के दौरान मैंने इस पर गौर किया। गौर करते-करते ये मुझे अलग दुनिया में ले गया। जल की उठती तरंगों सा महसूस हुआ। दिमाग के इस हिस्से में कुछ समय पहले तक समुद्र की भयानक ऊंची उठती लहरों के समान हलचल थी। इसके सतह पर ठहरना बहुत मुश्किल था। लेकिन अब ये हिस्सा बेहद शांत था। इतना शांत कि मैं बेहद खूबसूरत नाव में सवार होकर ऊपरी सतह से इसमें झांक सकता था। इसमें कई चमकीले पत्थर पड़े हुए थे। मैं इन्हें साफ तौर पर पानी के ऊपर से देख पा रहा था। मैंने इन्हें ऊपरी सतह से फिर गौर से देखा।

अब तक मैं अंतर्मन की गहराई के अगले चरण में पहुंच चुका था। यहां ध्यान के अंदर दो और ध्यान हो रहे थे। ये पत्थर मुझे राग और विकार के रूप में नजर आए, जो पूरी तरह से मेरे थे, इन्हें मैंने खुद बनाया था। इस पर ध्यान करते-करते मुझे महसूस हुआ कि अब तक 35 साल की जिंदगी में मेरे साथ जो भी अच्छा-बुरा हुआ, उसके लिए मैं ही जिम्मेदार हूं, क्योंकि मैंने बाहरी दुनिया से मिले अनुभवों को अपने दृष्टिकोण और समझ के हिसाब से मन में बैठा लिया। और ये प्रक्रिया कई सालों तक चलती रही। जिन्हें मैंने अच्छे अनुभव के साथ जगह दी वे राग बन गए और जो बुरे अनुभव के साथ आए, वे विकार बन गए।

इन्हें मन से निकालने की क्रिया पर ध्यान न देने से ये शरीर से निकल नहीं पाए। नए राग-विकार पुराने राग-विकारों को दबाते चले गए। लगातार दबते-दबते ये अंतर्मन की गहराइयों में महीन सुरंगों में चले गए थे। यही राग-विकार का बोझ अंतर्मन और बाहरी मन पर भार जैसा महसूस कराने लगे।

ध्यान में यही महसूस किया कि बुरे ही नहीं, अच्छे अनुभव यानी राग भी भार पैदा करते हैं।

इसकी अनुभूति होते ही अचानक से पूरे शरीर और मस्तिष्क में बेहद कम वॉल्ट का करंट प्रभावित हुआ। ऐसा लगा जैसे इसने मन की हजारों गांठें खोल दीं। बिजली के प्रवाह ने मन के भार को कुछ हद तक भस्म कर दिया।

जीवन की ताजा हजारों गलतियों का अनुभव सेकंड से भी कम समय में हो गया।

मैंने आंखें खोल लीं। ध्यान क्रिया से बाहर आ गया। लेकिन कुछ देर मैं वहीं बैठा रहा। ये अनुभूति मेरे मन, विचार और अनुभवों में घुल गई थी। इस अनुभूति का कोई आकार, रूप, रंग, शब्द नहीं था।

शब्दों में इसे बयान करना बहुत मुश्किल था। लेकिन मुझे जीवन में पहली बार आंतरिक और बाहरी रूप से महसूस हो चुका था कि मैं अपनी गलतियों के कारण अवसाद में पहुंचा था। इसके लिए कोई बाहरी नहीं, मैं ही जिम्मेदार हूं। मेरी नरक जैसी स्थिति के लिए कोई परिवारजन नहीं और न ही ऑफिस का कोई सदस्य जिम्मेदार था। बाहर का कोई सदस्य मेरी किसी भी अवस्था के लिए जिम्मेदार नहीं था। मैं ही खुद के लिए 100 प्रतिशत जिम्मेदार हूं।

विश्वास जागा कि आतंरिक तौर पर महसूस हुई इस पहली अनुभूति से मेरा जीवन बदलने वाला है। मैंने उसी समय बाहरी तौर पर प्रार्थना की। मैंने उन सभी साथियों और परिजनों को माफ किया, जिन्होंने मेरे बारे में गलत सोचा। साथ ही, मन ही मन उन सभी से माफी मांगी, जिनके साथ मैंने गलत व्यवहार किया। दूसरों के साथ किए अपने बर्ताव के लिए खुद को भी माफ किया।

पहली बार अपनी स्थिति के लिए गलतियों और अच्छाइयों को सहज स्वीकार्य किया।

सहज स्वीकार्यता की अनुभूति का स्वभाव पर असर- तन और मन में असाधारण सुधार के चलते मेरा आत्मविश्वास तेजी से बढ़ने लगा। वहीं सहज स्वीकार्यता की अनुभूति के कारण तन और मन हल्का महसूस होने लगा था। अनुभूतियों को महसूस करना, कुछ ऐसा था जैसे पानी में शक्कर घोल देने पर पानी का रंग तो नहीं बदलता लेकिन छूने, सूंघने और पीने पर इसमें मिठास का अनुभव होता है।

ठीक इसी तरह अनुभूतियों को पूरी तरह से बयां करना, छूना बहुत मुश्किल है, लेकिन इसकी मिठास जीवन में सोच और विचार के रूप में महसूस हो रहे थे। आसपास के लोगों से आत्मीयता बढ़ गई। घर में खाने को जो मिल जाए, वह स्वादिष्ट लगने लगा। मन का बोझ कम होते ही आंखों के सामने दिखने वाली चीजों के प्रति संवेदनशीलता बढ़ गई।

आध्यात्मिक स्तर पर : वहीं, दूसरी ओर मेरा झुकाव कर्मकांड की ओर होने लगा। शुरुआती तीन हफ्ते की ध्यान क्रियाओं से मिलने वाली अनुभूतियों से मैं अभिभूत था। मैं इस सकारात्मक ऊर्जा को और इकट्ठा कर, सहेजकर रखना चाहता था। इसलिए दिन

में ध्यान के अलावा पूजा-पाठ का समय तीन घंटे बढ़ा दिया। हनुमान चालीसा, गीता पाठ, रामायण पाठ करने लगा। गायत्री मंत्र, ओम का जाप, महामृत्युंजय मंत्र का जाप दिन में 108-108 बार करने लगा। इन्हें एक साथ करने पर ऊर्जा का प्रवाह तेजी से होना लगा। पूजा के समय शरीर का ताप तेजी से बढ़ जाता था। मस्तिष्क में गर्मी महसूस होती थी। ये ऊर्जाएं मुझे बाहरी तौर पर महसूस हो रही थी। अब मैं तन-मन के अंदर और बाहर ऊर्जाओं को महसूस करने लगा। जहां ध्यान क्रियाओं से मेरे मन की गांठें खुल रही थीं, वहीं बाहरी पूजा-पाठ से उत्पन्न ऊर्जा से बाहरी तौर पर सुरक्षा कवच तैयार हो रहा था।

लेकिन मेरे जीवन को नई दिशा आंतरिक अनुभूतियों के कारण ही मिल रही थी। तेजी से होते सुधार की वजह तलाशने के लिए मन में कौतुहल उठता रहा। इतने सफर के बाद अब मेरा रुझान गौतम बुद्ध की ओर थोड़ा और बढ़ गया, लेकिन अभी इन्हें बहुत पढ़ना शुरू नहीं किया था। थोड़ा-बहुत यूट्यूब पर उनके बारे में जान लेता था।

अगले अध्याय में मानव की सबसे प्यारी चीज, प्रेम और करुणा की अनुभूति के कुछ किस्से होंगे... जिन्होंने इन्सान को इन्सान बनाए रखा...

और कैसे धीरे-धीरे ये अनुभूतियां आंतरिक शक्तियों में बदलती चलीं गईं।

अध्याय - 4

प्रेम : जानवरों और गैरों के प्रति अपनों जैसा प्यार उमड़ पड़ा

लगातार ध्यान से मेरे शरीर की ऊर्जा दिन प्रतिदिन बढ़ रही थी। हर दिन सूक्ष्म से सूक्ष्म अनुभूतियां हो रहीं थीं। सहज स्वीकार्यता की अनुभूति से भूतकाल में बने रोड़े हटने लगे। सबको और खुद को माफ करते ही मन की हजारों गांठें खुल गईं। इन गांठों के खुलने के बाद मन से टनों वजन गायब हो गया। मन हल्का होने लगा।

प्रेम की अनुभूति- बोझ कम होते ही मेरा मन दूसरी अनुभूति के सफर पर निकल पड़ा। मैं अब भी कुर्सी पर बैठकर या दीवार से टिककर ध्यान करता था। जमीन पर आधा घंटा बैठने में हालत खराब हो जाती थी। लेकिन तमाम विषम परिस्थितियों में ध्यान करना और आसान हो चुका था। पहले मन की गहराई में पहुंचने में 20 से 25 मिनट लगते थे। अब 15 मिनट में ही मन की गहराई में डुबकी लगाने लगा। मैं इसी स्तर को बनाए रखने के लिए प्रतिदिन ध्यान करने लगा। लेकिन उस समय पता नहीं था कि लगातार अभ्यास से मुझे एक के बाद एक अनुभूतियां होने वाली थीं... अध्यात्म का सफर मुझे दूसरे पड़ाव की ओर ले जाने वाला था।

आंख बंद कर भौंरे जैसी आवाज निकालने से गर्दन के ऊपर का हिस्सा स्पंदन करने लगता था। और यह स्पंदन मस्तिष्क के ऊपर के हिस्से यानी ब्रह्म रंध्र में केन्द्रित हो रहा था। यहां से स्पंदन दिमाग की आंतरिक नसों में स्फूर्ति पैदा कर तेजी से हलचल पैदा करता था। यह स्पंदन मस्तिष्क के ऊपरी हिस्से से लेकर निचले हिस्से तक एक साथ हो रहा था। लगातार उठती स्पंदनों की लहर से मस्तिष्क एक अलग अवस्था में जाने लगा। गांठें खुल जाने से मन मखमल की तरह हल्का हो गया। बाद में ये और भी ज्यादा गहराई में उतरने लगा। ऐसी गहराई जिसका कोई धरातल न दिख रहा हो।

अंत:मन की धूमिल परतें हटने लगीं थीं। हालांकि इस बार ध्यान की आंतरिक प्रक्रिया में कोई खास नयापन नहीं था, लेकिन अनुभूति के स्तर पर कुछ नया हो रहा था। ये नयापन कुछ घटनाओं से जान पड़ा।

अक्टूबर 2020 के आखिरी दिनों की बात, थी। लगातार ध्यान से नींद भी गहरा गई थी। अगली सुबह चार बजे उठने का इरादा फिर से था। सुबह बिना अलार्म के ठीक चार बजे नींद खुल गई। उठते ही ध्यान लगाना शुरू किया। ये ध्यान की प्रक्रिया भी और दिनों की तरह ही थी। करीब 25 मिनट के ध्यान के बाद और बीते दिनों की अपेक्षा अलग अहसास के साथ ध्यान से उठा पत्नी को बड़े प्यार से जगाया, बेटा खुद ब खुद जाग गया। हम तीनों तैयार होकर पार्क पहुंच गए। वहां दिखने वाले हर प्राणी, पशु, पक्षी, पेड़-पौधों के साथ जुड़ाव महसूस हो रहा था। पार्क में अक्सर भौंकने वाले कुत्ते की आवाज भी आज मधुर जान पड़ रही थी। बेढंगे चाल वाली बुजुर्ग आंटी का ट्रैक पर चलना भी रैम्पवॉक जैसा लग रहा था। पांच साल का नन्हा बालक जो अक्सर माता-पिता के साथ ही एक्सरसाइज करता था, वो कुछ अपने बेटे जैसे भावनात्मक लगाव को महसूस करवा रहा था। पार्क के किनारे लगे हुए पेड़ का रुख मुझे अपनी ओर जान पड़ा, जैसे कह रहे हों, आइए बंधुवर, हम आपके स्वागत के लिए खड़े हैं। घर जाते वक्त दूध वाले भइया बड़े भाई की तरह छुट्टा पैसे साथ लाने की नसीहत दे रहे थे। घर में काम करने वाली दीदी बर्तन धोते वक्त बड़ी बहन की भूमिका में लग रही थी। मुझसे नफरत करने वालों की पोस्ट सोशल मीडिया पर भाने लगी।

उस दिन अंदर से बहुत कुछ अलग महसूस हो रहा था। मुझे दुनिया अंदर से बदली हुई लग रही थी। हालांकि अब पता चल रहा था कि ये क्या है।

यह अहसास दिन-ब-दिन बढ़ता गया। मुझे ऐसा लग रहा था जैसे उन सब से मुझे प्यार हो गया है।

उनसे प्रेम हुआ जो मुझे पसंद नहीं थे और उनसे भी जिन्हें मैं पसंद नहीं था।

आंखों के सामने दिख रही हर सजीव वस्तु प्रेममय लग रही थी। खुद के अंदर का खालीपन भरने लगा था। इस प्रेम में कोई स्वार्थ और अपेक्षा की भावना नहीं थी। बस मैं सभी से आंतरिक तौर पर अपनापन सा महसूस कर रहा था। ये अब तक की सबसे उत्तम अनुभूति थी।

कुछ हफ्तों बाद वह महसूस हुआ जो 35 साल की जिंदगी में कभी महसूस नहीं हुआ... कि इन्सान प्रेम के लिए ही बना है।

ये सुना कई बार था, लेकिन अंदर से महसूस पहली बार हुआ। ऐसा प्रेम, उस प्रेम से कई हजार गुना आनंद दे रहा था, जब मैं और मेरी पत्नी पढ़ाई के दौरान प्रेम में पड़े थे... मां और बेटे से बढ़कर था ये अंदर से उत्पन्न हुआ प्रेम... जो सबको अपने अंदर

समा रहा था। आंतरिक प्रेम की अनुभूति सिर्फ शरीर और मन के स्तर पर हिलोरे नहीं मार रही थी, बल्कि गहराई में छुपी ऊर्जा से उत्पन्न हो रही थी। इस कारण दुनिया को देखने की दृष्टि बदल रही थी। इस तरह का प्रेम मेरे जीवन से अभी तक नदारद था।

दिल्ली के दिलशाद गार्डन में रहने वाले बड़े भाई जैसे मित्र डॉ. धीरज और उनकी पत्नी डॉ. भानु से मिलने कई सप्ताह बाद जाना हुआ। दोनों ही पेशे से डॉक्टर होने के साथ बेहतरीन इन्सान भी हैं। इनसे मेरी हर व्यक्तिगत बात साझा होती है। बातचीत में उन्होंने कहा कि अमित, तुम्हारे बोलने के लहजे में काफी फर्क आ गया है, पहले से ज्यादा विनम्र जान पड़ रहे हो। ध्वनियों की तरंगे उन्हें अंदर तक महसूस हो रहीं थीं। उन्होंने आगे कहा कि डेढ़ महीने पहले तक फोन पर हुई बातचीत में उन्होंने मुझे नकारात्मकता के दलदल में फंसा हुआ पाया था। वे मेरे बदले स्वभाव से हैरान थे, क्योंकि इतना विनम्र जीवन में मैं कभी नहीं था।

यह विनम्रता और प्रेम बस मेरे अंदर से बार-बार उमड़ रहे थे। यह स्वत: ही हो रहा था। मुझे खुद को बदलने के लिए बाहरी रूप से अतिरिक्त प्रयास नहीं करने पड़ रहे थे।

इस सबके साथ ही, मुझमें अपनी पत्नी के प्रति प्रेम कुछ अलग तरह से जाग गया था। वे बेहद सफाई पसंद महिला हैं और हर सामान को व्यवस्थित रखने में उनकी काफी ऊर्जा खर्च हो जाती है। मैं इस मामले में थोड़ा सा लापरवाह रहा हूं। इस कारण बीते समय में हमारी कई बार तकरार हुई। नतीजा... कई दिनों तक बातचीत बंद हो जाती थी। हालांकि मेरी लापरवाही की आदत अब भी बरकार थी। लेकिन मेरी ऐसी हरकतों पर जब भी निधि कुछ बोलती, वे शब्द मुझे अब पुष्प की पंखुड़ियों की तरह महसूस हो रहे थे।

तब की परिस्थिति और अब की परिस्थिति में फर्क दृष्टिकोण का था। तब मेरे ही गड़बड़ाए नजरिए से मेरी पत्नी के सार्थक शब्द तीर से चुभ जाते थे...

जीवन का ये आनंद कैसे मिल रहा था, पता नहीं। इतना जरूर पता था कि इस आनंद की खोज के लिए मैं कुछ भी धन संपत्ति लुटाने को तैयार था, लेकिन अफसोस, ये आनंद पैसे से नहीं खरीदा जा सकता था... जो अब स्वत: ही खुद के अंदर फूट रहा था।

कुछ आध्यात्मिक जानकारों से इस बारे में बात की, उन्होंने अपने अनुभव से कहा कि तुम पर ईश्वर की कृपा हुई है। परमपिता परमेश्वर तुम पर मेहरबान हैं। तुम्हारे

ऊपर ईश्वर का हाथ है। इस तरह की कई और बातें कहीं गईं, लेकिन मैं इसे मानने के लिए तैयार नहीं था।

ध्यान तो मैं पहले भी करता था, लेकिन इस तरह की अनुभूति मुझे पहले कभी नहीं हुई। शायद इस बार सही तरीके से ध्यान की तकनीक आजमाने के कारण ऐसा हो रहा हो? मुझे अब तक सिर्फ अनुभूति हो रही थी और इससे मेरा जीवन बदल रहा था। मैंने ध्यान क्रिया से कई लोगों के जीवन परिवर्तन के किस्से सुने हैं, लेकिन इतनी तेजी से स्वयं में हुए तमाम सकारात्मक परिवर्तनों ने मुझे अचंभित कर दिया था। योग के कुछ जानकारों से पूछा तो उन्होंने बताया कि योग व ध्यान से धीरे-धीरे परिवर्तन होते हैं। लेकिन अचानक हुए परिवर्तन के ठोस तर्क या प्रमाण वे फिर भी नहीं दे पाए।

मैं अंधविश्वास के मकड़जाल में न फंस जाऊं, इसलिए मैं मनोचिकित्सक के लगातार सर्पक में रहा। इस बारे में अपने मनोचिकित्सक से बात की। वे भी मुझे बेहतर होता देख बेहद खुश थे। उन्होंने मेरी दवाइयां डेढ़ महीने में ही आधी कर दीं। लेकिन वे भी इन सवालों का स्पष्ट जवाब नहीं दे पाए कि मेरे साथ ही अचानक परिवर्तन कैसे होने लगा। उन्होंने हर बार की तरह सिर्फ इतना कहा कि मेडिकल साइंस की क्षमताएं और ज्ञान बेहद सीमित है। जो अनुभूतियां तुम्हें मिल रही हैं, उसका सटीक जवाब मेडिकल साइंस के पास होना मुश्किल है। इस पर कई देशों में रिसर्च चल रही है। मेरी जिज्ञासा अब भी शांत नहीं हो रही थी, लेकिन मैं इस जिज्ञासा के कारण इस तरह की अनुभूति भी गंवाना नहीं चाहता था। इसलिए मैं ध्यान के साथ-साथ सभी तरह के कर्मकांड, मंत्र जाप और ज्यादा करने लगा। नहीं पता था कि मेरे ऊपर ज्यादा असर कर्मकांड कर रहा है या ध्यान क्रिया की तकनीक। भगवान बुद्ध के बारे में यूट्यूब और इंटरनेट पर पढ़ा। लेकिन वहां से भी मेरी जिज्ञासा शांत नहीं हो रही थी।

इस बीच कोरोना का प्रकोप भी चरम पर था। अक्टूबर 2020 का समय कोरोना की पहली लहर का चरम से उतरने का दौर था, लेकिन फिर भी हर रोज 60 हजार से ज्यादा कोरोना केस आ रहे थे। मन किया था कि एक बार धर्मशाला जाकर बौद्ध भिक्षुओं के बीच जाकर रहा जाए। उनसे भगवान बुद्ध के दर्शन और ध्यान क्रियाओं के बारे में और सीखा जाए। लेकिन राज्यों ने अपने-अपने कोविड प्रोटोकॉल जारी किए हुए थे। हिमाचल में भी जैसे तैसे प्रवेश मिल भी जाए तो होटल में रुकना मुश्किल था। वहीं कुछ स्थानीय लोगों से पता चला कि बौद्ध भिक्षुओं से मिलना आसान नहीं होगा। इसलिए भारत में बौद्ध भिक्षुओं के गढ़ धर्मशाला जाने की योजना त्यागनी पड़ी।

मुझे इतना पता था कि आस्था और अंधविश्वास के बीच में बाल मात्र का फर्क होता है। अगर आस्था को आंख मूंदकर अपनाते चले जाओ तो उसे अंधविश्वास में तब्दील होते देर नहीं लगती है। स्वभाव से पत्रकार था, जिस कारण जिज्ञासा और खोजीपन रोम-रोम में समाया था। इसी कारण मैं अनुभूतियों की जिज्ञासा शांत करने के लिए और खोजबीन करने लगा। चूंकि मैंने जीवन में तंत्र-मंत्र किस्म का ऐसा कोई काम नहीं किया था, इसलिए मैं किसी भी रूप में खुद पर ईश्वरीय कृपा मानने के लिए तैयार नहीं था। इस खोजबीन में सोशल मीडिया के जरिए लांबा फेरा के बारे में पता चला। इसके बारे में तहकीकात की तो पता चला कि लांबा फेरा कोर्स नेपाल के भिक्षु करवाते हैं। इस ओर झुकाव का एक कारण और था। मेरे नेपाल के एक मित्र ने बताया था कि इस समय काठमांडु बुद्ध धर्म का सबसे बड़ा केन्द्र बना हुआ है।

तय फीस चुका कर मैंने लांबा फेरा कोर्स ज्वाइन किया। लॉकडाउन के कारण जूम पर ही ऑनलाइन क्लास हुई। वे कोर्स के बारे में दावा करते हैं कि इस तीन हफ्ते के कोर्स से आपका जीवन बदल जाएगा, आप सफलता की ऊंचाइओं पर चढ़ेंगे, आपको मोटा मुनाफा होगा, आपके जीवन में हमेशा सकारात्मकता रहेगी। चूंकि मेरा जीवन बदल रहा था, इसलिए मैंने सोचा कि शायद इन सवालों के जवाब यहां मिल जाए।

अगले अध्याय में पढ़ेंगे कि लांबा फेरा कोर्स के दौरान किस तरह से शांति और आनंद की अनुभूति के साथ कुछ आंतरिक शक्तियां हासिल होने लगीं। निकला था सत्य की खोज में लेकिन इस सफर के शुरू में ही कई अनोखे अनुभवों से सामना हुआ।

अध्याय - 5

लांबा फेरा : चमत्कारों की आहट से और गहरा हो गया भगवान बुद्ध से जुड़ाव

जीवन में अचानक से हो रहे सकारात्मक बदलावों का मैं आनंद ले रहा था। लेकिन ऐसी तकनीकें मैंने आज तक कभी नहीं आजमाई थीं, जिन्हें मैं पिछले दो माह से कर रहा था। बचपन से मन की शांति और इच्छा पूर्ति के लिए भागवत कथा, रामायण, सत्यनारायण की पूजा और कई कर्मकांडों से होकर गुजरा, लेकिन उफनते समुद्र में स्थिर कश्ती जैसी शांति कभी नसीब नहीं हुई थी।

आनंद तो इस कदर अंदर से फूट रहा था, जैसे हृदय रूपी फव्वारे से आनंद रूपी जल लगातार अपनी बौछारें मार रहा हो, लेकिन इसके स्त्रोत का फिर भी पता नहीं था। बस, ध्यान किए जा रहा था और बुद्ध की तरफ खिंचा चला जा रहा था। जीवन में अचानक आए बदलावों ने कई सवालों को जन्म दिया, लेकिन जवाब किसी के पास नहीं था। सभी जगह से एक ही जवाब मिलता था कि मुझ पर कोई दैवीय कृपा हुई है।

बिना कोई महान काम किए दैवीय कृपा भी कैसे हो सकती है, यही सोचकर सवालों के जवाब तलाशने की कोशिश करने लगा। ध्यान करते-करते इतना तो महसूस हो रहा था कि मैं खुद से जुड़ रहा हूं। सुना था कि खुद से जुड़ोगे तो खुद को पाओगे। जब खुद को पाओगे तो खुदा भी खुद-ब-खुद आएंगे। खुदा का तो पता नहीं, खुद से जुड़कर अपने को जानने-देखने का सलीका बेहतर होता प्रतीत हो रहा था।

इस देह-दिमाग को 35 साल से मिली हुई पुरानी मान्यताओं से सराबोर मन का बड़ा हिस्सा कहता था कि आस्था पर ज्यादा खोजबीन नहीं करते, चुपचाप मान लो। वहीं, पत्रकारिता के सांचे में ढला मन का छोटा हिस्सा रह-रहकर कह रहा था, कोई चीज यूं ही नहीं होती, हर घटना के पीछे कारण होता है।

इस असमंजस में यह तय किया कि कोई चीज यूं ही नहीं मानूंगा। भले ही इसके लिए कुछ भी करना पड़े। इसी ऊहापोह में फैसला किया कि अब तक सच के लिए बाहरी दुनिया को टटोलता था, अब अंदर के सच को पहचानने के लिए खुद को टटोलूंगा।

लेकिन कैसे:..? यह यक्ष प्रश्न था। शुरुआत कहां से करूं, यह भी पता नहीं था। लेकिन यह पता था कि पत्रकारिता की नौकरी करते-करते अंदर के सच का पता लगाना मुश्किल था। इसलिए नवंबर 2020 के पहले हफ्ते में ही तय कर लिया था कि 2021 की मकर संक्रांति यानी 14 जनवरी को दैनिक भास्कर से इस्तीफा दे दूंगा। माना जाता है कि नए काम की शुरुआत के लिए मकर संक्रांति सही तिथि है। मैं अपनी सबसे प्यारी चीज पत्रकारिता को छोड़ने के लिए तैयार हो गया, ताकि खुद के अंदर पैदा हो रहे अब तक के सबसे प्यारे और आनंदमयी भाव के कारण को जान सकूं। हालांकि चार महीने पहले ये निर्णय लेना शरीर के अंग काटने जितना कष्टकारक था, लेकिन तब मुझे अब तक की अत्यंत प्यारी चीज की अनुभूति नहीं हुई थी।

केन्द्र सरकार के कुछ शुभचिंतक मंत्रियों और आला अफसरों की सलाह भी मुझे पत्रकारिता छोड़ने से नहीं रोक पाई। उन्हें ये निर्णय अव्यवहारिक लग रहा था, लेकिन मुझे अब बेहद सहज जान पड़ रहा था। वे मेरे भविष्य को लेकर चिंतित हुए, लेकिन मैं तो वर्तमान को संवारने में अग्रसर हो चला था। एकबारगी दिमाग में घर छोड़ने की बात भी आई, लेकिन यह बहुत हल्के रूप में थी। लांबा फेरा कोर्स इसी आध्यात्मिक यात्रा का अगला पड़ाव था।

देश के अलग-अलग हिस्सों में कोविड के कारण पाबंदियां लगी हुई थीं। इसलिए लॉकडाउन में इंटरनेट और फोन ही शोध का सबसे बड़ा सहारा बने। फेसबुक पर लामा शब्द देखकर मैं रोमांचित हो उठा। क्योंकि ये शब्द दलाई लामा के करीब जान पड़ रहा था। कुछ ही सेकंडों में अंदर उम्मीद जागी कि अब मेरे सभी सवालों के जवाब मिल जाएंगे। लामा के रूप में 25 से 30 साल के एक युवक की फोटो लगी हुई थी, जिसके प्रोफाइल पर आंत्रेप्रेन्योर लिखा हुआ था। ये देख मन थोड़ा उदास हुआ, फिर लगा आजमा के देखते हैं। कई लोग इन्हें गुरु जी कहकर बुला रहे थे। ये खुद नेपाल में थे, लेकिन इनकी संस्था के अनुयायी भारत में भी थे। यही लोग भारत में जूम एप की मदद से ऑनलाइन लामा फेरा कोर्स का संचालन करते थे। ऑनलाइन पेमेंट की व्यवस्था थी। करीब सात हजार फीस मैंने भी अदा की, भीतर के सच की तलाश के लिए ये रकम फिर भी छोटी जान पड़ी।

लामा फेरा कोर्स में सब कुछ बिल्कुल प्रोफेशनल अंदाज में था। फिर भी मन में बार-बार शंका आ रही थी कि कहीं ये ढोंगी बौद्ध भिक्षु तो नहीं है। बुद्ध धर्म को समझने का यह मेरा दूसरा प्रयास था।

जो व्यक्ति दो माह पहले तक डिप्रेशन की अवस्था में पहुंचकर आत्महत्या के विचारों से जूझ रहा था, उसमें दैवीय कही जाने वाली आंतरिक शक्ति का आगमन समझ से परे था। इसलिए मुझ में हो रहे बदलावों को समझने के लिए मैं किसी भी परीक्षा से गुजरने और किसी भी हद तक जाने को तैयार था।

तय तारीख और वक्त पर लामा सेशन शुरू हुआ। करीब डेढ़ सौ लोग जूम एप की स्क्रीन पर नजर आ रहे थे। अधिकांश लोगों की उम्र 40 साल से ऊपर थी। सभी लोगों ने बारी- बारी से अपने बारे में बताना शुरू किया। इसमें ज्यादातर वे लोग थे जो रैकी जैसी किसी न किसी हीलिंग थेरेपी से जुड़े हुए थे। वे सब जीवन में अपनी आकांक्षाओं को पूरा करने के लिए अध्यात्म से ज्यादा सिद्धि हासिल करने की बात कर रहे थे। लामा फेरा कोर्स दावा भी यही करता है कि आपकी मनोकामना पूरी करने की तकनीक वे जानते हैं, वे वही सिखाते हैं। इस तरह के लोगों की जमात देखकर एकबारगी मुझे लगा कि कहीं सच की तलाश में गलत नंबर डायल तो नहीं हो गया। मनोकामना पालकर उसे पूरी करने के फेर से खुद को बचाने के लिए मैं सच की तलाश में निकला था। खैर कोर्स के पैसे दिए थे, तो सोचा कि सेशन की कुछ ऑनलाइन क्लास तो आजमा कर देख ही लूं।

सेशन के पहले दिन की शुरुआत एक ध्यान के माध्यम से हुई, जो निगेटिव एनर्जी को खत्म करता था। इस मेडिटेशन से थोड़ा हल्कापन लगा। चूंकि मैं पहले से ही ध्यान कर रहा था, इसलिए इसका ज्यादा असर मुझ पर नहीं हुआ। सेशन के दूसरे दिन उन्होंने मूलाधार चक्र को सक्रिय करने वाला मेडिटेशन करवाया। ये मेडिटेशन बहुत पावरफुल था। हर मिनट इसकी आवृत्ति बढ़ाने पर मेरे शरीर का ताप बढ़ने लगा। पांच मिनट बाद ही मेरे शरीर का तापमान 102 डिग्री सेल्सियस तक पहुंच गया। मेरी दिल की धड़कन बहुत तेज हो गई। अचानक घबराहट बढ़ गई। मैंने उस मेडिटेशन को बीच में ही छोड़ दिया।

कुछ लोग इस मेडिटेशन को एक मिनट भी नहीं झेल पाए। इस बारे में गुरु ने साधकों से रिएक्शन जाने। मुश्किल से इक्का-दुक्का लोग ही थे जो इस मेडिटेशन को ठीक से कर पाए। मुझे लग रहा था कि शायद मैं इसे करने में विफल रहा।

सेशन के अगले दिन गुरु ने एक अक्षर के मंत्र के जाप के बारे में बताया। पहले उसका उच्चारण खुद किया, कुछ देर बाद हम लोगों से उसका उच्चारण करने के लिए कहा। उन्होंने कहा कि मेरे साथ ही उच्चारण करना, जिस गति और जिस लय में मैं उच्चारण करूं, उसी तरह उच्चारण करना। उनके साथ-साथ हम सभी साधक एक-एक शब्द को दोहराते हुए मंत्र का उच्चारण करने लगे। कभी ध्वनि ऊपर होती तो अगले ही पल बिल्कुल धीमी हो जाती।

लगातार उच्चारण से पांच मिनट में ही गला भरने लगा। मंत्र के लगातार उतार-चढ़ाव से सात मिनट में ही गले की नसें फूलने लगी। एसी की ठंडक में बैठने के बावजूद चेहरा और पीठ पसीने से तरबतर होने लगे। दस मिनट बाद गले ने जवाब दे दिया। गले के असहनीय दर्द से मंत्र का उच्चारण बंद करना पड़ा। लेकिन गुरु का मंत्र उच्चारण 25 मिनट तक चला।

मंत्रोच्चारण खत्म होने के बाद कुछ समय के लिए ऑनलाइन सेशन में सन्नाटा छा गया। शायद सबके गले मेरी तरह भर गए थे। ये इस सेशन में दूसरी बार था कि ध्यान की इस तकनीक को मैं अच्छे से नहीं कर पाया।

एक 50 साल की महिला ने तीसरी आंख सक्रिय करने की तकनीक के बारे में पूछा। वो भविष्य देखने को लेकर बहुत उतावली नजर आ रहीं थीं। उनके उतावलेपन को देखते हुए गुरु ने एक सवाल दागा। उन्होंने महिला से पूछा कि अगर 220 वोल्ट के तार में 250 वोल्ट का करंट दौड़ाया जाए तो क्या होगा। महिला ने कहा कि तार जल जाएगा।

तब गुरु ने समझाने का प्रयास किया कि जब क्षमता से थोड़ी सी अधिक ऊर्जा बढ़ाने पर वह जल जाएगा, तब इसी तरह की ऊर्जा यानी शक्तिपात आप पर होगा तो आपका क्या होगा। आप पागल हो सकते हैं। या दिमाग कोमा में भी जा सकता है, अगर आपका तन और मन इसके लिए तैयार नहीं हैं तो। किसी भी तरह की सिद्धियां चरणबद्ध तरीके से हासिल की जाती हैं।

इसलिए धीरे-धीरे आपको अपना स्तर बढ़ाना होगा। इसलिए गुरु ने उन लोगों को विशेषकर सलाह दी जो मूलाधार चक्र से जुड़ा हुआ मेडिटेशन ठीक से नहीं कर पाए, उन्हें जिम जाने, योगासन, जुंबा, ऐरोबिक्स जैसी शरीर से जुड़ी हुई कसरत करना चाहिए, ताकि वे शारिरिक तौर पर मजबूत हो सकें। इसके अलावा लामा फेरा लेने वाले गुरु ने बताया कि अभी भी भगवान शंकर की तीसरी आंख सक्रिय होने के ही प्रमाण मिलते हैं। हालांकि अभी भी गिनती दो-चार संत या भिक्षु ऐसे हैं जिन्होंने अपनी तीसरी

आंख सक्रिय कर ली है। वे हिमालय में रहते हैं। वे हमारे और आपके जैसे आम लोगों के बीच कभी नहीं आते हैं। मैंने देखा है, सोशल मीडिया पर कई लोग तीसरी आंख सक्रिय होने का दावा करते हैं, वे भ्रम फैला रहे हैं।

इन घटनाओं से यह तो पक्का हो गया कि लामा फेरा के गुरु व्यावहारिक और जानकार हैं। अब यह देखना था कि क्या इस सेशन से मेरी जिज्ञासा शांत हो पाएगी।

ऑनलाइन सेशन में एक महिला ने दावा किया कि वे ध्यान की अत्यंत गहराई में उतर गईं थीं। उसमें हनुमान जी ने साक्षात दर्शन दिए। वे हनुमान जी को देख अभिभूत हो गईं। यह जवाब सुन गुरु ने कोई प्रतिक्रिया नहीं दी। इसी बीच एक और महिला ने दावा किया ध्यान में उनके पास शंकर भगवान आए थे। इस बीच भी गुरु मौन रहे। मैं हैरानी में पड़ गया कि इतनी अच्छी अनुभूतियां होने पर भी गुरु मौन क्यों हो गए। कुछ और लोगों का अनुभव भी इसी प्रकार रहे। कुछ देर बाद गुरु ने बोलना शुरू किया कि आप लोग किन-किन भगवान को मानते हो। सबके अलग-अलग जवाब थे। किसी ने कहा शंकर जी को, तो किसी ने राम और हनुमान का नाम लिया, कृष्ण को मानने वाले लोग भी सेशन में मौजूद थे। गुरु ने आगे बोलना जारी रखा, उन्होंने कहा कि जो ध्यान करवाया गया था वो आपके अंदर बैठी नकरात्मकता को दूर करने के लिए था। ये भी एक ऊर्जा का प्रकार है, जिसका कोई आकार-रंग-रूप नहीं होता है। ध्यान क्रियाएं आपके अंदर मौजूद असीम ऊर्जा का अहसास करवाती हैं। आपको अपने अंदर बैठे आपसे मिलवाती है। इसमें किसी का रूप कहां से आ गया। ऊर्जा असीम है अनंत है, इसे किसी आकार में बांधना ठीक नहीं।

इन बौद्ध भिक्षु की खासियत ये थी कि ये कुछ भी सिखाते थे तो साधकों से उनका फीडबैक जरूर लेते थे, और ये सुनिश्चित करते थे कि किसी को मेडिटेशन का साइड इफेक्ट तो नहीं हो रहा है। कुछ लोगों को साइड इफेक्ट हुए भी, तो उन्हें उससे उभरने के उपाय भी बताए गए। कई तरह के मेडिटेशन और प्रतीक चिह्न बनाने और सिखाने का कई दिनों तक अभ्यास चलता रहा। ज्यादातर क्रियाएं निगेटिव एनर्जी को हटाने से संबंधित थीं। मैं कुछ दिनों तक इसे सीखता रहा। तन और मन में ऊर्जा का प्रवाह महसूस हो रहा था, लेकिन इससे बहुत भारीपन भी महसूस हो रहा था। लेकिन लामा फेरा कोर्स से मेरी जिज्ञासा खत्म नहीं हुई।

मैं जानना चाहता था कि मेरे जीवन में अचानक परिवर्तन कैसे हो गया, आखिर मेरे ऊपर दैवीय कृपा है या बस धारणा भर है। लामा फेरा में डेढ़ सौ लोगों की भीड़ में मेरे सवाल गुम हो गए और नहीं जान पाया कि परिवर्तन की वजह क्या है।

जो परिवर्तन हुए थे उससे मुझे असीम सुख और आनंद की अनुभूति हो रही थी, जो आज तक मुझे किसी भी बाहरी वस्तु को पाकर महसूस नहीं हुई थी। मैं इस आंतरिक अनुभूति को खोना भी नहीं चाहता था और सही वजह जानकर दूसरों को भी इसका लाभ देना चाहता था।

कोर्स के मध्य में गुरु ने साधकों को कुछ आकृतियां बनाकर बताईं। उन्होंने बताया कि जिस कमरे में इसे बनाएंगे उस कमरे से हमेशा-हमेशा के लिए निगेटिव एनर्जी खत्म हो जाएगी। ऑनलाइन होने के बाद भी गुरु ने सभी साधकों की आकृतियां स्क्रीन पर देखीं। कुछ आकृतियों के एंगल और आकार गड़बड़ा गए थे, उन्हें दुरुस्त कर फिर से शुरू से बनाने को कहा। वे अपने सामने ही सुनिश्चित करना चाह रहे थे कि सभी लोग आकृतियां ठीक से बनाएं। उनका कहना था कि अगर इन्हें सही रूप में नहीं बनाया तो इनका असर नहीं होगा। कुछ आकृतियां मैंने भी बनाईं, लेकिन पूरी नहीं बना सका, क्योंकि इस प्रक्रिया से गुजरने में मैं खुद को असहज महसूस कर रहा था। बार-बार एक ही सवाल जेहन में आ रहा था कि ये कुछ-कुछ तंत्र ज्ञान जैसी ही तकनीक है। इस तंत्र ज्ञान की मदद से मैं सत्य का रास्ता तय नहीं कर पाऊंगा।

इस कोर्स के दो हिस्से थे, पहला था प्राथमिक और दूसरा एडवांस। मैंने अति उत्साह में एडवांस कोर्स भी ले लिया था। लामा फेरा की ध्यान क्रियाओं से बेहद भारीपन महसूस हो रहा था। इसलिए मैंने खुद को एडवांस कोर्स के लिए फिट नहीं पाया। वहीं दूसरी वजह यह थी कि मैं सिद्धियां पाने नहीं निकला था, मुझे तो सत्य को खोजना था। मेरे साथ हो रही घटनाओं की जिज्ञासा से ही मैं इस आध्यात्मिक पथ पर निकला था। इसलिए मैंने पूर्व की ध्यान क्रियाओं को जारी रखा।

प्राथमिक कोर्स के साधकों को कोर्स समाप्ति पर गुरु ने एक मंत्र दिया। यह मंत्र न हिन्दी में था और न ही संस्कृत में। यह पाली भाषा में था, पढ़ने में यह कुछ-कुछ हिन्दी और संस्कृत से मिलता-जुलता लग रहा था। इसका उच्चारण कठिन नहीं था। इसकी ध्वनि हिन्दू धर्म के मंत्रों से अलग थी। इस बारे में कई लोगों ने इसका अर्थ गुरु से पूछा। गुरु ने कहा कि अर्थ बताने से ज्यादा मायने रखता है इसका सही उच्चारण। इसे कई भिक्षुओं ने कड़ी तपस्या के बाद मिलकर आम जनमानस की भलाई के लिए तैयार किया है।

उन्होंने दावा किया कि इस मंत्र के उच्चारण से उनके बिगड़े हुए काम बनने लगेंगे। कुछ दिन तक मैंने भी इस मंत्र का जाप किया, लेकिन फिर छोड़ दिया। क्योंकि मुझे महसूस होने लगा था कि इससे मेरी जिज्ञासा शांत नहीं होगी।

लामा फेरा कोर्स से एक बात समझ में आ गई कि चमत्कारिक सिद्धियां हासिल करने के पहले खुद को पात्र बनाना पड़ता है। सिद्धि हासिल करने के पीछे मत भागो, पात्र बनने का प्रयास करते रहो। जो पात्र होगा उसके पास सिद्धियां खुद-ब-खुद आ जाएंगी। उसके लिए अतिरिक्त प्रयास की जरूरत नहीं है।

आगे के कुछ अध्यायों में आप पढ़ेंगे कि सत्य की खोज के सफर में कैसे पूर्वाभास होने लगे। कोई घटना होने के पहले कैसे पता चलने लगा, कैसे बीमारों को सिर्फ प्रार्थना मात्र से ठीक कर दिया। क्या ये लामा फेरा कोर्स में सीखी तकनीक का असर था या मैं सिद्धि प्राप्त करने का पात्र हो चला था...?

अध्याय - 6

पूर्वाभास : ध्यान में दिखने लगी भविष्य की झलक

इस तीन माह के सफर में मेरी जिज्ञासा का जवाब मौन था। हर जगह से एक ही तरह के जवाब मिल रहे थे, जो हो रहा है उसे होने दो। स्वीकार करो। ज्यादा मत सोचो।

बदली परिस्थिति में आनंद आ रहा था, लेकिन ऐसा क्यों हो रहा था, पता नहीं। फिर भी मेरी ध्यान क्रिया पूरे अनुशासन और वक्त पर चलती रही। किसी भी परिस्थिति में रहूं, सुबह-शाम आधा-आधा घंटे ध्यान क्रिया करना नहीं भूलता था। डिप्रेशन से उभरने के करीब तीन माह बाद कुछ ऐसा हुआ, जिसकी मैंने कल्पना भी नहीं की थी।

एक दिन शाम के आठ बजे सोने से पहले अन्य दिनों की तरह ध्यान करने बैठा। ध्यान की गहराइयों में जाने में अब सिर्फ पांच मिनट लगते थे। आनंद के संसार में डुबकी लगाना शुरू किया, सराबोर हुआ। ऐसी कई डुबकियां लगाई, लेकिन अचानक आनंद के सागर की तलहटी में दैनिक भास्कर के संपादक धर्मेन्द्र सिंह भदौरिया जी का चेहरा दिखने लगा। उनके चेहरे के भाव सामान्य थे। ऐसा पहली बार हुआ था कि किसी का चेहरा मुझे ध्यान में दिखा हो। कुछ मिनटों तक उनका चेहरा तैरता रहा। लेकिन उनके चेहरे के भाव को लेकर कोई सकारात्मकता पैदा नहीं हुई। एक बार मैंने सोचा कि शायद बहुत दिन हो गए, धर्मेन्द्र सर से मिले इसलिए उनकी याद ध्यान में उतर गई हो। लेकिन अंतःमन में इस चेहरे पर उत्पन्न हुए भाव को लेकर शंका पैदा हो रही थी। मैं यह बात अपने तक ही सीमित रखना चाहता था। मैंने सोचा शायद छठी इंद्री कुछ समय के लिए सक्रिय हुई हो, जैसा कि हम सबके साथ कभी-कभी होता है। लेकिन मन नहीं माना उन्हें फोन लगाया। धर्मेन्द्र जी ने पूरे उत्साह से पूछा और प्यारे कैसे हो? मैंने कहा बिल्कुल ठीक हूं। बातचीत का सिलसिला आगे बढ़ा। उनसे सीधे पूछने से कतरा रहा था। इसलिए घुमा-फिरा कर बात की। उन्होंने बताया कि ऑफिस में सब ठीक चल रहा है, बढ़िया चल रहा है, परिवार में सभी ठीक हैं। और न ही आने वाले समय में कोई गड़बड़ होती बात नजर आ रही है। उनकी ये बात सुन थोड़ी

तसल्ली हुई। मैंने उनसे सीधे बोल ही दिया, पता नहीं क्यों सर आपका चेहरा ध्यान करते समय काफी देर मेरे सामने रहा। शायद आपकी याद आ रही थी, इसलिए ऐसा हो सकता है। करीब 10 मिनट बाद हमारी बातचीत खत्म हो गई।

अगले कुछ दिनों तक उनका चेहरा मेरे सामने आता रहा। मैंने इसे कल्पना मानकर दरकिनार कर दिया। करीब डेढ़ हफ्ते बाद उन्होंने फोन पर हुई बातचीत में बताया कि उनके पिता की तबीयत ठीक नहीं है। उन्हें देखने ग्वालियर जा रहा हूं। कई दिनों तक उनका चेहरा बार-बार ध्यान में आने की बात खुद तक सीमित रखी। मैंने पूर्वाभास की इस घटना को बहुत गंभीरता से नहीं लिया। मुझे लगा छठी इंद्री की थ्योरी शायद कभी-कभी हम सभी के साथ काम करती है, तो इस बार मेरे साथ ऐसा हुआ है। धर्मेन्द्र सर के साथ पूर्वाभास की घटना दूसरी बार हुई। किसी काम से धर्मेन्द्र सर ने मुझे फोन लगाया। मैंने उनसे मजाक में कहा कि आप बेकार में परेशान हो रहे हैं, आपका तो दिल्ली से ट्रांसफर होने वाला है। उन्होंने कहा कि मुझे लगता है कि अभी दिल्ली में ही रहूंगा। क्या तुम्हें इसका पूर्वाभास हुआ है। मैंने इसका कोई जवाब नहीं दिया। करीब तीन हफ्ते बाद पता चला कि उनका ट्रांसफर दिल्ली से हो गया है और वे ग्वालियर में बतौर संपादक नियुक्त किए गए हैं।

दूसरी घटना ने मुझे पूर्वाभास पर गंभीरता से सोचने पर मजबूर कर दिया। हर रात की तरह ध्यान क्रिया पूरी करने के बाद मैं आसन समेटने लगा। तभी कुछ हल्की घबराहट हुई। ये घबराहट आधे घंटे में बहुत ज्यादा बढ़ गई। मैंने पत्नी को बताया कि मुझे बहुत तेज घबराहट हो रही है। उन्होंने बात को हल्के में लेते हुए कहा कि पेट में गैस बन रही होगी, ठंडा दूध पी लो। मैंने फिर कहा ये गैस वाली घबराहट नहीं है। उसने मुझे बाएं करवट लेटने की सलाह दी। मैं लेट गया, लेकिन घबराहट बंद नहीं हुई। मैंने उनसे कुछ अनहोनी की आशंका जाहिर की। उन्होंने इसे मजाक में टाल दिया। उन्हें यकीन दिलाने के लिए धर्मेन्द्र सर के पिता के बीमार होने की घटना के बारे में बताया। लेकिन मेरी श्रीमती जी ने फिर भी गंभीरता से नहीं लिया। मैंने भी सोचा अब जो होगा देखा जाएगा। यह सोचकर मैं सो गया।

हर सुबह की तरह तड़के चार बजे नींद खुल गई। पिछली शाम की घबराहट गायब हो चुकी थी, मुझे यकीन हो गया कि मैं गलत था और मेरी पत्नी की गैस वाली बात शायद सही थी। उस सुबह मेरा बेटा और पत्नी एक्सरसाइज के लिए ग्राउंड न जाने के लिए अलसाए हुए थे। आम दिनों की अपेक्षा उन पर आज पता नहीं क्यों सख्ती नहीं

की। मैंने बेटे से कहा कि घर लौटकर आऊंगा तो साथ में योगा करना होगा। वो नींद में हां-हां कहकर फिर सो गया।

मैंने कसरत के लिए आखिरी तैयारी के तौर पर नए जूतों को पहना, इसका पीछे का हिस्सा थोड़ा सख्त था। एक्सरसाइज की किट लेकर मैं तीसरी मंजिल से नीचे उतरा। स्कूटी गेट से बाहर निकाली। किक से स्टार्ट करने के लिए उसे डबल स्टैंड पर खड़ा कर दिया। बायां पैर किक पर रखा और दांया पैर थोड़ा पीछे की ओर सड़क पर रखा हुआ था। स्कूटी के पीछे की ओर कुछ फीट की दूरी पर सफेद कुत्ता कुछ देर शांति से बैठा रहा। मेरा ध्यान किक लगाने में और चेहरा आगे की ओर था। तभी वह सफेद कुत्ते को पता नहीं क्या सनक आई, उसने चुपके से आकर मेरे दांऐ पैर की एड़ी को अपने नुकीले दांतों से जकड़ लिया। पैर से जब दो तीन झटके मारे तब उसने पैर छोड़ा। उसके जबड़ों का दबाव इतना ज्यादा था कि मुझे लगा कि उसके दांतों ने एड़ी में घाव कर दिया होगा, अब एंटी रैबीज इंजेक्शन लगवाने पड़ेंगे। मैंने तुरंत जूता उतार कर देखा। दांत जूते के पीछे के हिस्से से छेद कर चुके थे, लेकिन नए जूतों की सख्ती के कारण दांत जूतों के आरपार नहीं हो पाए। मैंने एड़ी की ओर देखा उसमें भी कोई घाव नहीं था। एहतियात के तौर पर मैंने अपने मकान मालिक, जो पेशे से डॉक्टर भी हैं, उन्हें दिखाया। उन्होंने कहा कि हल्की सी भी खरोच नहीं है, इसलिए एंटी रैबीज इंजेक्शन की जरूरत नहीं है। जूते के सख्त हिस्से ने तुम्हें बचा लिया। जिस तरह से दांत के निशान जूते पर हैं उसे देखकर लग रहा है कि अगर ये न होता तो कुत्ते के जबड़े में तुम्हारा मांस होता।

मैं सोच रहा था कि अगर उस दिन मैंने पुराने जूते पहने होते, जिसकी एड़ी को ढंकने वाला हिस्सा नरम था, तो पक्के तौर पर पैर में बड़ा घाव होता। खुद के साथ हुई इस घटना और रात में हुए पूर्वाभास ने मुझे बड़ी सोच में डाल दिया। मैंने सुना था कि अच्छे योगी भविष्य देख सकते हैं, तो क्या मुझे भी पूर्वाभास होने लगा है? मैं यकीन न भी करूं फिर भी ऐसा हो रहा था। मैं मन को चाहे जितने वैज्ञानिक तर्कों से समझाने की कोशिश करूं, लेकिन अब ये हर पहर हो रहा था। हर तरह की छोटी बड़ी घटना के बारे में पूर्वाभास होने लगा था। इसकी फेहरिस्त बहुत लंबी है।

मैं अभी भी आधे घंटे से ज्यादा बैठकर ध्यान नहीं कर पा रहा था। कमरे में एसी चलाकर ठंडे में ध्यान करने की आदत पड़ गई थी। आसपास गाड़ियों, बच्चों और कंस्ट्रक्शन का शोर होता रहता था। यहां तक कि मैं पारिवारिक क्रियाओं और जिम्मेदारियों को आम दिनों की तरह ही निभा रहा था। न ही इस बीच कोई सिद्ध

पुरुष के संपर्क में आया और न ही किसी ने विशेष रूप से आशीर्वाद दिया। मेरा जीवन पिछले तीन माह से लगभग एक जैसा चल रहा था।

तो फिर इस तरह की चमत्कारिक सी प्रतीत होने वाली सिद्धि मिलने का क्या मतलब है? पहले की जिज्ञासाओं के जवाब मिले नहीं थे, अब ये सिद्धियां मुझे बुद्ध की ओर खींचने लगीं। ध्यान की वही क्रियाएं मैं आजमा रहा था जो साउंड हीलिंग के विशेषज्ञ ने बताई थीं।

छोटे-मोटे पूर्वाभास की अनुभूति होना दैनिक जीवनचर्या का हिस्सा बनता जा रहा था। जिज्ञासा बढ़ती जा रही थी, लेकिन उन्हें शांत करने का कोई रास्ता नहीं मिल रहा था। जीवन की एक घटना ने मुझे अहसास करवाया कि मैं निगेटिव और पॉजिटिव ऊर्जा को फील करने लगा हूं।

कुछ दिनों के लिए मैं दिल्ली से बाहर गया हुआ था। लौटकर जब आया तो दैनिक भास्कर में साथी रहे एक मित्र से मेरी बात हुई। उन्होंने उदासी भरे लहजे में कहा उनके ससुर बीमार हैं, उन्हें कैंसर है। वे एम्स में भर्ती हैं। उसने आगे कहा कि हालांकि सेहत में थोड़ा सुधार हुआ है। उसके दुख की तरंगे मुझे अंदर तक महसूस हो रहीं थीं। शाम को ध्यान के दौरान पूर्वाभास हुआ कि एक हफ्ते में उनकी मौत होनी वाली है। इसका आभास होते ही मन भारी हुआ, लेकिन ये बात मित्र को बताने की हिम्मत नहीं जुटा पाया। फिर भी मैंने उनके लिए प्रार्थना की। लगातार होते पूर्वाभास से यह अनुभूति हो गई कि भले ही भविष्य देख लें, लेकिन उस घटना को बदला नहीं जा सकता, सिर्फ आने वाली घटना को झेलने के लिए दिमागी तौर पर तैयार हो सकते हैं। मित्र से ये बात मैंने छुपा ली। करीब एक हफ्ते बाद मित्र से किसी काम को लेकर बात हुई, उसने बताया कि वो अभी नहीं मिल सकता, वो एम्स में है और उनके ससुर का देहांत हो गया है। यह सुन मन विचलित हो गया। मित्र से किसी भी प्रकार की मदद के लिए पेशकश की। उसने कहा कि हो सके तो मेरे घर चले जाओ। वहां परिजन सामान बांध रहे हैं। डेड बॉडी लेकर वहां थोड़ी देर में आऊंगा, वहां से सभी को लेकर ग्वालियर निकलना है।

मैंने तुरंत अपनी स्कूटी को दौड़ाया। करीब 20 मिनट में मैं उसके घर पहुंच गया। वहां मित्र की साली और उनकी पत्नी थी। मित्र एंबुलेंस लेकर घर आ गया। वहां आते ही उसने कहा कि पापा जी(ससुर) की डेड बॉडी के पास थोड़ी देर के लिए खड़े हो जाओ, मैं घर होकर आता हूं। उसने हिदायत दी कि डेड बॉडी को अकेले मत छोड़ना। मैं डेड बॉडी से एक फुट की दूरी पर खड़ा हो गया। एक-दो मिनट बाद मुझे अपने अंदर आता

हुआ ऊर्जा का तेज प्रवाह महसूस हुआ। मेरे पैर अचानक भारी हो गए। पैरों का वजन अचानक से चार गुना तक बढ़ गया। सीने पर टनों भार का अंतर्मन हुआ। दिमाग में कुछ समय के लिए विचार आने बंद हो गए। अंदर से एक आवाज उठ रही थी, वे कुछ बात करना चाह रहे थे। मैं बाहर से शांति से खड़ा था, लेकिन अंदर तरंगों का अंबार दौड़ रहा था। कुछ समय के लिए मैंने वहीं आंखें बंद कर अर्तमन में झांकने की कोशिश की। बाहर से आई हुई ऊर्जा से संकेत मिल रहे थे वे बेहद चिंता और कष्ट में थे। उन्हें परिवार के भविष्य की चिंता सता रही है। मृत्यु के अंतिम समय में उन्हें यही चिंता लगी थी। बाहरी ऊर्जा से ये संकेतों में संवाद कुछ सेकंडों का ही रहा, लेकिन मुझे घंटों का महसूस हो रहा था। कुछ देर बाद मित्र आया और एंबुलेंस लेकर ग्वालियर के लिए निकल गया। बाहरी ऊर्जा से संवाद खत्म हो चुका था, लेकिन पैर और शरीर अब भी भारी थे। मैंने कुछ देर स्कूटी का सहारा लिया और वहीं खड़ा रहा। वहीं खड़े-खड़े मैंने प्रार्थना की। तब जाकर मैंने खुद को हल्का महसूस पाया।। मैंने अपनी स्कूटी का मुंह घर की ओर मोड़ दिया।

रास्ते भर दिमाग में विचार चलता रहा कि क्या मित्र को इस बारे में बताना चाहिए या नहीं। चूंकि हिन्दू धर्म में अंतिम संस्कार बेहद मायने रखता है। माना जाता है कि इस प्रक्रिया में किए कर्मकांडों से दिवंगत की आत्मा को शांति मिलती है। दिवंगत की आत्मा की शांति के लिए मैंने खुद के उपहास की परवाह छोड़ मित्र से इस बारे में बात की। उसे एंबुलेंस के पास खड़े होने का अनुभव बताया और कहा कि ऐसा लगा जैसे कोई बाहरी ऊर्जा मुझसे बात कर रही है।

इस घटना के कुछ हफ्तों बाद मेरा किसी काम से इन्हीं मित्र के घर जाना हुआ। रात वहीं रुकने का तय हुआ। परिस्थिति कैसी भी हो, मैं ध्यान क्रिया करना नहीं छोड़ता था। रात करीब दस बजे मैंने कमरे की लाइट बंद की और ध्यान क्रिया में बैठ गया। ध्यान की गहराई में उतरने में काफी दिक्कत आ रही थी। विचारों के अवरोध गहराई में उतरने से रोक रहे थे। करीब आधे घंटे बाद भी ध्यान ठीक से नहीं लगा। ठीक यही प्रक्रिया मैंने सुबह के वक्त भी की। ध्यान सुबह भी नहीं हुआ। बिस्तर पर बैठकर अच्छी फीलिंग नहीं आ रही थी। मैंने इस बारे में मित्र से कहा कि यार मेरा इस बिस्तर पर ध्यान नहीं लगा, लगता है यहां कुछ निगेटिव एनर्जी ज्यादा ही सक्रिय हैं। उसने भी कहा कि सही कह रहे हो, मुझे भी इस बिस्तर पर अक्सर नींद ठीक से नहीं आती है। कारण हम दोनों को ही नहीं पता था।

मंदिर की जगह पर ध्यान : मुदित कुलश्रेष्ठ और उनकी पत्नी रागिनी मेरे पुराने मित्र हैं। अक्सर उनके घर पर ठहरना हो जाता है। इन्होंने अपने घर को बेहद मोहब्बत से संवारा है। दोनों मिलकर इस घर को स्वर्ग सा खूबसूरत बनाने में जुटे रहते हैं। शाम की हमारी बतरस के बाद वे दोनों सोने चले जाते हैं। मैं ध्यान के लिए उनके घर में जगह खोजने लगा। तभी मेरी नजर समकोण की आकृति में रखे हुए सोफे पर पड़ी। उसके कोने में बैठकर मैंने ध्यान करना शुरू किया। ये जगह और ध्यान की जगह से अलग महसूस हुई। मिनटों में मैं ध्यान की गहराई में उतर गया। अंत:मन बेहद रमणीय माहौल में पहुंच गया। मुझे घड़ी की टिक-टिक के अलावा कुछ और नहीं सुनाई दे रहा था। बस ध्यान में मग्न था। मन इतना आनंदित हो उठा कि मदहोशी छाने लगी। अंतर्मन आनंद के रस में इतना डूब गया था कि मैं झूमने लगा। मुझे मन ही मन नशा छाने लगा, ऐसा नशा जिसमें सजगता के साथ मदहोशी थी। रोम-रोम नृत्य करने को आतुर था।

मेरे ध्यान के आधे घंटे से ज्यादा हो चुके थे। पैर सुन्न होते जा रहे थे, लेकिन मन ध्यान तोड़ने को तैयार नहीं था। करीब 45 मिनट तक ध्यान के बाद पैरों ने जवाब दे दिया। उसने शरीर को हिलाने पर मजबूर कर दिया, लेकिन अंत:मन उसी मदहोशी में रहना चाहता था। शरीर हरकत में आया तो आंखें भी खुल गईं। लेकिन अंत:मन अभी भी मदहोशी में था। मैं कुछ समय वहीं बैठा रहा और तन-मन को एक लय में लाने की कोशिश करता रहा। इसके बाद मैं दूसरे कमरे में सोने चला गया। अगले दिन सुबह चाय की चुस्की के साथ उन्हें सलाह दी कि जब भी मन परेशान हो सोफे के इस समकोण की जगह पर बैठ जाया करो, यहां बहुत शांति मिलेगी। यहां जबरदस्त पॉजिटिव एनर्जी है। मुदित ने बताया कि जिस जगह तुमने बैठकर ध्यान किया है वहां कभी मंदिर हुआ करता था और रोज सुबह-शाम पूजा होती थी। अब मंदिर को बड़ी जगह शिफ्ट कर दिया गया है।

यहां यह तो समझ आ गया कि वहां सकारात्मक ऊर्जा होने का कारण अच्छे भाव से उस जगह पर पूजा करना था। इसलिए मंदिर हटने के बाद भी ऊर्जा उस खास जगह पर विद्यमान रही।

इन घटनाओं का विश्लेषण करने पर महसूस हुआ कि लगातार ध्यान क्रियाओं से कुछ ऐसी चीजें अंत:मन के स्तर पर सक्रिय हो गई थीं, जो ऊर्जा के सकारात्मक और नकारात्मक के अति वेग को महसूस कर सकें। पूर्वाभास और ऊर्जाओं के आभास ने मेरी जिज्ञासाओं को और जगा दिया। अब मेरी इसकी वजह तलाशने की तीव्र इच्छा

होने लगी। सिर्फ तीन से चार माह में जीवन में इतनी तेजी से होते बदलाव से मैं हैरान था, लेकिन आनंदित भी। सवालों के जवाब तलाशने के लिए मैंने साउंड हीलिंग थेरेपी विशेषज्ञ से बात की। उन्हें अपना गुरु बनाने के लिए आग्रह किया। लेकिन उन्होंने इन्कार कर दिया। विनम्रता से उन्होंने कहा, मैं मित्रवत आपको मार्गदर्शन दे सकता हूं, लेकिन आपका गुरु नहीं बन सकता। उन्होंने कहा कि आप अध्यात्म के क्षेत्र में आगे बढ़ चुके हैं। उनके इन्कार के बाद उनसे बौद्ध धर्म के गुरु से मिलवाने का निवेदन किया। उन्होंने इसका भी सीधा जवाब देने की बजाए इशारों में समझाया कि जब वक्त आएगा आपको अपने गुरु मिल जाएंगे। इसके लिए आपको मेरे या किसी और की जरूरत नहीं पड़ेगी।

साउंड हिलिंग विशेषज्ञ और लांबा फेरा कोर्स कराने वाले भिक्षु से भी अपनी जिज्ञासों को लेकर शांति नहीं मिली। यह दिन प्रतिदिन बढ़ती जा रही थीं। इस बीच जीवन में कुछ अलग तरह का परिवर्तन शुरू हो गया था। मैंने अब भविष्य की योजनाएं बनानी छोड़ दी या यूं कहें कि छूट गईं। आज या अगले एक या दो दिन में क्या करना है इसकी तैयारी दिमाग में रहती थी। पूरा जीवन सहज हो चला था। हर काम सहज रूप से होने लगा। किसी काम को करने में अतिरिक्त ऊर्जा लगाने की जरूरत नहीं पड़ती थी। मेरा गुस्सा जो कभी बात-बात फन उठा लेता था, अब काफी हद तक शांत था। अब महीने में एक या दो बार गुस्सा आता था। उस पर मन तुरंत अंदर से बेहद कचोटता था कि कुछ गलती हो गई और तुरंत जिस पर गुस्सा उतारा है, उससे माफी मांग लेता था, और मन तुरंत इस बात को भूलकर शांत हो जाता था।

यह कुछ ऐसा था जैसे कुछ अपच खाना खाने पर उल्टी हो जाती थी और अंदर पहुंची गंदगी बाहर आ जाती थी और पेट की सफाई हो जाती थी। ठीक ऐसे ही मन में कुछ जाने पर भावनात्मक रूप से उल्टी हो जाती थी।

तमाम तरह की जिज्ञासाओं के साथ आंतरिक आनंद में रमण करने का सिलसिला चालू था। इस बार तमाम सवालों के जवाब तलाशने के लिए हिन्दू धर्म के संत की ओर रुख किया। अगले अध्याय में पढ़ेंगे कि संत के संपर्क में आने मात्र से आनंद में और भी ज्यादा मिठास आ गई। क्या ये संत भी मेरी जिज्ञासा शांत कर पाए?

भागवत कथा : कृष्ण भक्ति में मिली
आनंद की मिठास

मेरे पिता राम प्रकाश निरंजन बीएसएनएल से रिटायर हो चुके थे। उनकी बड़ी इच्छा थी कि वे रिटायरमेंट के बाद मिले पैसे से समाज का कुछ भला करें। उन्होंने धर्मदान को सबसे बड़ा माना। भागवत कथा कराने का उन्होंने मन बनाया। भागवत कथा के प्रति उनका प्रेम मैं बचपन से देख रहा हूं। वे पिछले तीन दशक से भागवत कथा और राम कथा सुनने किसी तीर्थ स्थल जाते हैं या टीवी पर सुनते हैं। इसके विपरीत मेरा कर्मकांड या भागवत कथा के प्रति रुझान नहीं हुआ।

जब कोरोना वायरस ने भारत में दस्तक दी, तब भागवत कथा की तैयारी शुरू हो चुकी थी। वक्त जनवरी 2020 का था। मैं उनके इस फैसले से सहमत नहीं था। उन्हें सुझाव दिया कि आप धार्मिक कार्य की जगह समाज के वंचितों के लिए पैसा खर्च कर दें। उनका कुछ भला होगा। उन्होंने कहा कि सात दिन भागवत कथा में अगर सात शब्द ही आत्मा तक पहुंच जाएं तो किसी भी व्यक्ति का जीवन ही नहीं, कई जन्म सुधर जाएंगे। तब उनकी ये बात मुझे समझ नहीं आई। इसलिए मैंने भागवत कथा में एक ही दिन शामिल होने की अपनी विवशता जताई। उन्होंने इस पर कोई प्रतिक्रिया नहीं दी। मार्च के आखिरी सप्ताह में कोरोना वायरस पूरे भारत में फैलने लगा था। सरकार ने पूरे देश में लॉकडाउन की घोषणा कर दी। इसके बाद भागवत कथा भी स्थगित कर दी गई।

भागवत कथा का पूरे उत्तर भारत में प्रचलन है। ऐसी मान्यता है कि भागवत कथा या राम कथा का आयोजन कराने पर जीवन में खुशहाली और मृत्यु के बाद स्वर्ग की प्राप्ति होती है। कुछ ही कथावाचक पूरी साधना के साथ कथा वाचते हैं, ज्यादातर के लिए ये चंदा कमाने का जरिया भर है, तो कुछ के लिए राजनीतिक और सामाजिक

धमक दिखाने का माध्यम है। इन्हीं कारणों से भागवत कथा और राम कथा में आस्था होने के बाद भी मेरा रुझान इनके आयोजनों की ओर नहीं हुआ था।

अगस्त आते-आते पूरे देश में कोरोना वायरस का प्रकोप बढ़ चुका था, लेकिन लॉकडाउन में ढील मिलनी शुरू हो चुकी थी। इधर मेरी मानसिक स्थिति बिगड़ने लगी थी। इस कारण पिताजी कुछ चिंतित हुए। लेकिन दो माह में ही मैं इस स्थिति से उबरने लगा। इसलिए पिताजी ने उत्साहित होकर अक्टूबर 2020 में तय किया कि दिसंबर मध्य में भागवत कथा कराई जाए। तब तक मेरा धर्म के प्रति नजरिया बदल चुका था। जिस तरह से भगवान बुद्ध की क्रियाओं ने मेरे ऊपर असर किया था, मैं मानने लगा था धर्म में कुछ ऐसी बात जरूर है कि वह लोगों का जीवन बदल सकता है। लेकिन इस बीच मेरा विवेक पूरी तरह से सजग रहा। आस्था और अंधविश्वास के बीच की लकीर को मैं खत्म नहीं करना चाहता था।

पिताजी ने मुझ पर कभी ऐसा काम करने के लिए दबाव नहीं बनाया, जिसमें मेरी रुचि न हो। इसलिए कई बार वे ऐसे कामों में अकेले ही जूझते रहते हैं। इस बार की भागवत कथा में उन्होंने मुझे कुछ भी करने के लिए नहीं कहा, क्योंकि पिछले अनुभव वे भूले नहीं थे। लेकिन वे ध्यान के कारण मुझमें हुए बदलावों के बारे में नहीं जानते थे।

मैं जहां एक ओर खुद में तेजी से हुए बदलावों और अनुभूतियों के सवालों के जवाब तलाश रहा था, वहीं दूसरी ओर जवाब खोजने के सारे प्रयास मुझे नाकाफी जान पड़ रहे थे। इस बार मैंने भागवत कथा में आगे आकर हाथ बंटाने का फैसला दो कारणों से किया। एक यह था कि मैंने सोचा कि शायद भागवत कथावाचक से मेरी कुछ जिज्ञासा कम हो जाए और शायद वे मुझे वह रास्ता दिखा सकें, जिसे मैं तलाश रहा हूं। दूसरा कारण था कि मैं खुद को अब सार्वजनिक जीवन में आजमाना चाह रहा था। पिछले तीन माह में ध्यान क्रियाओं से मेरे विचार और स्वभाव में जो परिवर्तन आया है क्या वह दूसरों को भी महसूस हो रहा है या मैं सिर्फ मुगालते में जी रहा हूं कि मुझमें आत्मिक बदलाव हो रहा है? क्या सच में ध्यान क्रियाओं ने मेरी जिंदगी बदली है?

भागवत कथा का आयोजन कराना ऐसा होता है जैसे किसी लड़की की शादी कराना हो। भागवत कथा हमारे गांव वीरपुरा में थी जो उरई से 15 किमी की दूरी पर है। जरूरत का सारा सामान उरई से आना था। सैकड़ों कार्यकर्ता, पचासों रिश्तेदार और हजारों की तादाद में श्रद्धालु भागवत कथा के अहम हिस्सेदार बनने वाले थे। जरूरी सामान के इंतजामों के लिए अक्टूबर के आखिरी सप्ताह में मैंने पिताजी को भागवत

कथा के काम के लिए गाड़ी खरीदने की सलाह दी, वे तुरंत मान गए। मुझे हैरानी हुई कि वे इतने जल्दी कैसे मान गए। क्योंकि दो साल पहले उन्होंने ये दरख्वास्त ठुकरा दी थी। हमारे 20 लोगों के संयुक्त परिवार में फोर व्हीलर का होना जरूरी भी था।

आचार्य श्री विष्णु चेतन महाराज जी को लेने के लिए ग्वालियर के पास बान्मोर जाना था। शुरुआत में मेरे मन में उनके प्रति खास श्रद्धा नहीं थी। कोरोना के कारण वे कई माह तक अकेले निवास कर रहे थे। उन्हें लेने के लिए मैं मांडरी गांव के अपने मित्र वकील के साथ गया था, वे महाराज के सेवक भी रह चुके थे। उन्हें हम अपनी नई गाड़ी से ही लेने गए। गाड़ी देखकर महाराज उत्साहित हो गए। उन्होंने अपने कदमों की गति बढ़ाते हुए, कार के पास खड़े होकर जोशीले युवक की तरह फोटो खिंचवाई। ये देखकर मैं सोचने लगा, लगता है पिताजी ने कथा वाचने के लिए गलत महात्मा को पकड़ लिया है। ये तो मोह-माया में फंसे हुए हैं। उस समय मुझे लगने लगा कि इनसे मेरे सवालो के जवाब नहीं मिल पाएंगे। अब सिर्फ पिताजी के सम्मान के लिए भागवत कथा को सफलतापूर्वक पूरा करवाओ।

गाड़ी की डिग्गी में महाराज जी की दो दर्जन से ज्यादा मोटी-मोटी किताबें रखी गईं और हम तीनों आश्रम से उरई के लिए रवाना हो गए। वकील ने पहले ही मुझे सख्त हिदायत दे दी थी कि मैं पत्रकारों की तरह उनसे कोई सवाल जवाब न करूं। इसलिए मैं तीन घंटे के सफर में चुप रहा। वकील गाड़ी चला रहे थे, उनके बगल में महात्मा जी बैठे थे और ड्राइवर सीट के पीछे मैं बैठा था। हम लोग जैसे-जैसे उरई की दूरी नापते जा रहे थे, मुझे अपने आसपास हल्कापन महसूस होने लगा। सफर की थकान अपने आप खत्म होने लगी। सिर का भारीपन भी खत्म हो गया। मेरे मन में उठने वाले सवाल अपने आप शांत हो गए, तमाम तरह की आशंकाएं खत्म हो गईं। मुझे कुछ-कुछ उस तरह की अनुभूति हो रही थी, जैसे शुरुआती दौर में ध्यान करने पर होने लगी थी। चूंकि मैं अपने आसपास ऊर्जाओं को महसूस करने लगा था, इसलिए मुझे समझते देर नहीं लगी कि महात्मा जी का आभामंडल बहुत मजबूत है। ये पाखंडी कथावाचक नहीं हैं।

उरई पहुंचकर उनके रुकने की व्यवस्था वकील के भाई के घर में हुई थी। घर पहुंचते ही उन्होंने सबसे पहले किताबों को चौखटी पर रखवाया और कहा कि अब आप लोग जाइए। मैंने वकील से पूछा–"यार तुम तो कह रहे थे पहुंचे हुए महात्मा है, इन्हें गाड़ियों का शौक है?"

तब वकील ने कहा कि हां, इनका सिर्फ यही शौक है। जबकि इनके पास गाड़ी दान करने वालों की कमी नहीं है। लाखों का चंदा आता है, लेकिन ये पैसे को हाथ भी नहीं लगाते। फिर भी इन्होंने अपने लिए कोई नई गाड़ी नहीं खरीदी। साधना के बारे में उन्होंने बताया कि ये कई सालों से भागवत कथा कह रहे हैं, लेकिन ये आज भी प्रतिदिन अध्ययन करते हैं। घंटों ध्यान में मग्न रहते हैं। और खूब कसरत करते हैं। बचपन से ही उन्होंने गृह त्याग दिया था। वकील की बात सुनकर विश्वास हो गया कि पिताजी ने कथावाचन के लिए सही व्यक्ति को चुना है।

इधर, गांव में सभी रिश्तेदारों की देखभाल, खाना, भागवत कथा के लिए पंडाल सज्जा जैसे सैकड़ों काम एक साथ आ गए। गांव पहुंचते ही रुके हुए कार्मों की लिस्ट श्रीमती ने मुझे पकड़ा दी। घर के सभी सदस्य स्वत: ही अपनी पूरी क्षमता से काम में लगे हुए थे। गांव में ऐसे कई रिश्तेदार भी आए थे, जिनसे मेरा कभी अच्छा खासा बैर हुआ था। किसी न किसी कारण मनमुटाव कई सालों से बरकरार रहा। मैंने उनके पैर छुए तो वे दंग रह गए। उन्होंने कहा तुम मुझसे बात भी नहीं करना चाह रहे थे, अब सीधे पैर छू रहे हो। मैंने कहा मान्यवर मेरे मन की तमाम गांठें खुल चुकी हैं और आप भी खोल लीजिए। वहीं दूसरी ओर मेरे पिताजी बढ़ते काम के कारण थोड़ा नाराज हो जाते थे, लेकिन उनके गुस्से का अब मुझ पर कोई असर नहीं हो रहा था। मेरा ध्यान सिर्फ उनकी भावना पर था न कि शब्दों पर। इधर, गांव के कई युवक भागवत कथा के काम में हाथ बंटाने के लिए खुद ही आगे आ गए थे।

यह वीरपुरा गांव की खासियत रही है कि किसी परिवार के आयोजन को गांव का हर शख्स अपना आयोजन मानकर पूरी ताकत से सहयोग करने में जुट जाता है। इससे भागवत कथा का काम आसान हो गया। रिश्तेदारों को मैं जो बोल रहा था, उन्हें मिठास का अनुभव हो रहा था। जबकि मुझे लग रहा था कि मैं बेहद साधारण बात कर रहा हूं। मेरी कई चचेरी बहनें मेरी श्रीमती जी से कहने लगीं कि भइया के स्वभाव में ये परिवर्तन कैसे हुआ।

भागवत कथा शुरू हो चुकी थी। सोशल डिस्टेंसिंग को ध्यान में रखते हुए भीड़ ज्यादा न बढ़ाने का फैसला हुआ था। इसलिए आसपास के गांवों में किसी भी प्रकार का कोई प्रचार नहीं कराया गया। फिर भी हर दिन श्रद्धालुओं की भीड़ बढ़ने लगी। कोरोना से बचाव के लिए मास्क और सेनेटाइजर की व्यवस्था भी की गई। लेकिन भीड़ 8-10 हजार तक बढ़ गई। हालांकि जगह पर्याप्त होने के कारण उन्हें बैठाने में कोई दिक्कत नहीं हुई। कवर्ड पंडाल में दस हजार लोगों के बैठने की व्यवस्था थी। शुरू के पांच दिन,

मैं सिर्फ व्यवस्था ही देख पाया। लेकिन इस बीच मेरा ध्यान भागवत कथा पंडाल की ओर गया। जब-जब मैं पंडाल के अंदर आऊं, मेरे रौंगटे खड़े हो जाएं और जबरदस्त ऊर्जा का प्रभाव महसूस होने लगे। पंडाल के बाहर जाते ही स्थिति सामान्य हो जाए।

गांव-देहात में भागवत कथा के बारे में दो बातें बहुत प्रचलित हैं कि कथा के बीच में हल्की बारिश जरूर होती है। माना जाता है कि देवता आशीर्वाद देने आते हैं। दूसरी बात यह कि भंडारे में बनने वाला साधारण भोजन भी हमेशा स्वादिष्ट लगेगा। ये दोनों बातें मैंने खुद होते हुए देखीं। कथा के पांचवें दिन सुबह-सुबह हल्की बारिश हुई, जबकि मौसम बिल्कुल साफ था। गांव वालों के लिए आस्था के पुष्ट होने की घटना थी, लेकिन मेरे लिए फिर से ये जिज्ञासा का विषय बन गई। दिन भर थककर चाहे जितने बजे सो जाऊं, लेकिन सुबह चार बजे नींद खुल ही जाती थी और उठते ही ध्यान क्रिया करता था। तमाम रिश्तेदारों के बीच जगह न मिलने पर कार में ही ध्यान क्रिया करने की जुगाड़ बना ली थी।

भागवत कथा के शुरू के कुछ दिन तक मुझे इन महात्मा जी के कहे प्रसंगों में कुछ खास असर नजर नहीं आया। लेकिन तीन दिन बाद मैं इनके भागवत प्रसंगों से प्रभावित होने लगा। मेरी माता जी, उमा देवी, ने इनसे दीक्षा लेने के लिए कहा। उनका कहना था कि जो तुम खोज रहे हो, शायद तुम्हें इनसे दीक्षा लेकर कुछ मिल जाए।

उनकी बात मानकर पत्नी और बेटे समेत हमने उनसे दीक्षा ले ली। उनके सत्संग से अच्छा तो लगा लेकिन मेरी जिज्ञासा शांत करने के लिए सवाल पूछने का पर्याप्त समय नहीं मिला। मैं उनसे कुछ और सवाल करना चाहता था। लेकिन यह महसूस तुरंत हो गया कि जिज्ञासा शांत करने के लिए मुझे रास्ता शायद अभी न मिले।

कथा का छठवां दिन शुरू होने वाला था। इस्कॉन कानपुर से कुछ नवयुवकों की टोली हमारे गांव आई। उन्हें हमारी भागवत कथा के बारे में पता चला। वे गीता और भागवत कथा की किताबें बांटने के लिए आए थे। ये सभी युवक 25 से 30 साल के बीच के थे और लगभग सभी किसी न किसी आईआईटी के पासआऊट थे। हर माह लाखों कमाने वाले ये युवक कृष्ण की भक्ति में इतने मस्त हो गए कि इन्होंने घर-परिवार त्याग दिया था। इन्होंने गांव में चार-पांच लोगों के साथ मिलकर हरे रामा हरे कृष्णा के महामंत्र के साथ फेरी निकालनी शुरू की। उनके भजन में इतना जोश था कि करीब दो किमी की गांव की फेरी समाप्ति तक गांव के छह सौ से ज्यादा लोग जुड़ गए। इस टोली में आए प्रिय गोविंद जी से मेरी साधारण बात हुई। लेकिन अल्प अवधि में ही वे

मुझे भांप गए। उन्होंने जाते-जाते सिर्फ इतना कहा कि आप सही ट्रेक पर हैं, आपको अपने सवालों के जवाब खुद-ब-खुद मिल जाएंगे, प्रयास जारी रखिए। इसके साथ ही वे मुझे कानपुर इस्कॉन आने का निवेदन कर वहां से चले गए।

भागवत कथा का छठा दिन मेरे लिए कुछ अलग रहा। मैंने अपने संगी साथियों से कहा कि आज आप लोग ही व्यवस्था देखिए मैं आज भागवत कथा ही सुनूंगा। दोपहर एक बजे भागवत कथा प्रारंभ हुई। कृष्ण के गोपियों से बिछड़ने का प्रसंग महात्मा जी सुना रहे थे। पूरा पंडाल करुणा रस में डूब गया। महाराज के आसन के नीचे टीवी पर मैं कई लोगों को रोते हुए देख रहा था। कई महिलाओं के आंसू नहीं रुक रहे थे। कुछ समय बाद मैं भी सुन्न हो गया। मैं सिर्फ महाराज को देखूं और उनके भावों को महसूस करूं, आसपास के माहौल से कुछ क्षण की दूरी बन गई। मेरी आंखों से भी आंसू आने लगे। शांति से बैठे-बैठे मेरे आंखों से आंसुओं की धारा फूटने लगी। चेहरे पर लगा मास्क उन आसुंओं से गीला हो गया। मैंने कुछ समय के लिए आंखें बंद कीं और ध्यान में चला गया।

पहली बार मुझे आनंद के साथ मिठास का अनुभव हुआ। अभी तक ध्यान क्रियाओं से शांति और आनंद की अनुभूति हो रही थी, लेकिन भक्ति योग के संपर्क से आनंद में मिठास घुल गई। ऐसा लग रहा था कि पिछले तीन माह की ध्यान क्रियाओं में मैंने आनंद रूपी रसगुल्ला तो पा लिया था। सीरा रूपी भक्ति के संपर्क में आते ही रसगुल्ले में मिठास आ गई।

तब मुझे भागवत कथा में पहली बार मिठासमय आनंद की अनुभूति हुई। उस वक्त मुझे लगा कि अगर इन महात्मा की शरण में रहूं तो शायद मेरी जिज्ञासा शांत हो जाए। मैंने उनसे एक बार और प्रयास किया। भागवत कथा के अंतिम दिन विदाई के मौके पर मैंने महाराज जी से उनके साथ रहकर साधना सीखने और उनकी सेवा करने का आग्रह किया। उन्होंने कहा कि इस बारे में बाद में बात करेंगे। इतना कहकर उन्होंने आशीर्वाद दिया और वहां से विदा हो गए।

भंडारा - भागवत कथा के बाद भंडारे का चलन बुंदेलखंड क्षेत्र में खूब है। इसे प्रसाद का नाम दिया जाता है। कई सब्जियों को मिलाकर एक ही सब्जी बनाई जाती है। ये गजब का संयोग होता है कि भंडारे का भोजन हमेशा, स्वादिष्ट लगता है। भंडारे में बनने वाली पूड़ी-सब्जी का स्वाद पांच सितारा होटल के स्वाद को फेल कर दे। श्रद्धालु इसे ईश्वर का प्रसाद कहकर स्वादिष्ट होने का तर्क देते हैं। इसी भंडारे में एक घटना

ऐसी हुई, जिसे देख महसूस हुआ कि कैसे धर्म की आड़ में कुछ लोग वर्चस्व कायम करने का प्रयास करते हैं।

भंडारे का पहला भोज प्रसाद के रूप में भगवान को चढ़ाने की परंपरा है। इसके बाद आम लोगों को भंडारे के लिए बैठाया जाता है। इसमें भी पहले पंडितों और ब्राह्मणों को खाना सबसे पहले खिलाया जाता है। मेरे दादा और पिताजी ने गांव के अन्य लोगों से चर्चा कर तय किया कि पंडितों और ब्राह्मणों के साथ कन्याभोज सबसे पहले करवा लिया जाए। भले ही कन्या किसी भी जाति की हो।

यह सुनकर कई गांवों से भंडारे में शामिल होने आए ब्राह्मण और पंडितों में से कुछ ने भंडारे में भोजन स्वीकारने से मना कर दिया। वे अड़ गए कि कन्याभोज से पहले पंडितों और ब्राह्मणों का भोजन होना चाहिए। ऐसा न करना भगवान का अपमान करना होगा। हालांकि कुछ ब्राह्मण और पंडित ऐसे भी थे जिन्हें कन्या भोज के साथ भोजन करने में कोई दिक्कत नहीं थी। मैंने रूठे हुए ब्राह्मणों से कहा कन्याभोज के साथ आपको भोजन करने में क्या दिक्कत है। उनमें से एक ने कहा कि हमारा स्थान समाज में सबसे ऊपर है, इसलिए हमारा भोजन पहले होना चाहिए। मेरे 80 साल के दादाजी ने पंडितों से प्रेम से निवेदन किया कि भागवत का प्रसाद आप नहीं लेंगे तो ये ईश्वर का अपमान होगा। मेरे दादा जी का मान पूरे क्षेत्र में है, उनकी बात टालना आसान नहीं होता है। इसलिए दादाजी के आग्रह पर उन्होंने कन्याभोज के साथ भंडारे का प्रसाद ग्रहण किया।

क्षेत्र में एक परंपरा और प्रचलित है विदाई की। विदाई के रूप में कन्याओं को कुछ रुपए दिए। वहीं ब्राह्मणों को इतनी राशि के साथ गिलास भी भेंट किया गया। रूठे पंडितों ने इसमें भी पेंच फंसाया। वे अड़ गए कि उनकी अधिक राशि से विदाई हो। दादा जी ने फिर निवेदन किया कि सबकी विदाई समान रूप से की गई है। पंडितों की टोली इस पर न मानी, उन्होंने कहा वे बहुत दूर से आए हैं। दादा जी बोले अब जहां से आए हैं, वहां आपको गाड़ी छोड़ देगी। पंडित जी फिर भी न माने। इसी बीच समझदार ब्राह्मणों की दूसरी टोली ने रूठे पंडितों से कहा, सम्मान को जबरन हासिल नहीं किया जाता है। जो मिल रहा है प्रेम से रख लीजिए।

अपने ही वर्ग से उठे विरोध के स्वर पर रूठे हुए पंडित जी आगे कोई प्रतिक्रिया नहीं दे पाए। फिर भी जाते-जाते रूठे हुए कुछ पंडित ये बड़बड़ाने लगे कि इतना घटिया भंडारे का इंतजाम आज तक नहीं देखा। ये बात सुन मुझसे रहा नहीं गया, मैंने उन्हें रोककर

अध्याय - 8

परदेस दौरा : अध्यात्म का नया वैश्विक केन्द्र बनता नेपाल और गुरु की तलाश

लॉकडाउन के कारण भारत के अलग-अलग राज्यों में बंदिशों के नियम बने थे। भगवान बुद्ध की ओर झुकाव के कारण मैंने पहले धर्मशाला (हिमाचल प्रदेश) जाने का प्रयास किया। स्थानीय प्रशासन से जानकारी मिली कि प्रदेश में प्रवेश के नियम सख्त हैं। यहां से निराशा हाथ लगने के बाद जानकारी जुटाई तो पता चला कि आजकल भारत से ज्यादा बुद्ध धर्म का केन्द्र नेपाल बना हुआ है। तिब्बत में चीन की तानाशाही के कारण दशकों पहले बड़ी संख्या में बौद्ध भिक्षु भारत और नेपाल पलायन कर गए थे। भारत में यही कारण है कि तमाम देशों में बुद्ध धर्म के प्रचार के लिए नेपाल बौद्ध भिक्षुओं की आध्यात्मिक ट्रेनिंग का केन्द्र बन गया है। मैं अपने सवालों का जवाब ढूंढ़ने के लिए किसी भी हद तक जाने के लिए तैयार था। लेकिन लॉकडाउन के कारण नेपाल जाकर गुरु तलाशने का कोई छोटा सा भी जरिया नहीं मिल रहा था।

करीब चार महीने तक ध्यान क्रिया करने के बाद इतना समझ आ गया था कि मन अगर शांत हो तो प्रकृति आपकी इच्छानुसार मदद करती है। यह बात एक बार फिर सही साबित हुई। दिसंबर 2020 के अंतिम सप्ताह में उस व्यक्ति का फोन आया, जिस पर मैंने एक साल पहले स्टोरी की थी– पंकज गुप्ता, जिनकी ससुराल नेपाल में थी। उन्होंने अपनी पत्नी रोमिला के साथ विश्व के सबसे ऊंचाई वाले स्थान पर फैशन शो कराया था। माउंट एवरेस्ट पर 5340 मीटर की ऊंचाई पर यह शो हुआ था। इस आयोजन को गिनीज बुक ऑफ वर्ल्ड रिकॉर्ड में दर्ज किया गया था। दैनिक भास्कर में स्टोरी छपने के बाद मैं उन्हें भूल गया था, लेकिन वे मुझे नहीं भूले थे।

पंकज को मैंने आध्यात्मिक अनुभवों के बारे में बताया। उन्होंने तुरंत कहा आप नया साल नेपाल में मना रहे हैं। आप फ्लाइट का टिकट बुक करवा लीजिए। मुझसे जो बन पड़ेगा वो मैं करूंगा। उनके कहने के बाद मैंने आधे घंटे में ही काठमांडु जाने की

टिकट बुक करवा ली। नया साल परिवार के साथ न बिताकर गुरु की खोज में लगाने का निश्चय किया।

कोरोना काल में भारत से बाहर जाना आसान नहीं था। नेपाल दौरा सफलतापूर्वक पूरा हो जाए, इसके लिए कई संयोगों को एकसाथ काम करना था। भारत से पहले ही आरटीपीसीआर कोरोना निगेटिव टेस्ट रिपोर्ट लेकर जाना था। तभी फ्लाइट में एंट्री मिलती। तुरंत टेस्ट भी करा लिया, अगले दिन दोपहर तक कोरोना रिपोर्ट निगेटिव आ गई। यह बाधा पार हो गई। दूसरी बाधा फ्लाइट के दिन एयरपोर्ट पर इंतजार कर रही थी। पहली बार भारत से बाहर जाने के कारण कस्टम विभाग ने मुझे पूछताछ के लिए बुला लिया। कस्टम अधिकारी ने करीब आधा घंटे पूछताछ की। तसल्ली होने के बाद उसने मुझे छोड़ दिया।

नेपाल पहुंचने के बाद सभी की आरटीपीसीआर निगेटिव टेस्ट की रिपोर्ट फिर से देखी जा रही थी, साथ ही शारीरिक रूप से अस्वस्थ दिखने वालों को अलग से मेडिकल जांच के लिए एयरपोर्ट पर छांट दिया जा रहा था, भले ही उनकी रिपोर्ट निगेटिव क्यों न हो। फ्लाइट पकड़ने के लिए मैं सुबह जल्दी उठ गया था और देर रात तक पैकिंग करता रहा था, इसलिए मैं ठीक से सो नहीं पाया था। मेरे चेहरे पर थकान साफ तौर पर झलक रही थी। जबकि मेरे पीछे एक नवयुवक मुझसे ज्यादा तरोताजा लग रहा था।

रिपोर्ट दिखाने की बारी आई तब मुझे लगा कि शायद काठमांडु एयरपोर्ट के अधिकारी मुझे कोरोना की रिपोर्ट से अलग चेकअप के लिए न बोल दें, लेकिन ऐसा नहीं हुआ। मैं आराम से वहां से निकल गया, जबकि मेरे पीछे खड़े युवक को चेकअप के लिए रोक लिया गया। इस तरह कई बाधाओं को पार कर मैं काठमांडु की सरजमीं पर पैर रखने में कामयाब हो गया।

एयरपोर्ट के बाहर पंकज जी मेरा इंतजार कर रहे थे। वहां का तापमान 12 डिग्री था, लेकिन यहां सर्दी लेह-लद्दाख जैसी पड़ रही थी। छाया में बिना बर्फबारी के माइनस तापमान जैसा अहसास हो रहा था, शरीर के अंदर से गलन महसूस हो रही थी। जबकि ठीक उसी समय धूप में खड़े होने पर वही 12 डिग्री का तापमान 30 डिग्री जैसा महसूस हो रहा था। लग रहा था अब गर्म कपड़ों की जरूरत नहीं है। मौसम का ये धूप-छांव वाला अजब संयोग पहली बार देख रहा था।

पंकज जी मुझे अपने घर ले जाने के लिए बहुत उत्साहित थे, वे रास्ते भर यह बताने में थके नहीं कि उनके घर वाले मेरा स्वागत करने के लिए कितने आतुर हैं।

लेकिन मेरा ध्यान उनकी बातों से ज्यादा वहां की सड़कों पर था। काठमांडु की सड़कों पर बहुत कुछ ऐसा देखने को मिला, जिसके बारे में हम भारत में सिर्फ बातें करते हैं, लेकिन व्यवहारिक तौर पर उतार नहीं पाते। लेकिन नेपाल में ये लोगों की आदत का हिस्सा था।

गाड़ियों के नंबर हिन्दी, अंग्रेजी में नहीं बल्कि संस्कृत शब्दों और अंकों में लिखे हुए थे। पूछने पर पंकज जी ने बताया कि नेपाल की भाषा यानी नेपाली संस्कृत के बहुत करीब मानी जाती है। इसके अलावा यहां की सड़कों पर हॉर्न फ्री गाड़ियां दौड़ रही थीं। बेहद आपातकाल परिस्थिति में गाड़ी का हॉर्न बजाने की छूट है। चौराहे पर अगर ट्रैफिक नियम तोड़ा तो पुलिस कर्मी हाथ जोड़कर फिर से ऐसा न करने की दरख्वास्त करेगा। अगर आपने बार-बार ऐसा किया तो आपसे प्यार से चालान कटवाने के लिए निवेदन करेगा। वह आप पर दबाव नहीं बनाएगा। शराब पीकर गाड़ी चलाने पर वीआईपी स्तर तक के आदमी के लिए मोटा चालान किया जाता है।

अगर भूल-चूक में गाड़ी आपसे भिड़ जाए, तो टक्कर मारने वाला और टक्कर खाने वाला, दोनों एक-दूसरे से गाली-गलौच करने की बजाए माफी मांग लेते थे और नुकसान की भरपाई का कोई बीच का रास्ता आपसी सहमति से निकालते थे। गाली देना यहां की संस्कृति का हिस्सा नहीं है। धूल उड़ाती गड्ढेदार सड़कों पर गाड़ियों में ओवरटेक करने की हड़बड़ाहट नहीं दिखाई दे रही थी।

यह तो नेपाल की पहली झलक थी जो सड़कों पर देखी। लेकिन दूसरी झलक देखकर मन थोड़ा दुखी हुआ। भारत में नेपाल को छोटे भाई की तरह माना जाता है। इसे रोटी-बेटी के रिश्ते के तौर पर भी देखा जाता है। लेकिन बदलते अंतरराष्ट्रीय समीकरणों के चलते नेपाल धीरे-धीरे भारत से दूर खिसकता नजर आया है। इसमें दोनों ही देशों के अपने अंदरूनी मसले जिम्मेदार हैं। यहां की सड़कों पर भारत-नेपाल दोस्ती के पोस्टर या स्लोगन शायद ही कहीं देखने को मिले हों। लेकिन नेपाल-चीनी भाई-भाई के तमाम पोस्टर और स्लोगन देखने को मिले। स्थानीय लोगों से इस बारे में बात करने पर इसकी वजह पता चली। नेपाल में जब कुछ साल पहले भूकंप ने तबाही मचाई थी तो भारत ने कुछ तकनीक अवरोधों के कारण अपनी सीमा से राहत सामग्री नेपाल नहीं आने दी थी। इसे लेकर नेपाल की कम्युनिस्ट सरकार ने अलग तरह का एजेंडा चलाया।

इसका फायदा चीन ने खूब उठाया। उसने उस समय में नेपाल की दिल खोलकर मदद की। वहीं दूसरी ओर, नेपाल में ओली को भारत का मोदी कहा जाता है। जब

भारत ने अपने देश में बिजली सप्लाई के लिए नेपाल को दी जाने वाली सप्लाई में कटौती कर दी तो ओली सरकार ने 'मेड इन नेपाल' थीम पर देश में स्वदेशी तकनीक विकसित करने की योजना तैयार कर ली।

जिन चीजों के लिए नेपाल, भारत पर निर्भर था, वह अब नेपाल ने खुद ही बनाना शुरू कर दिया। इससे नेपाल की भारत पर निर्भरता कम होती चली गई। इस तरह की सूचनाओं के प्रसार से नेपाल में भारत की छवि एक ऐसे तानाशाह देश की बनती जा रही है, जो बड़े होने का जबरन फायदा उठा रहा है। लेकिन इस बीच कलेजे को ठंडक पहुंचाने वाली बात यह रही कि लोग इसे सरकारों की आपसी लड़ाई ही मानते हैं। भारतीयों के प्रति इनके दिलों में प्रेम पहले की ही तरह गहरा है। हालांकि लोग अब यहां राजशाही सत्ता को याद करने लगे हैं। लोग मानने लगे हैं कि राजशाही सत्ता काफी आधुनिक थी। राजशाही सत्ता के समय सड़कों पर कुछ जगह बिजली से चलने वाली बस की बिजली की तार बिछाई गई। वहां अब सिर्फ तार बिछाने का ढांचा ही खड़ा है।

कम्युनिस्ट सरकार आने के बाद इन्हें नष्ट कर दिया गया। उनकी बात में कुछ हद तक दम भी दिखा। कई जगह देखने के बाद विकास के मामले में यह 2005 का भारत नजर आया। आधुनिकता के मुकाबले यह भारत से करीब डेढ़ दशक पीछे है। लेकिन अध्यात्म के मामले में शायद यह आने वाला समय में विश्व का सबसे बड़ा केन्द्र भी बन सकता है।

पंकज की पत्नी रोमिला जी के लिए उनका काम ही सबसे बड़ा धर्म है, लेकिन ये सुबह उठकर पूजा-पाठ करना नहीं भूलती हैं। जब भी मैं ध्यान करने के बाद कमरे से निकलता तो मुझे शराब की बदबू का एहसास होता। पहले मैंने सोचा कि आधुनिक लोग हैं, रात को शराब पीकर सोते होंगे। कुछ दिन बाद मुझसे रहा नहीं गया और मैंने संकोच के साथ शराब की बदबू के बारे में पूछ ही लिया।

रोमिला जी ने बेहद सहज तरीके से कहा, हम लोग पूजा के समय रोज भगवान को शराब चढ़ाते हैं। उनके लिए आम बात थी, लेकिन मेरे लिए नई बात थी। उन्होंने मेरे चेहरे का भाव पढ़कर कहा, "आप चौंकिए मत, यह परंपरा का हिस्सा है। यह शराब घर में ही, विशेषकर पूजा के लिए बनाई जाती है। और ऐसा घर-घर में होता है।"

इसके बाद पंकज जी यहां की धार्मिक परंपराओं से रू-ब-रू कराने के लिए काठमांडू की गलियों में ले गए। सुबह का वक्त था। घर के बाहर रंगोली से खास किस्म की आकृतियां बनी हुई थीं और दीपक रखे हुए थे। पंकज जी ने बताया कि यहां हर घर

के लोग सुबह चार बजे उठकर अपनी देहरी पर ऐसा करते हैं। उनके लिए ये भगवान हैं और घर उनके लिए मंदिर है। ये कभी भारत की परंपरा का अभिन्न हिस्सा हुआ करता था। ऐसा अब शायद भारत में सिर्फ गांवों में देखने को मिल सकता है, लेकिन बड़े शहरों में यह परंपरा विलुप्त हो गई है।

लेकिन नेपाल में हिन्दू धर्म की ये परंपराएं अभी भी जीवित हैं। इसके अलावा यहां के देवी-देवताओं की मूर्ति बेहद आक्रामक ढंग से बनी हुई थी। उन्हें देखकर लगता था कि नेपाल में क्रोधी किस्म के देवी-देवताओं का वास है। इसके बारे में पता करने पर स्थानीय लोगों ने कहा ये आपको पता नहीं क्यों क्रोधी लग रहे हैं, लेकिन हमें शांत चित्त लग रहे हैं। मेरे और उनके भावों में इतना अंतर क्यों, इसका जवाब तुरंत नहीं मिला।

नेपाल में गुरु की तलाश में रोमिला जी की बहन उमा जी की बड़ी भूमिका होने वाली थी। यहां जितना हिन्दू धर्म प्रचलन में है, सामानांतर में बौद्ध धर्म का भी खूब प्रचलन है। समय के साथ-साथ यह बढ़ता ही जा रहा है। उमा जी और उनका परिवार पहले हिन्दू था, लेकिन बाद में उनके पूरे परिवार ने बौद्ध धर्म अपना लिया।

उमा जी से मैंने अपने अनुभवों के बारे में बताया तो प्रथम दृष्टया उन्हें लगा कि मैं शायद बुद्ध धर्म धारण करने आया हूं। उन्हें स्पष्ट करते हुए मैंने कहा कि मैं सिर्फ गुरु की मदद से अपने सवालों के जवाब तलाशने आया हूं, मुझे हिन्दू धर्म पर गर्व है, मैं इसे नहीं छोड़ूंगा। भले ही बौद्ध गुरु मिलें या न मिलें।

सत्य की तलाश के लिए खुद के धर्म बदलने की बात मुझे उस समय, सीमा से बाहर जाती हुई नजर आ रही थी। इसलिए मैंने उनका खुलकर प्रतिरोध किया। लेकिन यह भी कहा कि मैं बेहद खुले विचार से यहां आया हूं, अगर आगे जाकर बौद्ध धर्म की ओर मेरा रुझान और मजबूत होता है तो इसके बारे में सोचूंगा, लेकिन अभी हिन्दू धर्म त्यागने का कोई विचार नहीं है। फिर भी उन्होंने अपने गुरु से मिलवाने के लिए सहमति जताई। उस समय मुझे उनकी बात कुछ जमी नहीं, लेकिन हर मोर्चे पर उनका सहयोग मिलता रहा। इसलिए मैंने पंकज जी और रोमिला जी से कुछ और रास्ता निकालने की बात कही।

शाम को पंकज जी मुझे काठमांडु के बौद्धा नाम के क्षेत्र ले गए। इसी जगह को बुद्ध धर्म का मक्का कहा जाता है। यहां की गलियों में पांच साल के बच्चे से लेकर 80 साल के बुजुर्ग तक के बौद्ध भिक्षु मिल जाएंगे। यहां बुद्ध धर्म को पढ़ाने वाला बहुत बड़ा

सेंटर है। साथ ही बहुत बड़ा हॉस्टल भी। यहां मेरे जैसे जिज्ञासुओं के लिए सेंटर में बुद्ध धर्म की शिक्षा-दीक्षा की भी व्यवस्था थी। तय हुआ कि अगले एक महीने इसी हॉस्टल में रहूंगा। लेकिन किस्मत कुछ और ही कराना चाह रही थी। जब लामा ने मिलने का वक्त दिया तो अगले ही दिन वहां किसी बड़े बौद्ध गुरु का देहांत हो गया।

बताया जाता है कि किसी बौद्ध गुरु की मृत्यु पर 49 दिन की कोई पारंपरिक पूजा होती है। सेंटर के सभी बौद्ध भिक्षु मृत देह के पास बैठकर अपनी खास ध्यान तकनीक से देह से निकली ऊर्जा को ट्रैक कर यह पता लगाएंगे कि अब इनका जन्म कहां और कब होगा। इस बीच मृत शरीर उनके बीच ही रहेगा। बताया जाता है कि मृत होने पर शरीर से किसी प्रकार की बदबू नहीं आती है। इस घटना के बाद मैं थोड़ा निराश हो गया। क्योंकि विश्व के सबसे बड़े बौद्ध धर्म के केन्द्र में खड़े होते हुए भी करीब पौने दो माह के लिए मेरे लिए दरवाजे बंद हो गए। सोचा अब यहां तक आया हूं तो काठमांडू ही अच्छे से घूम लूं।

काठमांडू में पर्यटकों का जमावड़ा सबसे ज्यादा थंमेल नाम के क्षेत्र में होता है। लेकिन लॉकडाउन के कारण यहां की दुकानों पर सन्नाटा पसरा था। व्यापार ठप हो चुका था। पर्यटकों से दुकानों पर सामान की सिर्फ लागत ही वसूली जा रही थी, मुनाफा न के बराबर हो रहा था। काठमांडु की ये जगह भी बड़ी अजीब थी। दिन में यहां साउंड हीलिंग जैसे कई आध्यात्मिक सेंटर हैं तो वहीं शाम को सड़कों पर हवस के पुजारियों को अपनी हवस बुझाने के लिए पर्याप्त मौके थे।

मेरा यहां आना बुद्ध धर्म की कुछ हिन्दी अनुवाद वाली किताब के कारण हुआ। किताब नहीं मिली तो साउंड हीलिंग थेरेपी की नेपाली तकनीक से रू-ब-रू हुआ। ये सब करते-करते शाम के आठ बजने वाले थे। रात आठ बजे कोरोना लॉकडाउन के कारण बाजार बंद होने लगा था। मैंने घर जाने के लिए ऑनलाइन टैक्सी बुक कर ली और एक तिराहे पर टैक्सी आने का इंतजार करने लगा। टैक्सी आने में करीब 20 मिनट थे।

मुझे अकेला खड़ा देख एक युवक पास आया। उसका चेहरा मास्क से ढंका था। उसने धीमी आवाज में कहा आप भारतीय हैं। मैंने हिन्दी में जवाब दिया— हां। उसने थोड़ा पास आने को कहा। मैंने सोचा शायद उसे कोई मदद चाहिए। मुझसे करीब 20 मीटर की दूरी पर पुलिस वाले खड़े थे। उसने कान में कहा मजे लेना है। पहले मैं मतलब समझ नहीं पाया, लेकिन कुछ पल बाद उसके मजे लेने का मतलब समझ आया। मैंने विनम्रता से कहा- न भाई, लेकिन वो नहीं माना।

उसने कहा, "साहब एक हजार में व्यवस्था करवा दूंगा।" मैंने फिर मना किया और आगे बढ़ गया। कई बार बहस करने के बाद उसने कहा कि एक बार ले कर देखो साहब, मजा आ जाएगा। मैंने हंसते हुए कहा, "भाई मैं यहां बौद्ध गुरु की तलाश में आया हूं और तुम मजे दिलवाने की बात कर रहे हो।"

फिर उसने बेचारगी भरे अंदाज में कहा कि साहब लॉकडाउन में धंधा चौपट हो गया। मेरी और लड़कियों की कमाई बंद हो गई। हम पर तरस खाकर के ही होटल में आ जाइए। उसकी हालत देख गुस्से की बजाए तरस आया।

मैंने अपने पर्स से सौ-सौ के पांच नोट निकाले जो साढ़े सात सौ नेपाली रुपए बनते थे। भारत में नोटबंदी होने के बाद यहां पांच सौ और 2000 के भारतीय नोट चलने बंद हो गए थे। लड़का खुद्दार निकला। उसने हाथ जोड़कर मना कर दिया, साहब मजे लोगे तभी रुपए लूंगा नहीं तो इन रुपयों को हाथ भी नहीं लगाऊंगा। इस तरह के धंधे में भी उसकी खुद्दारी देखकर अजीब लगा।

मैंने कहा मैं नेपाल खास मकसद से आया हूं, तुम कोई और ढूंढ लो। वो लड़का दूसरा ग्राहक तलाशने आगे चल दिया। वहां से बात असफल होते देख कुछ युवक लड़की को ही लेकर मेरे सामने आ धमके। उन्होंने भी उसी तरह की कहानी आगे सुनाई। इस बार मैंने तेजी से कदम बढ़ाए, तब तक मेरी कैब आ चुकी थी और मैं कैब में बैठकर वहां से जैसे-तैसे निकलने में कामयाब रहा।

मेरे लिए इस तरह की चीजों का सामना करने का पहला अनुभव था। मैंने घर पहुंचकर इस वाक्ये के बारे में रोमिला और पंकज जी को बताया। वे जोर-जोर से हंसने लगे। मैंने कहा कि आपको बताना चाहिए था कि यहां ऐसा भी होता है। अगर पता होता तो शाम को मैं वहां रुकता ही नहीं।

नेपाल में लगभग पांच दिन गुजर चुके थे लेकिन गुरु की तलाश अब भी जारी थी। मेरी बेचैनी बढ़ने लगी। मुझे व्याकुल देख रोमिला जी ने सलाह दी, "आपको एक बार उमा जी के गुरु जी से मिल लेना चाहिए, अगर ठीक न लगे तो कुछ और रास्ता देखेंगे।"

मैंने तुरंत मना कर दिया और सवाल दागा कि उन्होंने धर्म परिवर्तन करवा दिया तो? उन्होंने भरोसा दिलाया कि हम लोग भी आपके साथ रहेंगे, ऐसा कुछ नहीं होने देंगे। उन्होंने आगे कहा कि बौद्ध धर्म में जबरन कुछ नहीं होता है। उनकी सलाह मानकर मैं उनके साथ चल दिया।

रास्ते में पंकज जी ने बताया कि गुरु हार्वर्ड विवि से पढ़े हैं। पहले वे खुद हिन्दू थे, बाद में उन्होंने बौद्ध धर्म अपना लिया। उस समय मेरे मन में गुरु के प्रति कोई आस्था नहीं जाग रही थी। मन में ख्याल आ रहा था कि मैं उन्हें अच्छे से परखूंगा, तभी उन्हें अपना गुरु बनाऊंगा। नहीं तो खाली हाथ भारत लौट जाऊंगा। गुरु के घर के बाहर कार खड़ी देख मेरी आशंका बढ़ गई कि ये पाखंडी गुरु होंगे। शंका भरे भाव के साथ हम गुरु के दरवाजे पर पहुंच गए।

दरवाजा खटखटाने के बाद एक साधारण से दिखने वाले करीब 45 साल के व्यक्ति बाहर आए। देखने पर वे घर के सफाईकर्मी जैसे लग रहे थे। इनका नाम ईश्वर था। सभी लोग आपस में नेपाली भाषा में बात करने लगे। सभी ने उन्हें नमस्ते किया, उन्होंने भी सभी को नमस्ते किया।

घर के अंदर जमीन पर कालीन पड़ा हुआ था। टिककर बैठने के लिए कुछ तकिए भी रखे हुए थे। बातचीत का सिलसिला इन लोगों में नेपाली भाषा में ही चलता रहा। करीब 15 मिनट गुजरने के बाद बैठे-बैठे मेरे पैर दुखने लगे। मैंने ईश्वर जी से पूछा कि क्या मैं पैर फैला सकता हूं। उन्होंने हां में सिर हिला दिया। मैं उनके सामने ही पैर फैलाकर बैठ गया, क्योंकि उस समय तक वे मेरी नजर में केयर टेकर ही थे।

मेरे हाव भाव को पंकज जी समझ गए। उन्होंने कहा, "अमित जी आप गुरु जी से पूछिए, आपको क्या पूछना है।"

मैंने माथा सिकोड़ते हुए सवालिया लहजे में भाव जताए कि कहां हैं गुरु। उन्होंने कहा ईश्वर जी ही गुरु हैं। वे हिन्दी बहुत कम जानते थे, अंग्रेजी के अच्छे जानकार थे। इसलिए मुझसे बात करने के लिए धड़ाधड़ अंग्रेजी में बात करनी शुरू कर दी। मेरी आंखें फटी की फटी रह गईं। मन में सोचा ये अब ऐसे व्यक्ति को शिष्य नहीं बनाएंगे जो उनके सामने बड़े बेढंगे तरीके से पैर फैला कर बैठा हो। डरकर कहें या सम्मान में, मैंने उनके पैर छुए। उन्होंने हाथ पकड़ते हुए पैर छूने से रोक दिया और कहा, "बौद्ध धर्म में पैर नहीं छूते"।

उनके माथे पर तिलक, गले में किसी प्रकार की माला, हाथ में कलावा, और चेहरे पर बड़ी दाड़ी न देख मुझे यकीन नहीं हुआ कि सफाई कर्मी जैसा दिखने वाला ये इंसान हार्वर्ड विवि में पढ़ा है और बौद्ध धर्म में कल्याण मित्र है। ये काठमांडु के ब्योमा कुसुमा बुद्धधर्म संघ (www.byomakusuma.org) से जुड़े हैं। उनकी सादगी देख मेरी उनके पाखंडी होने की शंका खत्म हो गई।

अब मेरी बातचीत जिज्ञासु की तरह होने लगी। वे किसी बात का जवाब दें, उससे पहले ही मैं उन्हें बीच में रोककर अपनी बात कहने लग जाऊं। मेरे मन में जिज्ञासाओं का बवंडर उठ रहा था, अब उन्हें शांत करना मुश्किल था। मैंने उन्हें डिप्रेशन से उभरने में भगवान बुद्ध की तकनीक की भूमिका में बारे में बताया।

उन्होंने सीधे-सीधे तौर पर कुछ न कहते हुए इशारों में कुछ बातें स्प्ष्ट करने की कोशिश की। उन्होंने बताया कि उनके ऊपर 40 गुरु और हैं–

"मेरे पास जो कुछ ज्ञान है, वो मेरा नहीं है मेरे गुरु का है। बौद्ध धर्म पूरी तरह से गुरु-शिष्य परंपरा पर आगे बढ़ता है। यहां शिष्य गुरु को परखता है और गुरु शिष्य को। दोनों ही एक दूसरे को परखते हैं, कई साल साथ चलने पर गुरु या शिष्य बदला जा सकता है।" उनकी बात सुनने के बाद मुझे यकीन हो गया कि ये मेरी जिज्ञासा शांत कर सकते हैं, और मैं मन ही मन उन्हें गुरु मानने के लिए तैयार हो गया।

मेरी जिज्ञासा के कारण विचलित होते मन की अवस्था को उन्होंने पढ़ लिया। उन्होंने कहा– "अमित जी आप कह रहे हैं कि आप डिप्रेशन से उभर आए हैं, लेकिन मेरी नजर में यह आपमें सूक्ष्मतम रूप में अभी भी है।"

उनकी ये बात सुनकर मुझे लग गया कि ये मुझे अंदर से पढ़ सकते हैं, लेकिन मैं उन्हें बिल्कुल भी नहीं पढ़ पा रहा था। पहले दौर की बातचीत में ईश्वर जी ने कहा कि पहले आप शील नियमों का पालन करिए, उसे अपने जीवन में उतारिए, उसके बाद मुझसे कुछ माह बाद मिलिए। उनका संदेशा साफ था वे मुझे शिष्य बनाने से नकार रहे हैं। मैं थोड़ा घबरा गया। गुरु सामने होते हुए भी गुरु का लाभ लेने में असमर्थ हो रहा था। मैंने थोड़ी देर बाद फिर प्रयास किया।

इस बीच कमरे से सभी लोग जा चुके थे। ईमानदारी से अपनी बात उनके सामने तथ्यों के साथ रखने का प्रयास किया। यहां मेरे पत्रकारिता का अनुभव काम आया। अब कमरे में सिर्फ मैं और ईश्वर जी थे, बाकी के लोग जा चुके थे।

उसी दिन मैंने अपने एडिटर अरुण चौहान जी को ऑडियो मैसेज भेजकर आध्यात्मिक कारणों से इस्तीफे की बात कही थी। मैंने गुरुजी को वो ऑडियो रिकॉर्डिंग सुनाई। इसके बाद मैंने उनके सामने ऐसे तथ्य रखे जिससे पता चल रहा था कि मुझसे नफरत करने वालों को मैंने दिल से माफ कर दिया है। उन्हें मनोचिकित्सक के वे पर्चे भी दिखाए जिसमें उन्होंने चार माह में दवाएं घटाकर 10 फीसदी ही कर दी थी। जो

सिर्फ जनवरी के आखिर तक ही लेनी थी। इसके बाद मैंने कुछ अनुभूतियों के बारे में भी बताया जिससे ये पता चलता है कि ये ज्ञान सिर्फ ध्यान क्रियाओं से मिल सकता है। साथ ही अंदर की भावना को शांत करके गुरु से जुड़ने की कोशिश की।

उन्होंने मेरे सभी प्रयासों को ध्यान से देखा-सुना। साथ ही कहा कि तुम्हारा किसी जन्म का कर्म होगा कि भगवान बुद्ध की ओर तुम्हारा झुकाव हुआ है। तुम्हारे तथ्य इतने प्रभावित नहीं करते, जितने तुम्हारे अंदर के भाव तुम्हारी ईमानदारी को प्रतिबिंबित कर रहे हैं। तुम्हारी शिक्षा-दीक्षा कल से शुरू होती है। इसके बाद अगले दिन से (गुरु शिष्य के विस्तृत घटनाक्रम अगले अध्याय में) बुद्ध धर्म को सलीके से समझने की शुरुआत हुई। यहां पर तमाम व्याधियों के बाद आखिरकार गुरु की खोज पूरी हो गई। लेकिन नेपाल से भारत लौटने के क्रम में कई तरह के संयोग और घटित होने बाकी थे।

गुरु से मिलने के एक दिन बाद कुछ खरीदने के सिलसिले में मैं एक बाजार में चक्कर लगा रहा था। वहां कई जगह मोबाइल नेटवर्क की दिक्कत थी। कुछ घंटे बाद मैंने फोन देखा तो मेरी पत्नी का मैसेज था, जिसमें लिखा था, इमरजेंसी है कॉल करो। फोन करने पर पता चला कि मेरे सात साल के बेटे की एक उंगली कट गई है। उंगली का एक हिस्सा कटकर अलग हो चुका था। मेरे फोन न लगने पर परिजनों के साथ मेरे दोस्त पवन ने मौके पर पहुंचकर स्थिति को संभालने की कोशिश की। (अगले अध्यायों में विस्तार से पढ़िए कि कैसे पूर्वाभास हुआ था बेटे के साथ हुई अनहोनी के बारे में और कैसे ध्यान में जाना कि बेटे की अंगुली की स्थिति क्या है)।

पत्नी तुरंत भारत आने की जिद्द करने लगी। अगले दिन की फ्लाइट की टिकट तो मिल रही थी, लेकिन एयरपोर्ट में एंट्री के लिए आरटीपीसीआर निगेटिव रिपोर्ट की जरूरत थी। ऐसे मौके पर परदेस में पंकज जी और रोमिला जी फिर से तारणहार बन कर आए।

मैंने उनको पूरी स्थिति के बारे में अवगत कराया। उन्होंने कहा कि शाम पांच बजे तक आरटीपीसीआर सैंपल लिया जाता है। उस समय शाम साढ़े पांच बजे थे। हालांकि उन्होंने भरोसा दिलाया कि आप परेशान मत होइए, कोई रास्ता निकालते हैं। चूंकि मुझे बेटे के साथ होने वाली अनहोनी का पूर्वाभास था। इसलिए मैं बहुत ज्यादा विचलित नहीं हुआ। लेकिन बेटे की हिम्मत बढ़ाने के लिए भारत लौटना जरूरी था।

दस मिनट के अंदर पंकज जी का फोन आया, उन्होंने कहा आप जहां हैं, वहीं रहिए, गूगल लोकेशन भेजिए, पांच मिनट में आपके पास स्वाब का सैंपल लेने के लिए लड़का पहुंच जाएगा, देर रात रिपोर्ट भी मिल जाएगी। करीब 15 मिनट बाद सैंपल लेने के लिए एक युवक मेरे पास आ गया। रात दस बजे तक मेरे पास निगेटिव रिपोर्ट भी आ गई। तसल्ली के साथ रात 11 बजे सो गया। लेकिन अगले दिन सुबह उठकर मन में पशुपति नाथ मंदिर के दर्शन करने की इच्छा उठी। लगा कि अगर ये नहीं किया तो नेपाल का दौरा अधूरा रह जाएगा और साथ ही परिजनों के लिए रुद्राक्ष ले जाने की लालसा भी जागी। लेकिन ये बात मैंने मन में ही दबा ली। किसी को नहीं बताई, सोचा अब गुरु मिल ही गए हैं, नेपाल आना-जाना लगा रहेगा। अगली बार बाबा के दर्शन कर लूंगा।

एयरपोर्ट छोड़ने के लिए पकंज जी साथ चले। कई तरह की बातें एयरपोर्ट के रास्ते होती गईं। उन्होंने कहा कि आपके लिए अभी एक सरप्राइज है। मैंने पूछा क्या। उन्होंने कहा थोड़ा धैर्य रखिए। एयरपोर्ट का गेट हमारे सामने से निकल गया। वे गाड़ी चलाते ही जा रहे थे। मैंने कहा आप एयरपोर्ट पीछे छोड़ आए। वे मंद-मंद मुस्कराते रहे। उन्होंने एक मैदान में गाड़ी पार्क कर दी। वह पशुपति नाथ मंदिर की पार्किंग थी। मेरी खुशी का ठिकाना नहीं रहा। मैंने कहा ये सरप्राइज तो बहुत अच्छा है, लेकिन फ्लाइट तो नहीं छूटेगी? उन्होंने कहा कि नेपाल में चेकइन में ज्यादा टाइम नहीं लगता है। लॉकडाउन के कारण मंदिर के कपाट बंद थे। लेकिन सिर्फ एक घंटे के लिए पुजारियों के लिए कपाट खुलते हैं, जिसे कुछ दूरी से देखा जा सकता था। उस पल हम वहां थे।

करीब दो सौ मीटर से ही हमने पशुपति नाथ जी के दर्शन किए। दुकान से रुद्राक्ष खरीदकर पंकज जी ने मुझे भेंट किया। मैंने उनसे कहा कि मेरा नेपाल दौरा लगभग सफल हो रहा था, बस यही रह गया था जिसकी इच्छा मन में दबा ली थी। आपने ये पूरी कर दी। इसके बाद हम फटाफट एयरपोर्ट के लिए भागे और वहां से लखनऊ के लिए फ्लाइट पकड़ी। काठमांडू दौरा लगभग खत्म होने वाला था। लेकिन काठमांडू से लेकर लखनऊ के सफर तक गुरु के साथ हुआ संवाद दिमाग में घूमता रहा। लखनऊ एयरपोर्ट पर पहुंचने के बाद जब पिताजी को देखा तब मुझे होश आया कि मैं काठमांडू से अपने बेटे की देखभाली के लिए लौट आया हूं।

इस तरह करीब दर्जनों बाधाओं और संयोगों के बाद नेपाल का एक हफ्ते का सफलतम दौरा पूरा हुआ। वहां गुरु भी मिले और हर तरह की इच्छा भी पूरी हुई।

जिंदगी में इतने संयोग और बाधाएं एक साथ मैंने कभी नहीं देखी थीं। अगले अध्यायों में आप पढ़ेगे कि आखिर गुरु से किस तरह के सवालों के जवाब मिले और बेटे की हालत जानने में ध्यान क्रिया ने क्या मदद की।

अध्याय - 9

गुरु ने बताई ध्यान की तकनीक और मिलने लगे रहस्यमय सवालों के जवाब

शिष्य बनने का टेस्ट पास होने के बाद अगले दिन बौद्ध परंपरा की शिक्षा-दीक्षा हासिल करने गुरु के घर पहुंच गया। वे जमीन पर बिछे हुए कालीन पर बैठे थे। उनके कमरे में बौद्ध धर्म की किसी देवी की मूर्ति रखी थी, जो देखने में बहुत आक्रामक लग रही थी। काठमांडु में सभी देवताओं की मूर्तियां इसी प्रकार आक्रामक नजर आई थीं। मैंने गुरु जी से बौद्ध धर्म में आक्रामक देवी-देवताओं की मूर्ति का कारण पूछा, साथ ही यह भी कहा कि यह तो बौद्ध धर्म की शांति परंपरा की भावना के विरुद्ध जान पड़ता है। उन्होंने सवाल स्पष्ट करने के लिए फिर से पूछा आपको ये मूर्ति कैसी नजर आती हैं।

मैंने कहा-गुस्सैल। कुछ ऐसी जैसी हिन्दू धर्म में काली की मूर्ति होती है। उन्होंने कमरे में रखी देवी की सुनहरी मूर्ति को फिर से देखने को कहा, साथ ही कहा कि मूर्ति को ध्यान से देखना। गुरु के आग्रह पर मैंने मूर्ति को ध्यान से देखा। कुछ मिनट देखने के बाद मुझे वही आक्रामक देवी मुस्कुराती हुई प्रतीत हुई। और गौर से देखने पर देवी की एक फीट की मूर्ति के हर हिस्से से खुशनुमा ऊर्जा निकलती हुई महसूस हुई। कुछ देर पहले उन्हें देखते हुए मेरा माथा सिकुड़ा हुआ था, लेकिन अब बिल्कुल सहज और ढीला हो गया था। मैंने गुरु से कहा मुझे अब ये मूर्ति सबसे प्रसन्न नजर आई।

उनसे मैंने क्षण भर में मन की भावभंगिमा के बदलने का कारण पूछा। उन्होंने बताया कि जब हम किसी चीज को पहली बार देखते हैं, तो उसके बारे में पहले वह भाव उठते हैं, जो हमारे मन की ऊपरी सतह पर मौजूद होते हैं। हम अंदर से जैसे थे मूर्ति में हमें उसका प्रतिबिंब दिखा।

आगे बढ़ने के लिए पहले मैंने गुरु जी से धर्म परिवर्तन के बारे में स्पष्ट बात करना बेहतर समझा। मैंने उनसे विनम्रता से कहा कि मैं बौद्ध के मार्ग पर चल खुद

को खोजना चाहता हूं और आध्यात्मिक होना चाहता हूं, क्या इसके लिए मुझे धर्म परिवर्तन की आवश्यकता तो नहीं है। उन्होंने पुरजोर तरीके से कहा–

"सत्य के मार्ग पर किसी भी धर्म का प्राणी चल सकता है, बुद्ध का मार्ग सत्य का मार्ग है। मेरे कहने पर अपना धर्म छोड़ने की आवश्यकता नहीं है।"

साथ ही उन्होंने कहा कि बुद्ध धर्म बहुत वैज्ञानिक धर्म है, जिस पर कई देशों में शोध हो रहा है।

इसी बातचीत के दौरान मेरी निगाह उनके पीछे लगी खिड़की की कुंडी पर पड़ी, जिसमें कुछ मालाएं लटकी थीं। उत्सुकतावश इसके बारे में पूछ लिया। उन्होंने कहा, अच्छा हुआ तुमने इसके बारे में पूछ लिया, मैं तुम्हें इसके बारे में बताने ही वाला था। अब से इस तरह की माला तुम्हारी साधना का अहम हिस्सा बनने वाली है। तुम्हें इसे बाएं हाथ से इस्तेमाल करना है। वो आगे कुछ और बताते, इससे पहले ही मैंने कहा कि बुद्ध धर्म में भी कर्मकांड है। अगर कर्मकांड ही आजमाना था तो हिन्दू धर्म के दायरे के बाहर ही नहीं निकलता। आप बाएं हाथ से माला जपने के लिए कह रहे हैं, हमारे भारत में लगभग सभी लोग दाएं हाथ से माला जपते हैं।

उन्होंने इसका विज्ञान समझाने का प्रयास किया। उन्होंने बताया कि जब हम दाएं हाथ से काम करते हैं तो मस्तिष्क का बायां हिस्सा सक्रिय होता है और बाएं हाथ से काम करने पर मस्तिष्क का दायां हिस्सा सक्रिय होता है। मस्तिष्क का बायां हिस्सा प्लानिंग बनाता है और दायां हिस्सा उस प्लानिंग को अमल में लाता है। चूंकि अधिकांश लोग दाएं हाथ से ज्यादा काम करते हैं, इसलिए उनके मस्तिष्क का बायां हिस्सा दाएं हिस्से से ज्यादा सक्रिय होता है।

जीवन में संतुलन की अवस्था तब आती है जब मस्तिष्क के दोनों हिस्से संतुलित हो जाएं। ऐसा न होने पर हम देखते हैं कि कुछ लोग सोचते बहुत हैं और कर बहुत कम पाते हैं। और कुछ लोग करने के बाद सोचते हैं कि उन्होंने क्या से क्या कर दिया। इसलिए लेफ्ट हैंड वाले को दाएं हाथ से और राइट हैंडी को बाएं हाथ से माला जपनी चाहिए।

माला की गुरियां हाथ की तर्जनी उंगली से लगातार नसों से रगड़ती हुई आगे बढ़ती हैं, अगर आप एक से डेढ़ घंटे भी दिन में ऐसा करते हैं तो आपका बायां हाथ और दिन की अपेक्षा ज्यादा सक्रिय रहता है। "इसे चाहे साधना के तौर देख लो या मस्तिष्क संतुलन की तकनीक के तौर पर। माला जपने के साथ मन में एक छोटा सा मंत्र भी

जपना है ताकि मस्तिष्क में लगातार हल्का सा स्पंदन होता रहे। इससे ध्यान भी नहीं भटकता है और सक्रियता भी बढ़ जाती है।"

साधना के वैज्ञानिक पहलू को जानने के बाद ही मैं माला जपने पर राजी हुआ।

उन्होंने मुझसे पूछा कि तुम अभी किस तरह की साधना कर रहे हो। मैंने कहा मैं प्रतिदिन एक-एक अध्याय गीता और रामायण के पढ़ता हूं। ओम का जाप, गायत्री मंत्र, महामृत्युंजय मंत्र की 108-108 बार माला जपता हूं। हनुमान चालीसा का पाठ भी करता हूं। सुबह सूरज और तुलसी को जल अर्पित करने जाता हूं। और हर शनिवार शनि भगवान को सरसों का तेल चढ़ाने जाता हूं। इसके अलावा सुबह-शाम आधा-आधा घंटे ध्यान लगाता हूं। इस तरह करीब ढाई घंटे मेरे साधना में व्यतीत होते हैं।

उन्होंने सवालिया लहजे में पूछा इतना सब करते हो... किसी ने तुम्हें इसके बारे में बताया है या खुद से तुम इनकी पूजा करते हो?

मैंने कहा, "मुझे किसी ने नहीं बताया। मुझे जो आता है, मैं वो सब करता हूं। मुझे नहीं पता कि ध्यान के अलावा इनमें से किसकी पूजा करने से मुझे लाभ मिल रहा है। मैं बस कर रहा था। क्योंकि मैंने नकारात्मकता के रसातल तक पहुंच कर जिंदगी को नरक बनते देखा है। मैं उस दौर में वापस नहीं जाना चाहता था। इसलिए मैं जिस-जिस की पूजा करने में सक्षम हूं वो सब करता हूं।"

मेरा उनसे अगला सवाल था– "आप मुझे जो ध्यान क्रिया बताएंगे क्या मुझे पहले से चल रहे पूजा पाठ या ध्यान क्रिया को छोड़ना होगा?"

उन्होंने कहा, "नहीं, ऐसा जरूरी नहीं है। बस मैं जो बताऊं वो अपनी साधना में शामिल कर लो।"

इसके बाद उन्होंने मुझे बैठने की विधि भी बताई। वे खुद पद्मासन में बैठे हुए। मुझे लगा कि ये मुझे पद्मासन में बैठने के लिए कहेंगे। लेकिन उन्होंने मेरी शारीरिक अवस्था को पढ़ लिया था। उन्होंने समझाया कि बैठना ऐसे है जिससे बिना सहारे आपकी रीढ़ की हड्डी सहज रूप से सीधी हो और ज्यादा से ज्यादा समय एक ही अवस्था में बैठा जा सके। मैं सुखासन में बैठता था, जिसमें मुश्किल से आधा घंटा ही बैठ पाता था, वो भी तब मैं दीवार से टिक जाऊं। 45 मिनट बैठने के लिए मुझे कई बार पैर बदलने पड़ते थे क्योंकि पैर सो जाता था।

उन्होंने बैठने की सही तकनीक बताई। उन्होंने कहा बैठते समय शरीर के निचले और पीछे के हिस्से में हल्की ऊंची गद्दीदार तकिया रख लो। साथ ही पैरों को सुखासन में बैठने की बजाए दोनों पैरों को फैलाते हुए नाभि के सीधे पहले बाएं पैर को लिंग के पास पालती मारनी है फिर दाएं पैर को उसके आगे सटाते हुए नाभि की सीध में रखना है। इस तरह पैरों के घुटने जमीन को छू जाएंगे और रीढ़ की हड्डी अपने आप सीधे हो जाएगी।

गुरु जी से बैठने की यह तकनीक सीखने के बाद इस बात की जानकारी मिली कि ध्यान करने वाले लोग पद्मासन में ही क्यों बैठते हैं। इस अवस्था में घुटने जमीन को छू जाते हैं और कमर अपने आप सीधे हो जाती है, इससे ध्यान लगाने में आसानी होती है।

इस अवस्था में उनसे और सवाल जवाब का सिलसिला शुरू हुआ। उनसे मैंने अनुभव में आई चमत्कारिक-सी लगने वाली शक्तियों के बारे में पूछा। उन्होंने पलटकर मुझसे ही पूछ लिया।

"आप शक्ति चाहते हैं या सत्य?"

मैंने कहा "मुझे तो सत्य चाहिए, इसी खोज में पिछले चार माह से प्रयासरत हूं।"

तब उन्होंने बताया कि अध्यात्म के सफर में शक्ति-सिद्धियां खूब मिलेंगी। ये आती हैं और चली जाती हैं, इनका असर कम-ज्यादा होता रहता है। अगर ये तुम्हें मिल रही हैं तो समझो कि सत्य की ओर तुम्हारा रास्ता सही है, लेकिन शक्तियों से चिपक नहीं जाना है। क्योंकि अगर यहां ठहर गए तो सत्य का सफर यहीं थम जाएगा। आगे नहीं बढ़ पाओगे। अधिकांश लोग सत्य की तलाश में तब जुटते हैं जब वह किसी न किसी बात से परेशान होते हैं। अच्छा समय आने पर फिर वह भौतिक सुखों में लिप्त हो जाता है।

"सत्य की तलाश का पहला पड़ाव है खुद को समझना। जितना खुद को समझोगे, उतनी अज्ञानता दूर होगी। जितनी अज्ञानता दूर होगी, उतनी असीम संभावनाएं अंदर से उभर कर आएंगी। तुम्हारे साथ भी यही हुआ। दुख के क्षणिक निराकरण के लिए तुम इस रास्ते पर आए, लेकिन अनायास ही सही, तुम्हें बुद्ध धर्म की कुछ ध्यान तकनीक सीखने को मिलीं, जिससे तुमने खुद को अपने आप से जुड़ा हुआ पाया।"

"अज्ञानता हटी, संभावनाएं बढ़ी, फिर चमत्कार जैसी कुछ बातें हुईं, तुम हैरान हुए, जिज्ञासा बढ़ी और आज तुम यहां हो। हर किसी के अंदर अनंत संभावनाएं हैं, लोग अज्ञानतावश इसे पहचान नहीं पाते। तुम्हारी अभी शुरुआत हुई है।"

उन्होंने यह भी कहा कि अभी तुम शुरुआती स्तर पर हो, इसलिए जवाब भी उसी स्तर के मिलेंगे लेकिन जैसे-जैसे आगे बढ़ोगे इन्हीं सवालों के जवाब का स्तर बढ़ जाएगा।

पूर्वाभास के बारे में मेरी जिज्ञासा थी। उनसे पूछा कि कुछ मामलों में मुझे भविष्य कैसे दिखाई देने लगा था। उन्होंने कहा कि 'समय' भौतिकवादी दुनिया का सबसे बड़ा भ्रम और कैदखाना है। इस सांसारिक दुनिया में समय को भूतकाल, वर्तमान और भविष्यकाल में बांटा गया है। जो बीत गया उसे भूतकाल मान लेते हैं, जो आने वाला है उसे भविष्य मान लेते हैं जबकि वर्तमान बहुत क्षणभर का होता है, जो अभी हो रहा है उसे वर्तमान मान लेते हैं।

"अध्यात्म की चरम अवस्था समय के परे है। आध्यात्मिकता हमें हर तरह की कैद से आजाद करती है। तो, यह हमें समय की कैद से भी आजाद करती है। हम सूक्ष्म शरीर से समय में ट्रेवल कर सकते हैं। इसी कॉन्सेप्ट के आधार पर आज के भौतिक विज्ञानी टाइम मशीन की थ्योरी पर काम कर रहे हैं। साधना जितनी गहरी और मजबूत होगी, आप किसी भी समय में ट्रेवल कर उसके कंटेंट को बारीकी से देख पाओगे। इसलिए आज भी कई योगी आने वाली घटना का वक्त और जगह भी बता देते हैं। हालांकि अभी भी यह कोई नहीं जानता कि समय का मुख्य स्त्रोत क्या है और इसका आखिरी छोर कहां है।"

"तुम अभी नए हो और साधना की शुरुआत है। इसलिए तुम्हें बेहद क्षण भर के लिए पूर्वाभास हो पाता है।"

गुरु जी की बातों से मुझे कुछ सवालों के जवाब मिल गए। लेकिन जिज्ञासा और भी थी। मैंने उनसे जन्मों के चक्रों के बारे में पूछा और जानना चाहा कि मैं पिछले जन्म में क्या था और अगले जन्म में मेरा क्या होगा। मेरी जिज्ञासा को शांत करने के लिए उन्होंने अपने दोस्त का किस्सा सुनाया।

उन्होंने बताया कि उनका एक दोस्त पूर्वजन्म को देखने की जिद्द करने लगा। मैंने उसे समझाया कि तुम अभी इसके लिए पात्र नहीं हुए। वो नहीं माना। उसकी जिद्द देख मैंने अपने गुरु जी इस बारे में बात की। गुरु जी ने मेरी बात मान ली और खास विधि से उसे पूर्वजन्म के दर्शन करवाए। पूर्वजन्म के दर्शन के बाद दो माह तक वह कोमा की अवस्था में रहा।

"इसका क्या कारण था", गुरु जी ने मुझसे पूछा।

मैंने कहा, मुझे नहीं पता।

उन्होंने समझाते हुए पूछा कि आपके सामने इसी जन्म की कड़वी यादों के दृश्य फिल्म की तरह चला दिए तो क्या होगा...

मैंने कहा, "बहुत दुख होगा, गुस्सा भी आएगा।"

"जब आप इस जन्म के राग-विकारों को फिर से याद कर परेशान हो जाते हो, तो सोचो, इस जन्म के साथ पूर्वजन्म में होने वाले कड़वी और अच्छी यादें देखकर क्या होगा। उसके कोमा में जाने का यही कारण था।"

"वह समता भाव के साथ इन घटनाओं को नहीं देख पाया। पात्र होने का मतलब ही है, हर परिस्थिति में समता भाव में रहना।"

"जब किसी की मृत्यु होती है, तो उस समय कुछ देर के लिए हमारे सामने इस जन्म के साथ पिछले सारे जन्मों के घटनाक्रम आंखों के सामने आ जाते हैं। व्यक्ति पीछे के हजारों और लाखों जन्मों की घटना के दृश्यों को जब एक साथ देखता है, तो व्यक्ति की मृत्यु पूर्व की अवस्था क्या होगी..."

"अज्ञानी व्यक्ति सुखद या दुखद घटनाओं से जुड़ जाएगा और प्राण छूटने के बाद उसके अंतिम भाव के हिसाब से उसके अगले जन्म की नींव रख दी जाती है। और ज्ञानी व्यक्ति इन घटनाओं को समता भाव से देखेंगे, किसी भी तरह की दुखद और सुखद घटना से नहीं जुड़ेगा। और वह इस तरह जन्मों के चक्र से मुक्त हो जाता है। इन्सान अपने ज्ञान और अज्ञान के आधार पर अगले जन्म की आधारशिला इसी जन्म में रहते हुए रख देता है।"

"तो क्या इसी आधार पर स्वर्ग-नरक तय होता है", मेरा अगला सवाल था।

उन्होंने कहा, "इन्सान जीवित रहते हुए स्वर्ग और नरक की सीढ़ी खुद तैयार करता है। जब व्यक्ति गुस्से या दुःख में होता है, तो उसकी ऊर्जा की फ्रिक्वेंसी नरक के बराबर आने लगती है और वह नरक के दरवाजे खोलने लगता है। उसे अपने चारों ओर दुश्मन ही दुश्मन नजर आते हैं, अच्छी चीज भी बुरी लगती है, सब लोगों के साथ होते हुए भी वह अकेला पड़ जाता है। आपका जीवन आप पर ही भारी होता है। ये नरक नहीं है तो और क्या है..."

"वहीं दूसरी ओर जब आप खुश होते हैं, प्रसन्नचित्त होते हैं, आपकी फ्रिक्वेंसी स्वर्ग के साथ मिल जाती है। अपने आसपास सब कुछ बेहतरीन नजर आता है। जीवन खुशहाली से भरा रहता है। उसे जीवन वरदान जैसा मालूम पड़ता है।"

"दृष्टि बदलते ही नरक और स्वर्ग की अनुभूति इसी जन्म में हो जाती है। वहीं आध्यात्मिक व्यक्ति समता भाव में रहते हुए, स्वर्ग और नरक से भी परे जाकर मुक्त अवस्था को प्राप्त होता है। या उससे भी आगे की अवस्था को प्राप्त हो सकता है।"

उनसे अगला सवाल था कि मैं बचपन से योगासन और कुछ ध्यान क्रिया करता आया हूं। लेकिन वे बस सुबह-सुबह फील गुड कराते थे। इसके आगे कभी अहसास नहीं हुआ। फिर पिछले चार माह में ऐसा क्या हुआ। उन्होंने बताया कि योगासन और ध्यान क्रियाओं में भाव की भूमिका मुख्य होती है। पहले तुम स्वस्थ्य रहने के लिए योग करते थे, इसलिए तुम्हें फील गुड हुआ। अब सत्य की तलाश में निकले हो तो उस तरह की अनुभूति होती है। उन्होंने आगे बताया कि ध्यान क्रिया की तकनीक भी बहुत मायने रखती है। किसी भी ध्यान क्रिया को जीवनभर नहीं किया जा सकता है। हर ध्यान क्रिया की खास अनुभूति होती है। अनुभूति होते ही उससे अगले चरण की ध्यान क्रिया करनी चाहिए। ऐसे में गुरु का महत्वपूर्ण योगदान होता है, वही बता सकता है कि तुम्हें सही अनुभूति हो रही है या नहीं, या फिर कल्पना में जी रहे हो। अगर ध्यान क्रिया करने पर भी सही अनुभूति नहीं हो पा रही है तो निश्चित है कि इस तकनीक को सही विधि से नहीं किया जा रहा है। क्योंकि ध्यान क्रिया की तकनीक में कोई खामी नहीं होती, क्योंकि इसे कई संतों और भिक्षुओं ने आजमाया है। अगर एक ही ध्यान क्रिया को हमेशा करते रहे तो आप वहीं रुक जाएंगे, अनुभूति आगे नहीं बढ़ेगी और आध्यात्म का सफर वहीं रुक जाएगा। हां, एक बात और, अगर ध्यान क्रिया को सही तरीके से न किया जाए तो उसका गलत परिणाम भी निकलता है। इसलिए इसे गुरु के मार्गदर्शन में ही करना चाहिए।

मेरा उनसे अगला सवाल यह था कि मृत्यु लोक यानी पृथ्वी पर जन्म लेने वाले जीव को पता ही नहीं होता है कि वह पिछले जन्म में क्या था, उसने क्या कर्म किए हैं। ऐसे में वह इसी जन्म में अपने खुद के साथ हो रही घटनाओं के कारण को पहचान ही नहीं पाएगा? जब वो कारण को नहीं पहचान पाएगा तो कर्म के बंधन से मुक्त कैसे हो पाएगा, ऐसे तो वह जन्म और मृत्यु के फेर में हमेशा बंधा रहेगा।

गुरु जी ने कहा, "ऐसा नहीं है प्रकृति आपको ये समझने का मौका देती है कि आपने बीते हुए समय में क्या किया है। जब कोई व्यक्ति किसी बीमारी और दुर्घटना के कारण शारीरिक और मानसिक तौर पर कमजोर होता है, तो वह ठहरता है और उसे खुद से जुड़ने का मौका मिलता है। उस समय उस व्यक्ति को अपने दुखों का कारण जानने की अनुभूति की झलक मिलती है।"

"प्रकृति यह ज्ञान हर किसी को जरूर देती है कि आप कर्म बंधन के कारण यहां हैं। प्रकृति आपके उद्धार के लिए इस तरह की घटनाओं से आपको तब तक गुजारती है, जब तक आप यह समझ न जाओ कि आपको अपने कर्म बंधन से मुक्त होना है।"

"इसके अलावा जब कोई व्यक्ति मृत्यु के इतना करीब हो कि जीवन और मृत्यु के बीच में बाल मात्र का ही अंतर रह गया हो, तब भी आपको कुछ क्षण के लिए कर्म बंधन की अनुभूति की आंशिक झलक मिलती है। सबसे अंतिम अवस्था और भयानक हो सकती है, अगर आपको समता भाव में रहने का अभ्यास नहीं है और आत्म ज्ञान नहीं हुआ है।"

"शरीर के मरने के कुछ देर बाद भी हमारा मस्तिष्क कुछ समय के लिए सक्रिय रहता है, इसके बाद हमारे शरीर में मौजूद ऊर्जा (सनातन धर्म में इसे आत्मा और बुद्ध धर्म में इसे अनात्म कहते हैं।) इस नश्वर शरीर को छोड़ती है। उस क्षण हमारे जन्मों का लेखा-जोखा सामने उभरकर आता है। कुछ मिनटों में पिछले कई जन्मों के कर्म फिल्मी रील की तरह हमारे सामने चलने लगते हैं। ये बहुत तेजी से होता है। उस वक्त आप जिस भाव में रहेंगे उस भाव को लेकर ऊर्जा आपके शरीर से रवाना हो जाती है। फिर आपकी ऊर्जा बचे हुए कर्मों की पूर्ति के लिए शरीर की तलाश करती है। भगवान बुद्ध की ध्यान क्रियाएं और निर्देश हमें पृथ्वी पर जीवन यापन करने के लिए जरूरी काम करने के साथ कर्म के बंधन से मुक्त होने का रास्ता दिखाती हैं।"

तमाम सवालों के जवाब मिलने के बाद अब गुरु से विदा लेने का वक्त हो गया। शाम ढलने को थी। गुरु दक्षिणा के तौर पर उन्हें एक लिफाफा सौंपा। जिसमें करीब पांच हजार रुपए थे। लिफाफा देख उन्होंने कहा-

"ये क्या है?"

मैंने कहा– "हमारे हिन्दू धर्म में गुरु दक्षिणा की परंपरा है।"

उन्होंने लिफाफे को हाथ लगाने से भी इन्कार कर दिया। उन्हें पता नहीं था कि लिफाफे में कितने रुपए हैं। मैंने उनसे हाथ जोड़कर इसे स्वीकारने की विनती की। मेरी जिद्द देख उन्होंने कहा–

"आप मेरी बताई ध्यान क्रियाएं ठीक से करते रहिए, यही मेरी गुरु दक्षिणा है, लेकिन मैं ये रुपए नहीं ले सकता हूं।"

मैं उनसे फिर जिद्द करने लगा। बार-बार विनती करने के बाद उन्होंने कहा कि चलो मैंने तुम्हारी बात मान ली।

"यह लिफाफा मैंने ले लिया और तुम्हें वापस कर दिया। अब यह पैसे तुम्हारे नहीं बल्कि मेरे हुए। अब मैं तुम्हें एक काम सौंपता हूं कि इस पैसों को ले जाकर किसी गरीब की मदद करो, भूखे को खाना खिलाओ। भले ही नेपाल में करो या भारत में या किसी और देश में। इन पैसों को अपने पास रखोगे तो तुम्हें पाप लगेगा। जल्द ही मेरे इस काम को अंजाम देना।"

गुरु का इस तरह का स्वभाव देख मैं भाव विभोर हो गया। क्योंकि मैंने अभी तक जीवन में भारत में किसी न किसी साधु महात्मा से आशीर्वाद लेने पर कुछ न कुछ दान ही किया है। और उन्होंने कभी दान लेने से इन्कार भी नहीं किया। लेकिन मुझे पहली बार ऐसे गुरु मिले जो जन्मोद्धार कराने की विद्या मुफ्त में बांट रहे हैं। वैसे मुझे बाद में पता चला कि वास्तव में किसी भी पद्धति में जो सच्चे गुरु होते हैं, जो जन्मोद्धार की क्षमता रखते हैं, वे कभी भी अपनी इस करुणा-कृपा के ऐवज में कुछ लेने की इच्छा नहीं रखते...।

उनके घर के दरवाजे से बाहर निकलते समय उन्होंने मुझसे कहा–

"अध्यात्म के लिए अपना घर और परिवार छोड़ने का ख्याल भी मन में मत लाना। भगवान बुद्ध ने कहा है कि गृहस्थ जीवन में होते हुए भी ज्ञान हासिल किया जा सकता है। मैं तुम्हें अब नहीं छोड़ूंगा, आत्मज्ञान की ओर ले जाने वाली प्रक्रियाओं और अनुभवों से तुम्हें गुजारूंगा।"

उनके इन शब्दों ने वहां से निकलते-निकलते मेरी एक और दुविधा दूर कर दी।

अध्याय - 10

ध्यान में जाना बेटे की कटी उंगली का हाल, प्रार्थना से होने लगा उपचार

बात नेपाल यात्रा से पहले की है। गांव में भागवत कथा खत्म होने के बाद मेरी पत्नी निधि और बेटा त्रिजल उरई में रुक गए। मेरी पत्नी की जिद्द दिल्ली चलने की थी, लेकिन दिल्ली में कोरोना का प्रकोप उरई से कहीं ज्यादा था। इसलिए उन्हें उरई छोड़ने में ही समझदारी समझी। दिसंबर 2020 के आखिरी सप्ताह में मैं दिल्ली आ गया। नेपाल जाने की तैयारी चल रही थी। हर दिन की तरह दिल्ली के सर्द मौसम में भी सुबह चार बजे उठकर ध्यान क्रिया का रुटीन अब भी जारी था।

एक दिन ध्यान के दौरान कुछ अजीब हुआ। ध्यान अच्छे से लग रहा था, लेकिन शरीर में भारीपन भी लग रहा था। ध्यान के समय बार-बार बेटे और पत्नी की तस्वीर सामने आ रही थी। और ये बार-बार होने लगा। पहले हो चुके पूर्वाभास के अनुभव के आधार पर मुझे इस बार समझने में देर नहीं लगी कि दोनों में किसी के साथ कुछ बड़ी अनहोनी होने वाली है। मैं उस समय ध्यान के साथ-साथ महामृत्युंजय, गायत्री मंत्र और ओम के जाप की माला 108-108 बार जपता था। इसके अलावा हनुमान चालीसा और गीता-रामायण का प्रतिदिन का पाठ भी जारी थी। इस वाली अनहोनी का आभास होते ही मैं घबरा गया।

मुझे अभी तक इतना अनुभव हो चुका था कि पूर्वाभास भले ही होता रहे लेकिन घटना को टाला नहीं जा सकता है। हां, इतना जरूर है कि अगर साधना में गहराई है तो उसके असर को जरूर कम किया जा सकता है। मैं इस बारे में सीधे अपनी पत्नी से बात करने से बच रहा था। फिर भी उन्हें किसी संकट से उबरने का रास्ता बताने की कोशिश की।

उसे शाम को रोजमर्रा की तरह ही कॉल किया। ताकि वह इससे घबराए न।

फोन उठाते ही कहा- "कैसा रहा आज का दिन?"

"थोड़ी बिजी थी... उरई कब आ रहे हो?"

"कुछ दिन बाद नेपाल जाना है, लगभग एक हफ्ते की ट्रिप है।"

वह कुछ और बोलती, इससे पहले ही मैंने पूछ लिया, "तुम दोनों का स्वास्थ्य कैसा है?"

"हम लोगों को क्या हुआ, बिल्कुल ठीक हैं।"

मेरी पत्नी पूजा-पाठ पर ज्यादा भरोसा करती है, इसलिए उसे ध्यान करने की सलाह की बजाए महामृत्युंजय मंत्र पढ़ने की सलाह दी। क्योंकि मन में ख्याल आया कि मृत्यु से बड़ी अनहोनी और क्या हो सकती है। हिन्दू धर्म में मान्यता है कि महामृत्युंजय मंत्र से अकाल मृत्यु टल जाती है। मुझे इसके अलावा कोई और उपाय उनकी अनहोनी टालने के लिए नहीं सूझा। सख्ती से कहा कि दोनों लोग इस मंत्र का रोज जाप करना।

आमतौर पर मेरी पत्नी हर चीज का कारण पूछती है, लेकिन इस बार वह आसानी से मान गई। मैं नहीं जानता था कि अनहोनी टालने का यह तरीका काम करेगा कि नहीं, लेकिन इसके अलावा कोई और उपाय नहीं सूझा।

नेपाल में छठा दिन था। मैं थम्मेल बाजार में किताब ढूंढने गया। कोरोना के चलते दुकानों पर वीरानी छाई हुई थी। दुकानें कई दिनों से बंद थी, इसलिए किताबों की तलाश में संकरी गलियों में घुस गया। वहां मोबाइल नेटवर्क कमजोर था। दर्जनों दुकानों को तलाशने के बाद भी किताबें नहीं मिलीं तो ढाई घंटे बाद मैं उन संकरी गलियों से बाहर निकल आया।

शाम के चार बज चुके थे। मैंने मोबाइल पर पत्नी का इमरजेंसी वाला मैसेज देखा। समझते देर नहीं लगी कि अनहोनी का पूर्वाभास सच साबित हुआ। फोन करते ही, पत्नी का रुदन चालू था। घबराहट के कारण बोल नहीं पा रही थी। मैंने कहा कि बताओ क्या हुआ, क्या हुआ?

वह बस रोए जाए और बेटा-बेटा तीन बार पुकारा। मैंने खुद को संभालते हुए कहा क्या हुआ त्रिजल को?

उसने कहा उसकी उंगली कट गई।

"मतलब?"

"उंगली का ऊपर का हिस्सा कट कर अलग हो गया, मांस बाहर आ गया है, खून की धार लगी हुई है।"

यह सुनकर मेरी कंपकंपी छूट गई, लेकिन पूर्वाभास होने के कारण मैं इससे भी विपरीत परिस्थिति के लिए मानसिक तौर पर तैयार था। फिर भी, बेटे की बात आते ही अचानक घबराहट पैदा हो गई, दिल जोरों से धड़कने लगा।

मैं सड़क के बीचों-बीच था जब यह बात शुरू हुई। बाइक सवार पीछे से साइड के लिए हॉर्न बजा रहा था, लेकिन मुझे कुछ सुनाई नहीं दे रहा था। मैं सुन्न-सा खड़ा था। एक भले इन्सान ने मुझे हाथ पकड़कर सड़क किनारे खड़ा कर दिया, पूछा कि सर सब ठीक तो है न।

मैंने कोई जवाब नहीं दिया। लेकिन दो मिनट में मैं इस घबराहट से बाहर निकल आया। खुद को भावनात्मक तौर पर स्थिर किया। पत्नी ने बताया था कि मेरा दोस्त पवन, मेरे पिताजी और चाचा जी बेटे को लेकर अस्पताल गए हैं। मैंने सड़क किनारे खड़े-खड़े पवन को फोन किया। पवन ने बताया कि बेटे की उंगली का एक तिहाई हिस्सा लगभग अलग हो गया है। अभी डॉक्टर के पास लेकर जा रहे हैं। अगर हड्डी नहीं टूटी हुई तो खतरे की बात नहीं है। करीब 20 मिनट बाद डॉक्टर इसके बारे में बताएंगे।

सड़क किनारे बने एक कैफे के आगे का हिस्सा ओपन एरिया था। वहां पड़ी एक टेबल पर मैं बैठ गया और मैनेजर से निवेदन किया कि प्लीज मुझे कोई 15 मिनट तक डिस्टर्ब न करे। वह मान गया। कैफे दो ओर से सड़क से घिरा था, जहां भरपूर ट्रैफिक था। सामने वाली दुकान पर काफी शोरगुल था।

इस माहौल में मैंने कुर्सी पर बैठे-बैठे ही ध्यान लगाने की कोशिश की। कई बार गहरी श्वास लेकर खुद को मानसिक और भावनात्मक तौर पर शांत करने की कोशिश की। आंतरिक ऊर्जा को सक्रिय करने के लिए ध्यान की गहराई में उतरना जरूरी था। आसपास हो रहे शोर के बावजूद मैं ध्यान की गहराई में उतर गया और बेटे की आंतरिक ऊर्जा से संपर्क करने का प्रयास करने लगा। और महसूस करने की कोशिश की कि बेटे से साथ हुई घटना कितनी बड़ी है और उसका जख्म कैसा है।

मुझे नहीं पता था कि ध्यान की यह तकनीक काम करेगी या नहीं, लेकिन फिर भी प्रयास किया। ध्यान के अभी तक के अनुभव से यह जरूर समझ गया था कि खुद से जुड़कर किसी से आंतरिक तौर पर जुड़ा जा सकता है। ये कुछ-कुछ टेलीपैथी जैसा था।

ध्यान में मुझे अनुभूति हुई कि बेटे का सिर्फ मांस का हिस्सा कटा है, हड्डी को कोई नुकसान नहीं है। ये चोट भी जल्द रिकवर हो जाएगी। वहीं प्रार्थना की कि बेटे को इस दर्द को सहन करने की शक्ति दें। करीब 10 मिनट बाद मैं ध्यान से निकल आया। मैंने तुरंत पवन को फोन किया कि तुम लोग परेशान मत हो, बेटे की उंगली की हड्डी नहीं टूटी है। चिंता की ज्यादा बात नहीं है।

पवन ने हैरानी से पूछा कि तुम्हें कैसे पता, अभी तो डॉक्टर ने बेटे को देखा भी नहीं है। मैंने टालते हुए कहा, बस मुझे लग रहा है।

करीब 20 मिनट बाद पवन का फोन आया– "तुमने सही कहा था, हड्डी बिल्कुल ठीक है। बस डॉक्टर यह कह रहा है कि उंगली लगभग पूरी तरह से कटने के कारण हो सकता है कि बाद में उंगली की प्लास्टिक सर्जरी करवानी पड़े।"

मैंने कहा, "यह बाद में देखेंगे। मैं कल उरई (भारत) आ रहा हूं।"

अगले दिन कनेक्टिंग फ्लाइट से देर शाम लखनऊ पहुंच गया। वहां पिता जी हमारे पड़ोसी आनंद भाई साहब के साथ लेने आ गए थे। करीब 200 किमी का सफर तय कर रात 11 बजे उरई पहुंच गए। कोविड का प्रोटोकॉल फॉलो करते हुए पहले कपड़े उतारे, गर्म पानी से नहाया। उसके बाद सीधे बेटे से मिलने उसके कमरे में गया।

वह मेरे इंतजार में जाग रहा था। उसके दाएं हाथ की रिंग फिंगर पूरी तरह से पट्टी से ढकी थी। पट्टी से लिपटे होने के कारण जख्म को नहीं देख पाया। जख्म ताजा था, इसलिए वह हाथ बिस्तर पर पूरी तरह से रखने में सक्षम नहीं था। इधर मेरी पत्नी इस बात से चिंतित थी कि उंगली की प्लास्टिक सर्जरी करवानी पड़ेगी। उसके हाथ की खूबसूरती खराब हो जाएगी। इसे लेकर मुझसे कई सवाल कर डाले। मैंने कहा, अभी थका हूं, सो जाओ, इस बारे में कल बात करेंगे। करीब 12 बजे हम लोग सो गए।

मेरी नींद सुबह चार बजे खुल गई। बेटे के पास बैठकर ही मैंने बिस्तर पर ध्यान लगाना शुरू किया। इस बार भी बेटे की आंतरिक ऊर्जा से संपर्क करने की तकनीक फिर से आजमाई। करीब पौन घंटे तक ध्यान करता रहा। इस बीच बेटा और पत्नी सोते रहे। ध्यान के बाद मुझे महसूस हुआ कि उसको प्लास्टिक सर्जरी की जरूरत नहीं पड़ेगी। उंगली कुछ दिन में पूरी तरह से ठीक हो जाएगी।

सुबह सात बजे पत्नी की नींद खुली। उसके उठते ही मैंने कहा, तुम उसकी उंगली को लेकर बेकार ही परेशान हो। प्लास्टिक सर्जरी की जरूरत नहीं पड़ेगी। उसने तपाक

से कहा, तुमने चोट तो अभी देखी नहीं फिर कैसे पता कि उसकी उंगली की चोट गंभीर नहीं है। मैंने वही घिसापिटा जवाब दिया कि बस पता है।

मां का दिल आखिर मां का होता है, उसे अपने बेटे की जरूरत से ज्यादा फिक्र थी। अगले दिन हम लोग उरई के डॉक्टर के पास रुटीन चेकअप के लिए बेटे के साथ गए। बेटा घबराया हुआ था, वह पट्टी न खोलने के लिए जोर-जोर से चिल्लाने लगा। मेरी पत्नी हिम्मत बढ़ाने के लिए उससे ओम नम: शिवाय का जाप करने के लिए बोल रही थी। लेकिन बेटे को इस वक्त भगवान का नाम जपने से ज्यादा अपनी उंगली का दर्द दिखाई दे रहा था। डॉक्टर ने बड़ी मुश्किल से जैसे-तैसे उंगली की पट्टी खोली। उसकी उंगली देखकर साफ लग रहा था कि जैसे कोई मांस का टुकड़ा ऊपर से अलग से सिल दिया गया हो। करीब आधा दर्जन टांकों से सधी उसकी उंगली देख मुझे एक बारगी लगा कि मेरे ध्यान में उसकी हालत की अनुभूति सिर्फ कल्पना मात्र है। डॉक्टर ने उसकी उंगली की ठीक से जांच की। उन्होंने पाया कि उंगली का घाव तेजी से भर रहा है। इसलिए ज्यादा घबराने की बात नहीं है। शायद प्लास्टिक सर्जरी की जरूरत न भी पड़े। उन्होंने कहा कि फिर भी आप चाहें, तो अपनी तसल्ली के लिए एक बार प्लास्टिक सर्जन को दिखवा सकते हैं।

स्थिति सामान्य होते देख मैं कुछ दिन के लिए दिल्ली चला आया। यहां पहुंचे हुए दो दिन ही हुए थे कि पत्नी का फोन आ गया– "प्लास्टिक सर्जन को कब दिखाना है?"

मैं चौंका लेकिन तुरंत संभल कर कहा–

"अरे तुम्हें मेरी बात पर यकीन नहीं है, उसे प्लास्टिक सर्जरी की जरूरत नहीं है।"

वो अड़ गई। उसकी जिद्द के आगे मैंने घुटने टेक दिए। कानपुर में अपने पत्रकार मित्र रवि से बात कर प्लास्टिक सर्जन से मीटिंग फिक्स कराई।

दिल्ली में सर्दी अपने चरम पर थी, रास्ते में घना कोहरा था। सुबह से कानपुर न पहुंचने के संकेत मिल रहे थे, साथ ही अंदर से मजबूत अहसास हो रहा था कि बेटे को प्लास्टिक सर्जरी की जरूरत नहीं पड़ेगी। लेकिन बेटे के प्रेम के मोह में था, तो प्रकृति के संदेशों के विपरीत जाने की ठान ली थी। सुबह पांच बजे ही दिल्ली से निकल गया, ताकि अगर देर हो भी जाए तो वक्त पर कानपुर पहुंच जाऊं। नोएडा के अंतिम छोर पर यमुना एक्सप्रेस-वे का साइन बोर्ड घना कोहरे के कारण दिखाई नहीं दिया और गाड़ी ग्रेटर नोएडा की ओर चलने लगी। एहतियात के तौर पर गूगल लोकेशन लगा लिया था, लेकिन घने कोहरे का असर इस तकनीक पर पड़ा। जब गाड़ी करीब 100

मीटर आगे गलत रास्ते पर निकल आई तब गूगल लोकेशन ने सिग्नल दिखाया। उस समय में मुश्किल से 3-4 मीटर की ही दृश्यता रही होगी। यू टर्न करने पर एक्सीडेंट की आशंका ज्यादा थी, क्योंकि गाड़ियां सामने वाली गाड़ी का डिपर देखकर आगे बढ़ रहीं थीं। मैंने गाड़ी बैक करनी शुरू की। उस वक्त गाड़ी में बैक कैमरा नहीं लगा था। अंदाजे से गाड़ी बैक हो रही थी। अंदाजा गड़बड़ा गया और गाड़ी का पीछे का हिस्सा किसी लोहे की चीज से टकरा गया। ऐसा लगा जैसे पीछे से आ रही गाड़ी में टक्कर हो गई। लेकिन उतर कर देखा तो गाड़ी सड़क किनारे लगी रेलिंग से टकरा गई थी। खैर जैसे-तैसे गाड़ी सही रास्ते पर आ गई। गाड़ी यमुना एक्सप्रेस-वे पर आ गई। यमुना एक्सप्रेस-वे की 200 किमी की सड़क पार करने में छह घंटे लग गए, जबकि सामान्य मौसम में यहां गाड़ियां 100- 120 किमी की स्पीड से दौड़कर हवा से बातें करती हैं। लेकिन इस बीच गाड़ी की स्पीड 40-50 से ऊपर नहीं निकल पाई। यमुना एक्सप्रेस-वे पार कर थोड़ी राहत की सांस ली। क्योंकि इस सड़क पर कोहरे में रिकॉर्ड एक्सीडेंट दर्ज किए जाते हैं। गाड़ी में हल्का सा डेंट लगा था, इसलिए राहत की सांस लेना बनता था। दोपहर 11 बज गए थे, सूरज चढ़ने लगा था, कोहरे से भी थोड़ी राहत मिल रही थी।

आगरा से लखनऊ जाने वाली सड़क ताज एक्सप्रेस पर मेरी गाड़ी अब 80 की स्पीड से चलने लगी। इस बीच मेरी नजर फ्यूल पर पड़ी। जिसमें महज 50 किमी का डीजल बचा था। गूगल में देखा तो पता चला कि 50 किमी की दूरी पर ही पेट्रोल पंप है। गाड़ी का एवरेज बढ़ाने के लिए मैंने गाड़ी चौथे गियर पर ली और स्पीड 40-50 के बीच कर ली। रास्ते में टोल सेंटर मिला, जहां से जानकारी मिली कि पेट्रोल पंप कितनी दूरी पर है।

उनके बताए रास्ते पर पेट्रोल पंप की ओर बढ़ा तो ताज एक्सप्रेस से नीचे की ओर उतरना पड़ा। करीब 15 किमी ताज एक्सप्रेस वे से दूर जाने के बाद पेट्रोल पंप मिल गया। यहां तक पहुंचते-पहुंचते गाड़ी में सिर्फ 12 किमी का डीजल बचा था। यहां फ्यूल बचाने के लिए किया गया गुणा-भाग काम आ गया। फुल टैंक करवाकर गाड़ी फिर दौड़ा दी ताज एक्सप्रेस-वे की ओर। इस बीच मेरी पत्नी का फोन बार-बार आ रहा था। उसने पूछा, कब तक पहुंच जाओगे, मैंने कहा, कोशिश जारी है। अगर वक्त पर न पहुंच पाया तो डॉक्टर को तुम लोग दिखवा लेना। मेरा इंतजार मत करना।

ताज एक्सप्रेस पर दोबारा उतरते ही गाड़ी 120 किमी प्रति घंटे की स्पीड से दौड़ा दी। इस समय तक कोहरा पूरी तरह छंट चुका था। ताज एक्सप्रेस से इटावा रोड की ओर कानपुर के रास्ते पर आने के लिए गाड़ी मोड़ दी। ताज एक्सप्रेस वे छोड़े हुए

30 किमी ही हुए कि यहां मुख्य सड़क के बीच में ट्रक धाराशाई पड़ा था। इस कारण गाड़ियों का रूट डायवर्ट कर दिया गया था। इससे 5 किमी का सफर एक घंटे में तय हो पाया। करीब 25 किमी आगे बढ़े तो सड़क किनारे एक गाड़ी ग्रिल से टकरा गई थी। जिस कारण ट्रैफिक धीमे चलने लगा। ये दोनों ही हादसे घने कोहरे के कारण हुए। औरैया पहुंचते-पहुंचते 4 बज चुके थे। इस बीच पत्नी को फोन किया कि मैं वक्त पर कानपुर नहीं पहुंच पाउंगा, मैं यहीं से उरई के लिए निकल रहा हूं, आप लोग बस से उरई आ जाना।

मेरे पिता और पत्नी उरई से बस से पहुंच गए थे। वहां डॉक्टर ने प्लास्टिक सर्जरी की जटिल प्रक्रिया समझाई। इसमें एक स्वस्थ उंगली का मांस लेने की बात थी। पत्नी ने घबरा कर फोन किया कि यहां का प्लास्टिक सर्जन इस तरह की बात कर रहा है। मैंने कहा, तुम परेशान मत हो, मैं कह रहा हूं न, उंगली की प्लास्टिक सर्जरी नहीं करवानी पड़ेगी। तुम्हें अगर मेरी बात का भरोसा नहीं है तो मैं कुछ दिन बाद तुम लोगों को दिल्ली ले आऊंगा, यहां सेकंड ऑपीनियन ले लेंगे।

करीब एक हफ्ते बाद हमने दिल्ली में अपने मकान मालिक को बेटे की चोट दिखाई। मकान मालिक डॉ. उदित रोहतगी बच्चों के अच्छे डॉक्टर हैं। उन्होंने चोट देखकर कहा कि मुझे नहीं लगता कि प्लास्टिक सर्जरी की जरूरत पड़ेगी। फिर भी उन्होंने और तसल्ली करने के लिए अपने एक प्लास्टिक सर्जन दोस्त को मैक्स अस्पताल में दिखाने के लिए कहा। मैक्स के प्लास्टिक सर्जन ने चोट को बारीकी से देखा। उसने पूरे भरोसे के साथ कहा कि प्लास्टिक सर्जरी की कोई जरूरत नहीं है। बच्चे की उम्र बढ़ने के साथ उंगली का आकार दूसरी उंगलियों की तरह हो जाएगा।

डॉक्टर की बात सुनने के बाद पत्नी ने राहत की सांस ली। मैंने उससे मजाक में कहा कि लोग अपनों पर कम और परायों पर ज्यादा भरोसा करते हैं। अब देखो, अपनों की ही बात सही हुई न। उसने फिर पूछा, तुम प्लास्टिक सर्जरी की बात इतने भरोसे से कैसे कह रहे थे। इस बार उससे मजाकिया लहजे में थोड़ा अकड़ कर कहा, खुद पर भरोसा था।

ध्यान और प्रार्थना से किसी के ठीक होने की यह पहली घटना नहीं थी। इस तरह की कुछ और घटनाएं मेरे साथ हो चुकी थीं और उनसे मैं थोड़ा-न-थोड़ा हैरत में पड़ गया था। मन में खुशी भी थी कि मेरे साथ कुछ अच्छा-अलग हो रहा है। लेकिन साथ ही यह सोचने पर भी मजबूर हो गया था कि ये मेरे साथ हो क्या रहा है?

इधर, दैनिक भास्कर के संपादक धर्मेन्द्र जी के पिता अस्पताल में भर्ती थे। उनसे मेरी नेपाल दौरे पर बात हुई। उन्होंने बताया कि डॉक्टर कह रहे हैं कि मेडिकल चेकअप के बाद तय करेंगे कि डिस्चार्ज करना है या नहीं। मैंने उनसे कहा कि आप परेशान मत होइए, वे कल डिस्चार्ज हो जाएंगे। उनके फोन रखने के बाद मैंने रात को ध्यान क्रिया के दौरान उनके पिता जी के लिए प्रार्थना की। अगले दिन उनसे फिर से बात हुई तो उन्होंने बताया कि पिताजी घर आ गए है। सभी रिपोर्ट नॉर्मल आई हैं।

दूसरी तरफ मेरे परिवार के एक चाचा जी की तबीयत अचानक काफी बिगड़ गई थी। उन्हें ग्वालियर ले जाना पड़ा। वे शराब के नशे के आदी थे। तबीयत कुछ ठीक होने पर वे गांव वापस आ गए। हम लोग उनसे मिलने मांडरी गांव गए। उनकी हालत देख महसूस हो गया था कि ये बस चार-पांच माह के मेहमान हैं। हालांकि उनके परिजन मेडिकल रिपोर्ट का हवाला देकर दावा कर रहे थे, कि वे अब पहले की अपेक्षा स्वस्थ हैं।

मैंने वहां एकांत में उनके लिए प्रार्थना की और उनसे आग्रह किया कि अगर वे मेरे साथ कुछ दिन रहें तो वे शराब से मुक्त हो सकते हैं। उन्होंने मेरी बात को अनसुना कर दिया। उनके बच्चों से कहा तो उन्होंने आंशिक सहमति दी। उन बच्चों को ध्यान क्रिया सिखाना चाहता था, ताकि भविष्य में आने वाली परिस्थिति के लिए वे आत्मिक स्तर पर तैयार हो जाएं। उन्हें खुलकर नहीं बताया जा सकता था कि उनके पिता पांच-छह माह के मेहमान हैं।

करीब दो माह बाद गांव से खबर आई कि वे अब बिल्कुल ठीक हैं। स्वास्थ्य में पहले से लाभ हैं। फिर करीब छह माह बाद सुबह चार बजे मेरे चचेरे भाई का फोन आया। ध्यान में बैठे होने के कारण मैं फोन उठा नहीं पाया। आमतौर पर उसका इतनी सुबह कभी फोन नहीं आया। मैंने पलट कर फोन किया तो पता चला कि चाचा जी का देहांत हो गया।

पहले मन को नियंत्रित करने से लेकर, पूर्वाभास होने तक और फिर अब प्रार्थना से किसी के ठीक होने की घटनाओं ने मुझे मानसिक तौर पर शून्य की अवस्था में डाल दिया। मुझे समझ नहीं आ रहा था कि पिछले पांच-छह महीने से मेरे साथ क्या-क्या होने लगा है। नेपाल में गुरु मिल जरूर गए थे, लेकिन उनसे घनिष्ठता अभी नहीं बनी थी। मुझे कुछ नहीं सूझा तो मैंने दैनिक भास्कर के पूर्व संपादक और द सूत्र के संस्थापक आनंद पांडे जी को फोन किया।

वे जितने अच्छे लीडर हैं उतने ही आध्यात्मिक और संजीदा इन्सान भी हैं। उन्हें मेरे लगभग हर कदम के बारे में पहले से पता था। लगातार हो रही इन अनसुलझी और चमत्कारिक-सी लगने वाली घटनाओं से उन्हें अवगत कराया। उन्होंने शांत लहजे में कहा कि प्रकृति के नियमों पर चलने वाले की प्रकृति खुद मदद करती है। अब तुम्हें अंदर से पहले की अपेक्षा और मजबूत होना होगा ताकि सत्य के रास्ते में मिलने वाली सिद्धियों का तुम मानव कल्याण के लिए उपयोग कर पाओ।

पत्रकारिता के मोह में फंसकर पटरी से उतरी जिंदगी, प्रेम के अहसास ने तोड़ दिए बंधन

खुद से जुड़ने की प्रक्रिया में धीरे-धीरे आगे बढ़ता हुआ महसूस करने लगा था। हर हफ्ते मुझे अहसास होता कि मैं अब पहले के मुकाबले और ज्यादा शांत-आनंदित हूं। जब मैं दो माह के आध्यात्मिक सफर का विश्लेषण करता हूं तो पाता हूं कि मैं आज की अपेक्षा पहले थोड़ा ज्यादा अशांत था। जबकि मुझे पहले लगता था कि मैं शांत हूं। शांति की गहराई में हर हफ्ते नए प्रकार का अहसास हो रहा था। लेकिन इस शांति के लिए कीमत चुकानी पड़ी थी– अपनी सबसे प्रिय चीज पत्रकारिता को छोड़कर।

बीते तीन सालों में खबर छपना ही मेरी जीवन की उपलब्धि थी और दैनिक भास्कर ही मेरे लिए परिवार बन चुका था। तमाम मानसिक अशांति के तूफानों में जिंदगी के दूसरे पहलू भले हिल जाएं, लेकिन खबर की खबर लेने का काम प्रभावित नहीं होता था।

मुझे याद है वह समय जब मैंने अपनी पत्रकारिता के जीवन का सबसे चुनौती पूर्ण असाइनमेंट लेह में पूरा किया। कोरोना काल में लगाए गए लॉकडाउन ने मेरे अंदर पहले से मौजूद नकारात्मकता को पनपने का मौका दिया। चारों ओर हाहाकार मचा हुआ था। स्वतंत्र भारत का दूसरा बड़ा पलायन चल रहा था।

देश के एक हिस्से से दूसरे हिस्से में पहुंचने के लिए मजदूर जद्दोजहद कर रहे थे। कोई पैदल तो कोई साइकिल से हजारों किमी की यात्रा कर रहा था, सिर्फ अपने घर पहुंचने के लिए। टीवी पर पलायन की तस्वीरें विचलित कर रहीं थीं। लोग पैदल चलकर थककर सुस्ताने के लिए सड़क और रेल की पटरियों को ही अपना बिस्तर मानकर सो जा रहे थे, लेकिन उनकी सुस्ती जमीन पर रौंदी जा रही थी।

एक युवक अपने मां-बाप को कांवड़ से लेकर 500 किमी की यात्रा कर अपने गांव पहुंचा था, तो देश के दूसरे हिस्से में एक महिला अपने बच्चे को सूटकेस पर लिटाकर

घसीट रही थी। उसका बच्चा सोया हुआ था। उस बच्चे के लिए उस समय वही सूटकेस किसी लग्जरी कार की सवारी से कम नहीं लग रहा होगा।

इस तरह के खौफनाक मंजर से दिल फटा जा रहा था। मन भी कचोट रहा था और खुद से पूछ रहा था कि देश के बड़े अखबार के राष्ट्रीय ब्यूरो में होते हुए मैं पत्रकारिता का कौन सा धर्म निभा रहा हूं। मैं दिल्ली में नहीं बैठ सकता था। सदी की सबसे बड़ी आपदा को उन पीड़ितों के बीच रहकर स्टोरी कवर करने की ठानी। इसके लिए मैंने अपने एडिटर अरुण चौहान जी से बात की। उन्हें मेरी योजना पसंद आई। उन्होंने पूरा प्लान बनाने के लिए कहा। एक रात बैठकर पूरा प्लान तैयार किया, जिसमें भास्कर के बेस्ट रिपोर्टर्स सिलेक्ट कर पूरे देश में नेशनल कवरेज की बात कही गई थी।

करीब आधा दर्जन रिपोर्टरों की टीम बनी। इस टीम का मैं भी हिस्सा था। मेरे साथ जोधपुर के साथी भंवर जांगिड़ जी को रखा गया। मैं अंदर से अपने आप में पहले से ही बहुत उलझा हुआ था, इसलिए शुरुआत में मुझे उनका साथ रास नहीं आया। मैं अकेले काम करना चाहता था। अंदर की नकारात्मकता ने इस छोटी सी घटना को जीवन के सबसे बड़े सम्मान का मामला बना दिया। मैं तुरंत डिप्रेशन में आ गया।

मैंने ऑनलाइन सर्च करके मनोचिकित्सक से बात की, उन्होंने सामने आकर बात करने की सलाह दी। मैंने उनसे कहा मेरे पास समय नहीं है, मुझे आज ही असाइनमेंट पर निकलना है। इसलिए उन्होंने फोन पर मेरी काउंसिलिंग की। उन्होंने पूछा कि क्या आपको जॉब छोड़ने या सुसाइड के विचार तो नहीं आ रहे हैं। मैंने कहा, हां दोनों ही आ रहे हैं। इसके बाद उन्होंने मुझे कुछ दवाएं लेने की सलाह दी। हालांकि भंवर झांगिड़ का रवैया सहयोगात्मक था। लेकिन मेरे अंदर की उलझन उनके हर सहयोगी प्रयास को बेहद गलत ढंग से ले रही थी।

हमारे हिस्से में उत्तर भारत के प्रदेश आए। तभी खबर आई कि लेह में गलवान घाटी में चीन और भारत के सैनिकों की झड़प हुई है, जिसमें कई भारतीय सैनिक शहीद हो गए हैं। हम लोग उस समय अमृतसर में थे। तभी हमारे ऑफिस से शाम छह बजे फोन आया कि आप तुरंत लेह-लद्दाख के लिए निकलिए, बॉर्डर के बिगड़े हालात पर ग्राउंड रिपोर्ट करनी है। साथ ही भंवर झांगिड़ जी को पूर्वोत्तर के राज्यों में रिपोर्टिंग के लिए भेज दिया गया।

असाइनमेंट की इमरजेंसी इतनी थी कि मेरे पास दिल्ली से फ्लाइट पकड़ने के लिए सिर्फ 10 घंटे थे। जबकि अमृतसर से दिल्ली का रास्ता आठ घंटे का था। दिल्ली

एयरपोर्ट पर चेक इन करने से लेकर सिक्योरिटी क्लीयरेंस के प्रोसेस में ही डेढ़ घंटे लग जाते हैं। वक्त बहुत फिक्स था। लेकिन हमारा ड्राइवर बहुत तेज था। उन्होंने 500 किमी का रात का सफर सिर्फ 10 मिनट के एक ब्रेक में पूरा कर दिया। हम सात घंटे में दिल्ली एयरपोर्ट पर पहुंच गए। तमाम कोविड प्रोटोकॉल का पालन करते हुए मैं फ्लाइट में पहुंच गया।

मैं डेढ़ घंटे की फ्लाइट के बाद 12 हजार फीट की ऊंचाई पर पहुंचने वाला था, जहां माउंटेन सिकनेस सिकनेस की बीमारी हो जाती है। इसलिए इससे बचाव के लिए दवा मैंने एयरपोर्ट पर ले ली थी। करीब दस बजे मैं लेह एयरपोर्ट पहुंच गया। ऑक्सीजन की कमी के चलते दो कदम चलते ही सांस फूलने लगी। उस समय वहां का तापमान माइनस में था। एयरपोर्ट पर कोविड प्रोटोकॉल का सख्ती से पालन हो रहा था। सभी की पूरी जानकारी लेकर उन्हें एयरपोर्ट से बाहर जाने दिया जा रहा था।

पत्रकारों के लिए अलग लाइन थी, मेरी फ्लाइट में कई इलेक्ट्रॉनिक मीडिया के साथी भी कवरेज करने के लिए आए थे। पहले हमें लगा कि पत्रकारों की सहूलियत का लोकल प्रशासन ने ख्याल रखा है, लेकिन हमें जल्दी ही अहसास हो गया कि हम पर कड़ी निगरानी रखी जा रही है। आम नागरिकों को एक बार जानकारी लेने के बाद निकलने दिया जा रहा था, लेकिन पत्रकारों को एयरपोर्ट पर चार बार अलग-अलग जगहों पर अपनी जानकारी देनी पड़ी, साथ ही लोकल पुलिस प्रशासन ने हिदायत दी कि आप लोग छह दिन से ज्यादा नहीं रुकेंगे। अगर इससे ज्यादा रुके तो होटल में क्वारंटीन होना होगा। लोकल टैक्सी ड्राइवर को हड़काया गया था कि इन्हें होटल के अलावा कहीं और न ले जाए, अगर गए तो कार्यवाही होगी। मुझे समझ आ गया कि स्थानीय प्रशासन और भारत सरकार गलवान घाटी के मामले पर मीडिया को छूट नहीं देना चाहती है।

कोविड के चलते वहां सभी होटल बंद थे, सिर्फ तीन या चार बड़े फाइव स्टार होटल ही खुले थे। जिस होटल में मैं रुका था, वहां दूसरे मीडिया संस्थान के साथी भी रुके थे। होटल के गेट पर पुलिस तैनात कर दी गई। वह होटल के बाहर और अंदर आने वालों को ब्यौरा ले रही थी। मीडिया पर चारों तरफ से पाबंदियां लगा दी गईं।

होटल के कमरे में पहुंचकर थोड़ा सुकून मिला। वहीं मेरा मन अब कुछ समय के लिए शांत था, क्योंकि मैं अब अकेले रिपोर्टिंग के लिए यहां आया था। दो दिन होटल के कमरे में ही बिताए, वहां के सर्द और कम ऑक्सीजन वाले माहौल में ढलने के लिए ये जरूरी था। वहीं दूसरी ओर कोविड से खुद को बचाने के लिए कई तरह की एलोपैथिक

और होम्योपैथिक दवाएं ले रहा था। कम ऑक्सीजन के चलते इन दवाओं का असर दिमाग पर होने लगा था। नाक-मुंह से खून निकलने लगा। हालत काफी खराब हो गई। अपने एक डॉक्टर मित्र से फोन पर बात की, उसने तुरंत दवाएं बंद करने की सलाह दी। उसकी सलाह काम आई दो दिन बाद नाक से खून आना बंद हो गया।

तीसरे दिन मैंने ऐसे गाड़ी चालक की तलाश की जो मुझे गलवान घाटी के करीब ले जा सके। एक वाहन चालक के रिश्तेदार गलवान घाटी के पास के गांव में ही रहते थे। लेकिन लोकल प्रशासन से गलवान घाटी के आसपास के गांवों से मोबाइल सर्विस बंद करवा दी थी, इसलिए उनसे भी संपर्क नहीं हो पा रहा था। ड्राइवर ने भरोसा दिलाया कि आप एक टूरिस्ट की तरह गाड़ी में रहना, बाकी मैं देख लूंगा। उसकी बात मानने के अलावा मेरे पास कोई चारा नहीं था।

इधर, मैं मनोचिकित्सक की दवाएं बराबर ले रहा था। लेकिन तय समय तक ही इनका असर रहता था, इसका असर खत्म होते ही मैं फिर डिप्रेशन की अवस्था में जाने लगता। मन में खींचतान शुरू हो जाती। लेकिन इस खींचतान का मेरे काम पर कोई असर नहीं पड़ा। क्योंकि खबर करना ही जिंदगी का एक मात्र मकसद बन चुका था। मैं इसके लिए कोई भी कीमत चुकाने के लिए तैयार था।

मैं अपने ड्राइवर के साथ होटल के बाहर निकला। कई पत्रकार भी अपनी गाड़ी से होटल से बाहर निकलने के लिए बाहर आ गए। उनके पास दो से तीन लोगों की टीम और कैमरे थे। उन्हें कोई भी देखकर कह सकता था कि ये मीडिया वाले हैं। इसके इतर मैं प्रिंट का पत्रकार था, इसलिए मेरा एक्सपोजर इनके जितना नहीं था। यही मेरे लिए फायदेमंद रहा। कुछ लोगों को होटल के गेट पर ही पुलिस ने रोक लिया। उन्हें होटल के बाहर ही नहीं जाने दिया। कुछ पत्रकार लड़ते-झगड़ते होटल से निकलने में कामयाब हो भी गए तो एक किमी की दूरी पर पुलिस चेकपोस्ट पर रोक लिया। लेकिन उन पत्रकारों को खुद को टूरिस्ट बताने की तरकीब भी काम नहीं आई, क्योंकि उनके पास कैमरे और ट्रायपॉड थे, वे उन्हें कैसे छुपाते। लगभग सभी पत्रकार इस चेकपोस्ट पर रोक दिए गए।

मैं इस मामले में भाग्यशाली रहा। मेरा ड्राइवर चतुर था। उसने उन्हें लोकल भाषा में कहा कि ये मेरे भाई के दोस्त हैं जिन्हें मैं गांव लेकर जा रहा हूं। इस तरह मैं लेह की शहरी सीमा से बाहर निकलने में कामयाब हो गया। और हम गलवान के रास्ते चल पड़े, जो वहां से ढाई सौ किमी की दूरी पर था। चेकिंग से बचने के लिए मैंने अपनी

डायरी भी होटल में ही छोड़ दी थी, पैन भी अपने पास नहीं रखा। सिर्फ मोबाइल अपने पास रखा। गलवान घाटी के रास्ते में हर मिनट भारतीय फौज के ट्रक चीन बॉर्डर की ओर रवाना हो रहे थे। आसपास के लोगों ने बताया कि इनकी आवाजाही बड़ी संख्या में हो रही है। रास्ते में हमें पांच पुलिस चेक पोस्ट मिले, हमने उन्हें कोई न कोई कहानी सुनाकर पार कर लिया। यहां तक कि उस जगह को भी पार कर लिया, जहां बड़े हथियार रखने के लिए खुफिया अंडर ग्राउंड जगह बनाई गई थी।

इसे खुफिया इसीलिए रखा जाता था क्योंकि लेह-लद्दाख के बॉर्डर के करीब के गांवों में कोई न कोई चीन या भारत के लिए मुखबिरी करता रहता है। सेना की भारी भरकम मूवमेंट और स्थानीय लोगों से बात करने पर अंदाजा लग गया, भारत-चीन विवाद मामले में चीन ने भारत की जमीन हथिया ली है। शायद इस कारण मीडिया पर निगरानी रखी जा रही थी। मेरा दिमाग लगातार ग्राउंड परिस्थिति का बारीकी से विश्लेषण कर रहा था। इस कारण मेरे मन की उथल-पुथल ऊपरी हिस्से में नहीं हो रही थी, वह कहीं गहराई में पहुंच गई थी, जिसे कभी-कभी ही महसूस किया जा सकता था।

हम लेह से करीब सवा सौ किमी आगे निकलने में कामयाब हो चुके थे। एक चेक पोस्ट पर सेना के एक अधिकारी ने हमें पकड़ लिया। मेरी भाषा से वह समझ गया कि मैं टूरिस्ट नहीं, एक पत्रकार हूं। उसने मुझसे मेरा आईडी लिया। मन में हो रही थी उथल-पुथल पर मेरा दिमाग इस परिस्थिति के लिए बेहद सजगता और होशियारी से काम कर रहा था। मैंने उन्हें दिल्ली के पते वाला आईडी न दिखाकर उरई के पते वाला आईडी दिखाया। मुझे पता था कि दिल्ली देखते ही इसका शक और पक्का हो जाएगा।

उसने पूछा, क्या काम करते हो

मैंने कहा- सॉफ्टवेयर इंजीनियर हूं

उसने शक भरे अंदाज में सवाल किया- बातचीत से तो पत्रकार जान पड़ते हो।

मैंने कहा जनाब, मैं उत्तर प्रदेश से हूं, वहां जुबान बड़ी साफ है इसलिए आपको ऐसा लग रहा होगा।

फौजी अफसर नहीं माना। वो गाड़ी में बैठा और पुलिस थाने की ओर चलने के लिए कहा। मेरा ड्राइवर सहम गया, मैंने उसे आंखों और हाथों से इशारा किया वह घबराए नहीं, उसे और उसकी गाड़ी को कुछ नहीं होगा। वो कुछ न बोले अब मैं स्थिति को संभालूंगा। वहीं दूसरी ओर अफसर बार-बार धमकी दे रहा था, सच-सच बता दो नहीं

तो तुम्हें डिटेन करना पड़ेगा। मन के अंदरखाने में भले ही नकारात्मकता की ज्वाला फूट रही हो, लेकिन इस डिप्रेशन की अवस्था में घबराया नहीं। क्योंकि मैं खबर के लिए किसी भी हद तक जाने के लिए तैयार था।

वो पुलिस थाने ले गया। उसने मुझे और ड्राइवर को थाने में बैठा लिया। करीब दर्जन भर पुलिसकर्मियों और सेना के जवानों ने इंसास और एके 47 राइफलों से हमें घेर लिया। ठंड के मौसम में डर के कारण मेरे ड्राइवर को पसीना आ गया। उन्होंने मेरे सामान की तलाशी ली, लेकिन उन्हें पत्रकार होने का कोई सबूत नहीं मिला। बस वो मेरा मोबाइल चेक करना भूल गए, अगर करते तो शायद पकड़ा जाता। सभी एक दर्जन सुरक्षाकर्मियों ने तमाम तरह का डर दिखाकर, दबाव बनाकर पत्रकार कबूलने की बात कही। मैं भी अड़ गया, साहब पत्रकार नहीं हूं, साधारण सा सॉफ्टवेयर इंजीनियर हूं।

एक-दो घंटे तक उन्होंने थाने में बैठाए रखा। पानी के लिए नहीं पूछा। इस बीच ड्राइवर को मुझ पर भरोसा था, इसलिए दबाव में वह नहीं टूटा, वो भी हर बार टूरिस्ट होने की बात कहता रहा। काफी देर होने के बाद मुझे लग गया कि शायद ये सुरक्षाकर्मी मेरी बात पर भरोसा करेंगे। इसलिए मैंने वहां से निकलने की योजना बनाई क्योंकि लैपटॉप होटल में ही था, शाम हो चली थी। स्टोरी भेजने का वक्त निकला जा रहा था।

पुलिस से बचने की तरकीब सूझी। पुलिस थाने में थोड़ा टहलने लगा और जोर-जोर से सांस लेने लगा, जो बनावटी था। और सीना पकड़कर कुर्सी पर बैठ गया। ये देख पुलिस वाले घबराए, उन्होंने कहा क्या हुआ, मैंने कहा श्वास की बीमारी है, ठंड बढ़ने के साथ और बढ़ जाती है। दवाएं होटल में ही रखी हैं। मेरी खराब हालत देख उन्होंने कहा कि आप लोग यहां से आगे नहीं जा सकते, आप वापस होटल लौट जाइए। हम लोग थाने से निकले तभी एक सुरक्षाकर्मी पीछे आया और उसने हमारा पूरा ब्यौरा लिया। मैं सर हिलाते हुए वहां से निकलने में कामयाब हो गया। होटल पहुंचकर मैंने सबसे पहले स्टोरी फाइल की। स्टोरी फाइल करने के बाद थोड़ी राहत की सांस ली। स्टोरी में वो सबकुछ लिखा जो दिनभर देखा, सुना।

अगले दिन स्टोरी छपी, स्टोरी की प्लेसमेंट देखकर फिर निराशा हुई। इतनी सी बात पर फिर से नौकरी छोड़ने के ख्याल आने लगे। लगा कि दिल्ली पहुंचते ही सबसे पहले इस्तीफा दूंगा। क्योंकि काम से फ्री होकर मन नकारात्मकता की ओर चला जाता था, लेकिन स्टोरी कवरेज के दौरान इसी नकारात्मकता को क्षण भर के लिए बाईपास कर जाता था।

तब महसूस हुआ कि लगातार काम करने से नकारात्मकता को कुछ समय के लिए दरकिनार किया जा सकता है, लेकिन खत्म नहीं किया जा सकता है। आप जब भी काम से फ्री होंगे, ये अपना सिर उठाने लगेगी। आप हमेशा काम नहीं कर सकते। तब ठहराव और आराम का एक-एक पल घंटों जैसा महसूस होता।

इन सबके बीच मेरे मोबाइल पर प्राइवेट बेनाम नंबर से फोन आया, आवाज उस तरफ से सख्त लहजे वाली थी। किसी ने कहा कि अब आप बॉर्डर की रिपोर्टिंग नहीं करेंगे। नाम पूछने पर सिर्फ उसने इतना बताया कि हम सिक्योरिटी फोर्सेस से बोल रहे हैं। मैं कुछ और बोल पाता कि फोन काट दिया गया। कुछ देर बाद मेरे पर्सनल ईमेल आईडी पर बीएसएफ के नाम से एक मेल आया, जिसमें लिखा था कि आपने लेह की शानदार रिपोर्ट की है। हमारे कई जवान कश्मीर में फंसे हैं, हम उनके बारे में आपसे मिलकर आपको स्टोरी बताना चाहते हैं।

मेल का फॉन्ट और भाषा देखकर मुझे ये समझने में देर नहीं लगी कि ये फर्जी मेल है, ये एक प्रकार का जाल है। मैंने उस मेल का कोई उत्तर नहीं दिया। अखबार में मेरी बाइलाइन छपने के कारण मेरी पहचान उजागर हो गई थी। स्थानीय प्रशासन को मेरी रिपोर्ट और मेरे बारे में पता लग चुका था। प्रशासन का एक अधिकारी होटल आया और उसने मेरे साथ-साथ कई पत्रकारों को लेह छोड़कर जाने की हिदायत दी।

इस बारे में मैंने अपने संपादक को बताया। उन्होंने भी कहा कि कश्मीर पहुंचकर आगे का असाइनमेंट करो। मैं अगले दो दिन में कुछ और स्टोरीज करके लेह दौरे के छठे दिन वहां से निकल आया। एयरपोर्ट पहुंचते ही वहां खड़ा एक पुलिस कर्मी कुछ लोगों से पूछ रहा था कि आप मीडिया से तो नहीं है। उसने मुझसे भी पूछा, मैंने उसकी बात को अनसुना कर दिया। टॉयलेट आने का बहाना बनाकर आगे बढ़ गया। फ्लाइट आने में कुछ ही वक्त बचा था तभी एक महिला का फोन आया, उसने स्थानीय भाषा में कहा कि आप दैनिक भास्कर से अमित कुमार बोल रहे हैं।

मैंने कहा, आप कौन तो उसने बताया कि वह एक पुलिस कर्मी है, और मुझे यहां से वापस भेजने के बारे में कहना चाह रही थी। मैं हैरत में पड़ गया कि मैंने सरकारी रिकॉर्ड में कहीं पर भी दैनिक भास्कर की बात नहीं लिखवाई थी, फिर इसे कैसे पता चल गया। शायद ड्राइवर या होटल रिसेप्शन से उन्हें पता चल गया हो।

मैंने महिला पुलिसकर्मी से कहा कि मैं लेह एयरपोर्ट से निकल रहा हूं। उनसे कश्मीर जाने की बात छुपा ली। मोबाइल मैंने कश्मीर पहुंचने तक बंद कर दिया। स्टोरी

कवरेज में तमाम तरीके के पेंच, बाधाएं आने के बाद मैंने खुद को सुरक्षित रखा और स्टोरी की। इस बीच मैंने पाया कि मन तब तक ही शांत रहता था जब तक दवाओं का असर था। उसके बाद तो ऐसा लगता था कि जैसे मैं दौड़ना चाहता हूं लेकिन कुछ लोग मुझे पीछे की ओर खींच रहे हैं। पूरी ताकत लगाकर मैं दौड़ तो पूरी कर पा रहा हूं, लेकिन अंदर की मेरी पूरी ऊर्जा खत्म हो रही है।

इस घटना से यह समझने में मदद मिलेगी कि पत्रकारिता मेरे लिए क्या थी– खुद से बढ़कर और परिवार से भी बढ़कर। मेरे लिए पत्रकारिता सबसे बढ़कर थी।

डिप्रेशन में नौकरी छोड़ने का ख्याल बार-बार आता रहता था, लेकिन इससे मोह इतना था कि पत्रकारिता को छोड़ने से भी डर लगता था।

लेकिन जब अध्यात्म के रास्ते पर चला और भगवान बुद्ध की ध्यान क्रियाओं से गुजरा तो पाया कि मैं खुद से बहुत दूर जा चुका था। इसलिए अंदर खालीपन बढ़ता जा रहा था जिसे मैं बाहरी चीजों से भरने की कोशिश कर रहा था। खबर उस खालीपन को कुछ समय के लिए अस्थायी तौर पर भरने में कामयाब भी हो रही थी।

जब खुद से जुड़ना शुरू हुआ तो अपार आनंद और शांति की अनुभूति हुई, जो हजारों-हजार खबरें करने से भी ज्यादा आनंदित करने वाली थी। खुद को पहचानने का क्रम शुरू हुआ तो जिंदगी सहज और सरल हो गई। तभी मन बना लिया था कि कुछ समय पत्रकारिता से संन्यास लेकर खुद से जुड़ने की तकनीक सीखूंगा।

नेपाल में रहते (जनवरी 2021) हुए मेरे एडिटर अरुण चौहान जी का एसएमएस आया। लिखा था कि अब तुम मानसिक तौर पर फिट हो चुके हो, वापस काम पर आ जाओ, तुम्हारी जरूरत है। उनके एसएमएस का तत्काल कोई जवाब नहीं दिया। मैंने उन्हें अगले दिन व्हाट्सएप पर ऑडियो संदेश भेजा।

संदेश में कहा कि जब मैं मृत्यु के बेहद करीब पहुंच चुका था, तब आपने मेरी स्थिति को समझा और छुट्टी लेकर आराम करने की सलाह आपने स्वयं दी थी। उस समय आप मेरे लिए भगवान बनकर आए थे। अगर आप शायद ऐसा नहीं कहते थे तो मेरी परिस्थिति और जटिल हो जाती। लेकिन अब मैं जिंदगी के फलसफे को समझ रहा हूं, प्रकृति के नियम को जान रहा हूं, जिससे पता चला कि हम सब बिगड़े हुए नियमों से जीते हैं, जिसके गलत परिणाम आते हैं। सुख के बाद दु:ख और दु:ख के बाद सुख का कुचक्र समझ में आने लगा है। इसी चक्र में फंसे रहकर हमारा पूरा जीवन निकल

जाता है। अब मैं अध्यात्म की तरफ चल चुका हूं। इसमें मुझे अपार आनंद और शांति की अनुभूति हो रही है। अब मैं दैनिक भास्कर से आगे नहीं जुड़ा रह पाऊंगा। इस्तीफे का औपचारिक मेल भारत आकर कर दूंगा।

नेपाल में गुरू की खोज पूरी होते ही मैं भारत वापस आ गया। नए साल 2021 में मकर संक्रान्ति के दिन मैंने दैनिक भास्कर से इस्तीफा दे दिया। हालांकि मुझे रोकने के लिए दैनिक भास्कर प्रबंधन से सैलरी और पोजीशन बढ़ाने का वादा किया गया और इस्तीफा वापस लेने के लिए कहा गया। मैंने उनसे भी यही कहा कि दैनिक भास्कर ने मुझे पत्रकारिता के चरम तक पहुंचाने में मदद की। यह शायद पहली ऐसा संस्था है जहां से मैं कोई गिला-शिकवा लिए बिना विदा हो रहा हूं, और न ही मेरी अभी कहीं नौकरी करने की महत्वाकांक्षा है। जिंदगी का रुख भगवान बुद्ध की ओर मुड़ गया है।

दिल्ली दैनिक भास्कर ज्वाइन करने के समय इंटरव्यू दैनिक भास्कर के स्टेट एडिटर देवेन्द्र भटनागर जी और दिवंगत ग्रुप एडिटर कल्पेश याज्ञनिक जी ने लिया था। नैतिक तौर पर देवेन्द्र जी को इस्तीफे के बारे में जानकारी देना ठीक समझा।

उन्होंने मजाक में कहा अध्यात्म के लिए कौन इस्तीफा देता है। मुझे पत्रकारिता में दो दशक से ज्यादा हो गए हैं, आज तक किसी को अध्यात्म के कारण इस्तीफा देते नहीं देखा। तुम विरले प्राणी हो। मुझे सही-सही बताओ इस्तीफा क्यों दे रहो हो, क्या कहीं दूसरी जगह ज्वॉइन कर रहे हो? मैंने कहा- नहीं सर, मेरे पास नौकरी के विकल्प हैं। लेकिन फिलहाल नौकरी का कोई इरादा नहीं है। अगर नौकरी ही करनी होती तो दैनिक भास्कर में अपनी पारी जारी रखता। उन्हें मेरी बात पर आसानी से भरोसा नहीं हुआ।

इसी दौरान मुझे समझ आ गया कि जिससे मैं सबसे ज्यादा प्यार करता था (पत्रकारिता), दरअसल वह मोह था। क्योंकि मोह करने पर अपेक्षा बढ़ जाती है। और आंतरिक प्रेम करने में अपेक्षाविहीन जिम्मेदारी रहती है। स्टोरी छोटी छपने या न छपने पर मैंने कई जिम्मेदार लोगों को इसका दोषी मान लिया था। लेकिन अगर उस समय पत्रकारिता से सही मायने में प्रेम होता तो खबर खोजने के लिए 100 फीसदी ईमानदार प्रयास ही मेरे लिए काफी होने चाहिए थे, भले ही स्टोरी का जो भी होता।

मोह मे फंसे रहने पर मैं उलझ गया और प्यार का अहसास होने पर सुलझ गया।

अध्याय - 12

खुद से जुड़कर मौत से भी निपट लिए

मकर संक्रांति 2021 को दैनिक भास्कर से इस्तीफा देने के बाद परिवार संग दिल्ली घूमने की योजना तैयार की। मेरी पत्नी की दोस्त भारती के जन्मदिन के मौके पर हरिद्वार जाने की तैयारी की। दो कारणों से मैंने जाने के लिए हामी भर दी। पहला कारण था कि पौराणिक मान्यताओं के हिसाब से कुंभ का विशेष महत्व माना गया है। माना जाता है कि पुराने समय में कुंभ क्षेत्र में ध्यान करने का विशेष महत्व है, क्योंकि इस दौरान ब्रह्माण्ड में मौजूद कई ऊर्जाओं के रास्ते खुलते हैं। इस सच्चाई को मैं महसूस करना चाहता था। दूसरा कारण था, परिवार-दोस्तों के साथ कोरोना काल में पहली बार दिल्ली से बाहर आउटिंग के लिए जाना। जनवरी 2021 के आखिरी सप्ताह में दो परिवार हरिद्वार के रास्ते पर अपनी गाड़ी से निकल पड़े। देर रात पहुंचकर हमने वहां आश्रम में एक रात विश्राम किया। अगले दिन कुंभ क्षेत्र हरकी पौड़ी पहुंच गए। कोरोना के कारण इस धार्मिक स्थान में बदलाव होने लगे थे। श्रद्धालुओं का आना कम हो चुका था।

हरकी पौड़ी में गंगा मैया के दर्शन किए। तेज लहर से बचाव के लिए जंजीरें लगी थीं, जिनके सहारे हम खड़े हो पा रहे थे। उसके शीतल जल के स्पर्श से शरीर में अलग स्फूर्ति उठ रही थी। करीब पांच मिनट बाद मैं नदी से निकल आया। पास में ही एक पेड़ के नीचे बैठा और ध्यान लगाने की कोशिश की। परिवार के अन्य सदस्य गंगा की लहरों में सेल्फी के मजे लेने में व्यस्त थे।

करीब 15 मिनट तक ध्यान की अवस्था में रहा। उस दौरान कुछ खास या कुछ अलग महसूस नहीं हुआ। उसके बाद वहां से बच्चों ने उड़न खटोला में जाने की जिद्द की। उनकी बालहठ के आगे हम बड़े बेबस थे। सो उनकी इच्छापूर्ति के लिए उड़न खटोला की सैर के बहाने हम सभी ने पहाड़ों में घर बनाकर विराजमान कई देवियों के दर्शन किए। यहां से हम लोग ऋषिकेश के लिए निकल आए। ऋषिकेश पहुंचते-पहुंचते रात हो गई। तय हिस्से में रुकने का इंतजाम न होते देख हमने लक्ष्मण झूला के

पास ठिकाना खोजने के लिए गाड़ी घुमा ली। इस दौरान मैं बिल्कुल शांत था। आगे की अनहोनी का कोई पूर्वाभास न होते देख मैं भी आगे चलने के लिए तैयार हो गया। जिस रास्ते पर हम चलने वाले थे वो रास्ता हम सभी के लिए नया था। नहीं पता था कि पहाड़ी में तीखे मोड़ होंगे। रास्ते में कई ऐसे पड़ाव आए जब गूगल लोकेशन फेल हो गया। आसपास न कोई राहगीर और न ही कोई साइन बोर्ड। हमारे साथ तीन छोटे बच्चे होने से मेरी पत्नी और उसकी सहेली थोड़ी चिंतित हो गईं।

दो अनजान रास्तों में एक पकड़कर आगे बढ़ना था। खुद पर भरोसा कर एक रास्ता पकड़ा, उसी रास्ते ने हमें लक्ष्मण झूला तक पहुंचाया। यहां तक पहुंचते-पहुंचते रात 11 बज चुके थे। वहां पहुंच कर पता नहीं क्यों आंतरिक तौर पर महसूस हो रहा था कि यहां के होटलों में रुकने का इंतजाम नहीं हो पाएगा। शुरुआत के तीन होटलों ने कोरोना के चलते इतनी पाबंदियां बता दीं कि उन्हें न कहने के अलावा हमारे पास कोई चारा नहीं था।

चौथे होटल की तलाश में निकले तो रास्ते में एक आश्रम पर मेरी नजर पड़ी। मैंने तुरंत गाड़ी रोकी और सभी से कहा गाड़ी में ही रुको, मुझे लगता है कि यहां रुकने का इंतजाम हो जाएगा। आश्रम में अंदर गया तो पता लगा कि आश्रम में दो ही कमरे बचे हैं। कमरों को देखने के बाद तुरंत हां कर दी। लेकिन यहां कुछ अलग अनुभव भी हुआ। आम तौर पर आश्रम में पेमेंट जैसी बात नहीं होती है, लेकिन यहां एडवांस में दोनों कमरों के 500-500 रुपए जमा करा लिए गए।

हमने रिसेप्शन पर बैठे शख्स से पूछा कि इन कमरों का तो स्वेच्छा से दिए जाने वाले चंदे से मेंटेनेंस का खर्च निकाला जाता है। एडवांस पेमेंट कब से लेने लगे। हमारी ये बात सुन उसका गुस्सा फूट पड़ा। बोले- "मैं इस आश्रम से करीब ढाई दशक से जुड़ा हूं। श्रद्धालुओं के चंदे के सहारे हमारे आश्रम बने हैं और चले हैं। कोरोना के कारण चंदा बहुत कम आया। इतना कम कि कई स्टाफ को हटाना पड़ गया। इसलिए आश्रम समिति ने चंदे की बजाए एडवांस पेमेंट लेने का फैसला किया।"

"मेरे हिसाब से ये गलत है, लेकिन समिति के आगे किसकी चलेगी। इससे कई लोग नाराज हैं। कई लोग एडवांस पेमेंट से कहीं ज्यादा चंदा देकर जाते थे, लेकिन जिम्मेदारों के अंदर बैठे आर्थिक नुकसान के डर ने उन्हें अपनी व्यवस्था को बदलने पर मजबूर कर दिया। जो चीज कभी ऐच्छिक थी अब जबरन कर दी गई। ये हालत सिर्फ इस आश्रम की नहीं, बल्कि ऋषिकेश के कई आश्रमों का है।"

रिसेप्शन पर बैठे बाबा की आवाज में दर्द साफ तौर पर झलक रहा था कि आस्था में अर्थ ने धीरे-धीरे ऐसी पैठ बना ली थी कि पता ही नहीं चला कि कब आस्था को अर्थ की नींव पर खड़ा कर दिया गया। दो परिवारों की रात अच्छे से कट जाए इसलिए एडवांस पेमेंट करने में ज्यादा सोचा नहीं।

अगले दिन सुबह बिस्तर छोड़ने के पहले मुझे महसूस हुआ कि भारती के पति अमित मुझसे नीलकंठेश्वर चलने के लिए कहेंगे। हालांकि इस बारे में पहले से कोई बात नहीं हुई थी और ये भी लग गया था कि नीलकंठेश्वर की चढ़ाई में कुछ दिक्कतें आने वाली हैं। इस पूर्वाभास के बाद भी मैं न चाहते हुए नीकंठेश्वर के लिए हामी भर ही दूंगा।

सुबह के पूर्वाभास को मैंने और दिनों की अपेक्षा होने वाले पूर्वाभास की तरह ही लिया। पूर्वाभासों का अनुभव ये रहा है कि आगे होने वाली घटनाओं के बारे में भले ही आपको पता चल जाए, लेकिन आप उसे टाल नहीं सकते हैं। सुबह करीब नौ बजे नाश्ता करने के लिए हम चोटी वाले बाबा के रेस्त्रां गए। यहीं पर अमित ने मुझसे नीलकंठेश्वर जाने की बात कही। पहले मैंने पहाड़ में ड्राइविंग का अनुभव न होने का हवाला देकर बात टाल दी, जब उन्होंने कहा कि वे गाड़ी चला लेंगे तो मुझसे दोबारा मना करते नहीं बना। इसके बाद मैंने ही पहाड़ की ड्राइविंग का अनुभव लेने के लिए खुद गाड़ी चलाने का फैसला किया।

दोपहर करीब 12 बजे हम नीलकंठेश्वर के रास्ते पर चल पड़े। पहाड़ी रास्ते बेहद संकरे, अत्यंत तीखे और घुमावदार थे। सड़क इतनी संकरी कि कुछ सेंटीमीटर के फासले से दो गाड़ियां आपस में क्रॉस कर रही थी। ड्राइविंग में जरा सी चूक हमें खाई में गिरा सकती थी। तीखा मोड़ इतना खतरनाक कि दूसरी ओर से आ रहा वाहन एक फीट की दूरी पर ही दिखाई दे रहा था। गाड़ी दूसरे और तीसरे गियर से आगे नहीं बढ़ पा रही थी। गाड़ी की स्टेयरिंग हर सेकंड दाएं-बाएं करवट ले रही थी।

यहां पूर्वाभास की श्रृंखला खड़ी हो गई। रास्ते में लगभग हर मोड़ पर महसूस होने लगा कि हमारी गाड़ी के आगे कौन सी गाड़ी है और वह किस रंग की है। इसी सहारे मैं ड्राइविंग कर रहा था। दो माह पहले ही स्टेयरिंग थामने वाले से इससे बेहतर ड्राइविंग की उम्मीद भी नहीं की जा सकती।

अब तक गाड़ियों के बारे में 10 फीट दूर से ही पता चल रहा था। इससे कई बार छोटे-छोटे एक्सीडेंट की नौबत नहीं आ पाई। नीलकंठेश्वर पहुंचने पर हमने शंकर जी के दर्शन किए। इसके बाद यहां से दिल्ली की ओर रवानगी। लौटते वक्त यही रास्ता

बेहद खतरनाक लगने लगा। क्योंकि आते वक्त चढ़ाई थी तो गाड़ी की गति नियंत्रित थी, लेकिन लौटते वक्त ढलान पर गाड़ी की गति को नियंत्रित करना मुश्किल था।

पहाड़ का 80 प्रतिशत रास्ता हम तय कर चुके थे। सिर्फ 20 फीसदी रास्ता तय करना बाकी था। आगे कुछ ही तीखे मोड़ थे। आगे करीब 45 डिग्री के कोण का एक तीखा मोड़ दिख रहा था। यह मोड़ हमसे करीब 40 मीटर की दूरी पर था। उस पर सामने से कौन सा वाहन आएगा उसके बारे में गाड़ी टर्न करने पर ही पता चलता। गाड़ी में बच्चे कांच बंद कर तेज आवाज में गाने सुन रहे थे। बाहरी आवाजों से हम सभी अनजान थे। मोड़ के ठीक दो मीटर पहले अंतर्मन से प्रबल आवाज आई कि गाड़ी तुरंत धीमी करो, दूसरी ओर से तेज रफ्तार में एसयूवी आ रही है। जबकि मुझे मोड़ के दूसरी ओर की कोई गतिविधि नजर नहीं आ रही थी।

मैं परिजनों की सुरक्षा को ध्यान में रखते हुए गाड़ी को तुरंत तीसरे गियर से उतार कर पहले गियर पर ले आया और स्पीड 35 किमी से घटाकर 10 किमी कर ली। इस पूरी प्रक्रिया में मुझे 2-3 सेकंड लगे होंगे। इस बीच मोड़ से टर्न होते ही एक लाल रंग की एसयूवी गाड़ी के तेज रफ्तार में मेरी गाड़ी के सबसे आगे के हिस्से से कुछ सेंटीमीटर की दूरी पर घूम गई। मैंने अपनी गाड़ी में तुरंत ब्रेक लगाए। मेरी गाड़ी की रफ्तार कम होने के चलते वहीं के वहीं रुक गई। इतनी कम दूरी पर क्रॉसिंग के चलते सामने वाली गाड़ी का ड्राइवर भी चौकन्ना हो गया और उसने ब्रेक लगाने की कोशिश की और अपनी गाड़ी मोड़ दी।

ड्राइवर ने गाड़ी में ब्रेक तो लगाया, लेकिन तेज रफ्तार के चलते उसकी गाड़ी के पहिए कुछ इंच फिसल गए। इस कारण मेरी गाड़ी का साइड मिरर और उसकी गाड़ी का साइड मिरर आपस में टकरा गए। दूसरी गाड़ी हमसे करीब तीन फीट आगे निकल चुकी थी। हम दोनों ही कुछ सेकंड तक वहीं रुके रहे। शायद ईश्वर का शुक्रिया अदा कर रहे थे, बड़ा हादसा टल गया।

मैंने अपनी साइड की खिड़की खोली। बाहर खड़े कुछ लोग कह रहे थे, बड़ा हादसा टल गया, शायद दोनों ड्राइवर घबरा गए, इसलिए गाड़ी खड़ी कर दी। मेरे साथ बैठे अमित जी सामने वाले वाहन चालक से नाराज होकर बुदबुदाने लगे। मैं अपनी जगह शांत बैठा रहा। पता था ये होने वाला है। इसलिए इसे सिर्फ घटना के तौर पर ही लिया। साइड मिरर में हल्के स्क्रेच आ चुके थे, लेकिन मैंने उस ड्राइवर से कुछ नहीं कहा और कुछ देर थमने के बाद मैंने गाड़ी स्टार्ट की और दिल्ली की ओर कूच कर गए।

यह दिन था 26 जनवरी 2021 का। हम लोग दिल्ली के रास्ते पर बढ़ रहे थे। दिल्ली बॉर्डर पर किसानों का आंदोलन जारी था। रात में ही हमें खबर मिली कि कुछ शरारती तत्वों ने दिल्ली के लाल किले पर कोई और झंडा फहरा दिया है। इस घटना के चलते पूरी दिल्ली हाई अलर्ट पर है। रात करीब 11 बजे तमाम रोड डायवर्जन पार करते हुए दिल्ली पहुंचने में कामयाब हो गए।

अमित ने मुझसे रात में लक्ष्मी नगर में रुकने के लिए कहा। मैंने उनसे कहा कि मुझे अपने दोस्त आशीष से मिलने जाना है। अगर आज नहीं मिला तो आगे मिलना मुश्किल होगा। मेरा अंतर्मन कह रहा था कि रुक जाओ, लेकिन मित्र से मिलने के मोह में मैंने अमित की सलाह नहीं मानी। कई जगह रूट डायवर्जन के कारण सड़कों पर रात को वाहन बेहद कम थे। इसलिए मैं करीब 100 की स्पीड से गाड़ी चलाने लगा।

इसी बीच आशीष का फोन आया कि पुलिस की बंदिशें बढ़ती जा रही हैं। तुम अभी मत आओ नहीं तो मुश्किल होगी। मैंने उसकी सलाह मान ली और अमित के घर जाने के लिए गाड़ी लक्ष्मी नगर के लिए मोड़ दी। रात करीब 12 बजे मैं वापस लक्ष्मी नगर आ गया। ध्यान करने बैठा तो लगा कि कुछ गड़बड़ हो गई, क्या गड़बड़ हो गई, ये पता नहीं चल रहा था। ध्यान करने के बाद मैं सो गया।

अगले दिन सुबह उठते ही मैंने अपना मोबाइल चेक किया तो उसमें दिल्ली पुलिस के दो एसएमएस आए थे। उनमें ओवर स्पीड के चलते चार हजार के चालान भेजे गए थे। दो चालान एक ही जगह के थे। उसी जगह पर सड़क के दोनों ओर कैमरे लगाए गए थे। चालान जिस टाइम काटे गए उस टाइम पर दोस्त का फोन आया था, जिस कारण मैंने गाड़ी यू टर्न कर ली थी। इस कारण महज तीन मिनट के अंदर चार हजार का चालान कट गया।

अब समझ आया कि अंतर्मन किस कारण से दोस्त के घर जाने के लिए मना कर रहा था और ध्यान के समय किस चीज की गड़बड़ होने की आशंका लग रही थी। ये भी अच्छा हुआ कि बीच रास्ते ही दोस्त का फोन आ गया, क्योंकि उसके घर पहुंचते-पहुंचते मेरी गाड़ी के दर्जनों चालान कट चुके होते।

तब देने पड़े 12 हजार रुपए -

दैनिक भास्कर से इस्तीफा देने के बाद हमने दिल्ली छोड़ भोपाल शिफ्ट होने का फैसला किया। मेरी पत्नी का मायका होने के अलावा मेरे माता-पिता को यहां का खुशनुमा मौसम पसंद है। इसलिए भापोल को चुना। बड़ा कारण था कि मेरे मां-बाप दिल्ली की प्रदूषित हवा में अपना बुढ़ापा नहीं काटना चाहते थे। काफी हद तक मेरा भी दिल्ली छोड़ने का यही कारण था। दिल्ली से सामान शिफ्ट करने के लिए मूवर्स पैकर्स की मदद ली गई।

कोरोना काल में कंपनी ने अपने दाम करीब 15 से 20 फीसदी तक बढ़ा दिए थे। इसलिए औसत सर्विस देने वाले मूवर्स पैकर्स से बात कर पैंकिंग की प्रक्रिया शुरू करवा दी। उसने कोटेशन भेज, अनुमानित खर्चा बता दिया। कुछ एडवांस उसी समय दे दिया गया, बाकी रकम भोपाल पहुंचकर देनी थी। उनका शुरू में काम देखकर लग रहा था कि वे सही सर्विस देने वाले हैं। सामान ट्रक में लोड होकर भोपाल के लिए रवाना हो गया। इस बीच एजेंसी ने फाइनल बिल नहीं दिया। एजेंसी के मैनेजर ने कहा थोड़ी देर में दे देंगे। तब तक ट्रक दिल्ली से बाहर निकल चुका था। सामान को दो दिन बाद भोपाल पहुंचना था। इसलिए मैं भी रात भोपाल के लिए ट्रेन से रवाना हो गया। इस दौरान मैनेजर का मैसेज आया। जिसमें फाइनल बिल अटैच था। इस बिल में तय राशि के हिसाब से 12 हजार रुपए ज्यादा लिखे हुए थे। चूंकि लोडेड ट्रक भोपाल के रास्ते में था, इसलिए सोचा कि सामान के साथ कोई दिक्कत न हो, भोपाल पहुंचने पर ही बात की जाएगी।

आमतौर पर ट्रक से सामान अनलोड होने के बाद मूवर्स पैकर्स एजेंसी को बची हुई पेमेंट की जाती है। ट्रक को भोपाल पहुंचने में तीन घंटे बाकी थे। इस बीच मैनेजर का फोन आया। उसने कहा, सर बाकी का पेमेंट कर दीजिए, मैंने कहा-तुमने तो 12 हजार रुपए ज्यादा का बिल बना दिया। उसने कहा कि नहीं सर कोटेशन के हिसाब से ही आपको बिल भेजा है। मैंने कोटेशन फिर से पढ़ा तब भी मुझे 12 हजार रुपए अतिरिक्त वसूली का कोई साक्ष्य नहीं मिला। मैंने कहा ट्रक आने दो फिर देखते हैं।

नेपाल में गुरु जी से मिलने के बाद मन में चाहकर भी गलत बात के लिए गुस्सा आना काफी हद तक खत्म हो चुका था। नुकसान करने वाले पर भी दया आती थी। क्योंकि गुरु जी कहते हैं कि तुम्हें अपने दुश्मन की भी मदद करनी है। लेकिन पत्रकार होने की थोड़ी बहुत ठसक अभी भी अंतर्मन में कहीं रह गई थी। इसलिए ख्याल आया कि आने दो ट्रक भोपाल में, पुलिस से ट्रक भी जब्त करवा लूंगा और मूवर्स पैकर्स पर

धोखाधड़ी की एफआईआर करवा दूंगा। क्योंकि प्रेम-दया-करुणा का मतलब ये नहीं कि गलत बात के आगे घुटने टेक दो।

इस ऊहापोह में कोई रास्ता नजर नहीं आ रहा था। इस दुविधा से निपटने के लिए मैंने ध्यान का सहारा लिया। करीब आधा घंटे ध्यान करने के बाद मन शांत हो गया। और दुविधा भी दूर होने के संकेत मिल गए। अंदर महसूस हुआ कि मैनेजर को 12 हजार रुपए ट्रांसफर कर देने चाहिए। यह रकम मेरे लिए बड़ी थी, क्योंकि नौकरी छोड़ चुका था और आगे भी कोई नौकरी करने का इरादा नहीं था। आय का कोई नया स्रोत अभी बनाने की कोशिश भी नहीं की थी। इसलिए ऐसी आर्थिक तंगी में 12 हजार की ये रकम मेरे लिए 12 लाख के बराबर जान पड़ रही थी। मैं पत्रकारिता की ठसक दिखाकर ये पैसे देने से बच सकता था। लेकिन ध्यान के पुराने अनुभवों ने मुझे अंतर्मन की आवाज के साथ जाने पर मजबूर कर दिया।

मैंने ट्रक भोपाल आने के पहले ही पैसे मैनेजर के अकाउंट में ट्रांसफर कर दिए। कुछ क्षण के लिए ये फैसला भारी लग रहा था, लेकिन फैसला यह सोचकर लिया कि शायद इसमें कुछ भला छुपा हो, जो आगे जाकर मुझे बड़ी गलती से बचाए। सामान से लदा ट्रक भोपाल पहुंच गया। कुछ ही घंटों में सामान मेरे फ्लैट पर पहुंच गया। जो सामान बेहद जरूरी थे, उनमें से कुछ गायब थे। मैं अतिरिक्त रकम चुकाने से वैसे ही थोड़ा आहत था, ऊपर से सामान गायब होना। मूवर्स पैकर्स की इन दो गलतियों ने मुझे प्रतिक्रिया करने पर मजबूर कर दिया।

दिन भर की मगजमारी के बाद जब रात में आराम करने के लिए लेटा तो मैंने बिल को फिर से तसल्ली से चेक किया। बिल का अहम हिस्सा, जब मैंने उसे पढ़ा तो लगा कि मुझसे बहुत खराब व्यवहार होने से बच गया। बिल के आखिर में गहरे रंगीन पट्टी में अतिरिक्त 18 प्रतिशत जीएसटी की बात लिखी हुई थी। इसी पट्टी में बने बॉक्स में जीएसटी की गणना की राशि लिखी हुई थी। गहरे रंग की पट्टी और काले रंग की टाइप के कारण अतिरिक्त 12 हजार की राशि लिखी हुई। मैनेजर बार-बार बिल में लिखी इसी राशि का हवाला दे रहा था।

वहीं, दूसरी ओर जब सामान ठीक से चेक किया तो खोया सामान भी मिल गया। इस तरह खुली आंखें वह नहीं देख पाईं जो अंतर्मन ने देख लिया और मुझे गलत व्यवहार करने से बचा लिया।

अध्याय - 13

कृष्ण के आईआईटियन भक्त ने भक्ति योग से बताया सत्य की खोज का रास्ता

नेपाल में बौद्ध धर्म के गुरु की तलाश के बाद अध्यात्म में रुचि और गहरी हो गई। लेकिन अध्यात्म में प्रयोग अब भी जारी था। शायद कुछ और बेहतर मिल जाए। वहीं, दूसरी ओर परिवार की भागवत कथा में रुचि के कारण मेरा कुछ-कुछ रुझान कृष्ण की भक्ति की ओर भी हुआ। प्रभु प्रिय गोविंद जी के आमंत्रण पर मैं अपने पिता जी के साथ कानपुर स्थित इस्कॉन मंदिर पहुंच गया। फरवरी 2021 आते-आते कोरोना की पहली लहर कमजोर पड़ने लगी थी। इसलिए जिला प्रशासन ने मंदिरों को खोलने की इजाजत दे दी थी।

मंदिर खुलने के पहले ही दिन यहां कृष्ण भक्तों का हुजूम देखने लायक था। मंदिर के प्रांगण में भक्तों का सैलाब उमड़ा हुआ था। इस्कॉन संस्था की दो खासियत मुझे सबसे ज्यादा आकर्षित करती हैं। विश्व में सबसे ज्यादा पढ़े-लिखे नौजवान संतों की जमात अगर किसी के पास है तो वह है इस्कॉन। इन्हें प्रभु कहा जाता है। दूसरा आकर्षण भक्तों की ऊर्जावान पूजा पद्धति। इसके आभा मंडल में आने पर कोई भी भक्त भाव-विभोर हुए बगैर नहीं रह सकता।

हमारे साथ प्रभु प्रिय गोविंद जी भी थे। उनके माता-पिता आर्मी पृष्ठभूमि से हैं। इनका छोटा भाई भी प्रिय गोविंद से प्रभावित होकर इस्कॉन से जुड़कर संत बन गए। उन्होंने बताया कि कई सालों बाद इतना जन सैलाब उमड़ा है। मंदिर के प्रांगण में करीब पांच हजार भक्त मौजूद थे और लगभग इसके दोगुने भक्त मंदिर प्रांगण के बाहर थे। प्रांगण के एक कोने में करीब आधा दर्जन युवा संतों की टोली 'हरे रामा हरे कृष्णा' महामंत्र का जाप ऊर्जावान ध्वनि में कर रही थी। उस समय मेरी उनसे दूरी करीब 20 फीट की थी। इतनी दूरी पर खड़े होने पर भी मेरे रोंगटे खड़े हो रहे थे।

महामंत्र का जाप चुंबक की भांति मुझे युवा संतों की टोली की ओर खींच रहा था। भीड़ का अवरोध भी मुझे उनके पास जाने से नहीं रोक पा रहा था। सभी कृष्ण भक्त मंदिर के कपाट के ठीक सामने राधा-कृष्ण की मूर्ति की ओर मुंह करके खड़े थे। लेकिन मेरे कदम उनकी दिशा के विपरीत प्रांगण के बिल्कुल पीछे खड़ी युवा टोली की ओर बढ़ रहे थे। मैं जैसे-जैसे उनके पास जा रहा था, वैसे-वैसे मेरी आंखें भी नम होती जा रहीं थीं।

भीड़ के समुंदर को पार करने में 10 मिनट लग गए। उस टोली के पास पहुंचकर मैं भी आंखें बंद कर झूमने लगा। बंद आंखों से आंसुओं की धारा बहने लगी। रोंगटे खड़े होने के साथ आंसू बहने की घटना अलग तरह की अनुभूति का अहसास करा रही थी। आंसुओं के खारेपन में विकारों के बह जाने का अनुभव था। बाहों की त्वचा पर रोंगटे ऐसे खड़े थे मानो वह नए विकारों को तन-मन में सेंध लगाने से बचाने के लिए पूरी तरह से मुस्तैद हो गए हों। पुराने विकारों के निकलने और नए विकारों के प्रवेश निषेध से हल्कापन महसूस होने लगा था।

ऐसा अनुभव तो एक घंटे के ध्यान में महसूस नहीं होता।

भक्तियोग की इस तकनीक में मैं सिर्फ महामंत्र के जाप को आत्मसात कर रहा था। ध्यान जैसी शारीरिक और मानसिक रूप से कठिन और वेदना युक्त दृढ़ता नहीं थी। प्रांगण में भक्ति योग का ऊर्जा स्तर मुझ जैसे कई भक्तों को कृष्ण से जुड़ने का आभास करा रहा था। भक्ति योग से खुद को विकारों से मुक्त करने की इस तकनीक ने मुझे भजन, सत्संग, कीर्तन से जुड़ने के लिए प्रेरित किया। एक बारगी यह भी महसूस करा दिया कि भक्ति योग ध्यान जैसे क्रिया योग से ज्यादा सहज और सरल है। पलभर में आप वह महसूस कर सकते हैं जो शायद ध्यान जैसी क्रियाओं में घंटों तपने के बाद महसूस कर पाते।

रात करीब 9 बजे राधा-कृष्ण की आरती के बाद मैं पिताजी के साथ प्रांगण के बाहर आ गया। यहां हमारी मुलाकात हमारे ही गृह नगर के प्रभु माधव से हुई। करीब 26 साल के माधव जी ने कानपुर के प्रतिष्ठित एचबीटीआई इंजीनियरिंग कॉलेज से बीटेक की पढ़ाई की थी। प्राइवेट सेक्टर में मोटी तनख्वाह पाने के बाद भी कृष्ण भक्ति की ओर ये आकृष्ट हुए और नौकरी-घर छोड़ संत बन गए। उनके आग्रह पर हमने एक रात इस्कॉन के गेस्ट हाउस में रुकने की योजना बना ली थी। पिता जी को गेस्ट हाउस की ओर रवाना करने के बाद मैंने कुछ पल प्रभु प्रिय गोविंद जी के साथ बिताए।

अपनी बात साझा करने से पहले मैंने उनसे वह सवाल किया जो मेरे मन में कई दिनों से दबा हुआ था। मैंने उनसे पूछा कि महाभारत के युद्ध में सिर्फ एक मौका ऐसा आता है जहां कृष्ण की कमजोरी उजागर होती है। जब भीष्म पितामह पांडव पक्ष के सैनिकों का वध कर रहे थे, तब कृष्ण का भी धैर्य जवाब देने लगा था, उन्होंने गुस्से में आकर रथ का चक्र उठा लिया और भीष्म की ओर हमला करने के लिए दौड़ पड़े। क्या भगवान मानव के रूप में कहीं कमजोर हो सकते हैं। मेरी बात सुन प्रिय गोविंद जी ने मुस्कुरा कर जवाब देने के पहले मुझसे पूछा–

"आप खेल के मैदान में अपनी टक्कर की टीम से भिड़ना चाहेंगे या कमजोर टीम से? किस के साथ खेलने से आप संतुष्टि की चरम सीमा को छू सकते हैं?"

मैंने कहा– "निश्चित तौर पर टक्कर की टीम से खेलूंगा।"

"आपके सवाल का जवाब इसी में है।"

"वह कैसे?"

"दरअसल महाभारत का युद्ध जब शुरू हुआ, तब उस काल में भीष्म पितामह की टक्कर का योद्धा कोई नहीं था, जो उन्हें युद्ध के मैदान में चुनौती दे सके। अर्जुन और कर्ण भी उनके आगे कुछ नहीं थे। चूंकि वे क्षत्रिए थे तो उन्हें युद्ध कौशल दिखाने का पूर्ण आनंद रणक्षेत्र में मिलता। उन्हें जब तक अपने महान पराक्रमी होने की आंतरिक अनुभूति नहीं होगी, तब तक वे मृत्यु के बाद मोक्ष को प्राप्त नहीं हो सकते थे। इसलिए पितामह की भलाई के लिए कृष्ण ने मन ही मन मृत्यु पूर्व उन्हें पूर्ण पराक्रमी और पूर्ण आनंद की अनुभूति का अहसास दिलाने की योजना बनाई।"

"कृष्ण भगवान थे, यह पितामह के साथ-साथ सभी लोग जानते थे। पितामह जानते थे कि कृष्ण ही युद्ध में उन्हें पराजित कर सकते हैं। कृष्ण भी ये बात जानते थे। चूंकि कृष्ण ने युद्ध में हथियार न उठाने की कसम खाई थी तो पितामह की इच्छा अधूरी रह जाती। इसलिए भगवान कृष्ण रथ का पहिया उठाकर उनके साथ खेल खेलने के लिए रण के मैदान में उतर आए। कृष्ण के इस खेल से भीष्म पितामह अभिभूत हो गए, उन्हें खुद के अतिपराक्रमी होने की अनुभूति हो गई। जब उन्हें पूर्ण आनंद की प्राप्ति हो गई तब भीष्म पितामह को अपने हथियार त्यागने में दिक्कत नहीं हुई।"

प्रिय गोविंद जी ने कहा कि यह हम सभी जानते हैं कि कृष्ण के मन की बात तो कृष्ण ही जानते हैं।

इस प्रसंग के खत्म होने के बाद मंदिर के बाहरी प्रांगण के चक्कर लगाते-लगाते मैंने उन्हें क्रिया योग और भक्ति योग के अनुभव बताए। साथ ही उनसे पिछले छह महीनों में घटित घटनाओं और बुद्ध की ओर झुकाव की पूरी कहानी बताई। उन्हें आज की अनुभूति के बारे में बताया। मैंने उनसे कहा कि मुझे ऐसा लगता था कि आत्म ज्ञान और अनुभूति सिर्फ ध्यान से ही संभव है लेकिन मेरा ये भ्रम आज टूट गया। अनुभूति भक्ति योग से भी संभव है। किसी की भक्ति योग में डूबने पर भी आपको आत्म ज्ञान की अनुभूति हो सकती है। इसके साथ ही मैंने उनसे पूछा कि जब भक्ति जैसी सरल-सहज योग तकनीक से आत्म ज्ञान हो सकता है तो ध्यान जैसे कठिन क्रिया योग में क्यों तपा जाए? क्यों तन और मन को असहनीय वेदना दी जाए? वे करीब 20 मिनट तक बगैर बोले मेरी बात ध्यान से सुनते रहे। फिर उन्होंने बोलना शुरू किया—

"श्रीकृष्ण ने श्रीमद्भागवत गीता में मोक्ष या मुक्ति के चार रास्ते बताए हैं- कर्म योग, ज्ञान योग, क्रिया योग और भक्ति योग। अधिकांश लोग धर्म या अध्यात्म से जुड़ने के पहले भक्ति योग का सहारा लेते हैं। यह तकनीक हर आम इन्सान को स्पर्श करती है। बीमारी में ध्यान करना मुश्किल है लेकिन भजन करना आसान है। ध्यान की सही विधि पता न होने पर इसके साइड इफेक्ट भी होते हैं, लेकिन भजन-कीर्तन के कोई साइड इफेक्ट नहीं।"

"ध्यान इसी से जुड़ी दूसरी सीढ़ी है। कई लोग भक्ति करते-करते ध्यान की गहराइयों में डूब जाते हैं। कुछ लोगों की भक्ति का आकार, रंग-रूप अलग-अलग हो सकता है। लेकिन भक्ति की गहराई में उतरने की प्रक्रिया और उसका लाभ एक जैसा ही है।"

उन्होंने आगे बताया कि इस्कॉन में भी भक्ति योग के साथ ध्यान की तकनीक को अहमियत दी जाती है। यहां सभी संत दिन में महामंत्र के 108 जाप की माला से कम से कम 16 माला प्रतिदिन जरूर करते हैं।

युवाओं के इस्कॉन से जुड़ने का कारण उन्होंने बताया— "हम लोग प्रतिदिन आईआईटी कानपुर जैसी कई प्रतिष्ठित संस्थाओं में गीता और कृष्ण भक्ति पर वर्कशॉप आयोजित करते हैं। कई लोगों को इस बारे में उस समय समझ में नहीं आता, लेकिन उनके दिमाग में कृष्ण भक्ति का बीज बो दिया जाता है। कुछ समय में अलग-अलग परिस्थितियों से अनुभव लेने के बाद युवावस्था में ही ये लोग इस्कॉन से जुड़कर लोगों की सेवा करते हैं। माला जाप भी कृष्ण की भक्ति में ध्यान केन्द्रित करने का प्रमुख माध्यम है।"

बातचीत के अंत में मैंने उनसे व्यक्तिगत सवाल किया। पूछा कि आप दोनों भाई कृष्ण भक्ति में लीन हो गए हैं। घर-परिवार छोड़ दिया। माता-पिता को अकेले छोड़ दिया। ये कितना सही है। उन्होंने कहा, "हम दोनों भाई बारी-बारी से अपने माता-पिता के पास आते-जाते रहते हैं, बीमारी में उनकी सेवा भी करते हैं। बस इसके अलावा सांसारिक मोह-माया में नहीं पड़ते हैं। भगवान की सेवा सबसे बड़ी है क्योंकि वे ही हम सबके असली माता पिता हैं, जैसा गीता में भगवान कृष्ण ने कहा है।"

हमारी चर्चा खत्म होते-होते रात दस बज चुके थे। हम लोग अपने-अपने शयनकक्ष की ओर बढ़ रहे थे। रात्रि की विदाई पर प्रिय गोविंद जी ने सुबह 4.30 बजे की आरती में शामिल होने का आग्रह किया। उनके आग्रह को स्वीकार कर मैं अपने शयन कक्ष में चला गया। पिता जी पहले ही सो चुके थे। रात 11 बजे तक ध्यान करने के बाद मैं भी सो गया।

आम दिनों की तरह हर काम की शुरुआत मेरी ध्यान से होती थी। इसलिए सुबह की आरती में शामिल होने के लिए मैं सुबह साढ़े तीन बजे उठ गया। नियमित दिनचर्या और ध्यान के बाद मैं पिताजी के साथ ठीक सुबह साढ़े चार बजे मंदिर प्रांगण में पहुंच गया।

जहां कल तक हजारों की तादाद में भक्त थे, उसी प्रांगण में अब कुछ दर्जन संस्था के ही भक्त थे। आरती की शुरुआत में सभी संत धीरे-धीरे पैरों को आपस में मिलाकर आगे पीछे होकर नृत्य कर रहे थे। यह नृत्य कुछ-कुछ स्लो मोशन जैसा था। या यूं कहूं कि कसरत के पहले हल्का वार्मअप था। सभी संत एक ही लय में थे। उनकी देखा देखी मैं भी उनकी लय में आने लगा।

मेरे कदम लड़खड़ा रहे थे, लेकिन संतों के कदम जमीन पर ऐसे पड़ रहे थे जैसे संगीत की कोई धुन निकाल रहे हों। करीब 20 मिनट बाद उनके नृत्य में कुछ गति आ गई। अब वे अपनी जगह जोर-जोर से उछलने लगे, मानो जैसे उनके सामने मोह माया का पहाड़ हो और वे उछल-उछलकर पहाड़ के उस पार कृष्ण को देख रहे हों। कुछ संत तो चार-चार फीट तक उछल रहे थे। पांच मिनट उछलकर मैं पसीना-पसीना हो गया। कुछ देर बाद युवा संतों की टोली ने बड़ा गोल घेरा बना लिया। सब एक दूसरे का हाथ पकड़कर तेजी से घूमने लगे। इस घुमाव में मंत्रों का जाप भी जारी थी। हमें इतना तेज घूमने की आदत नहीं थी। कुछ ही पल में चक्कर खाकर मैं गिर पड़ा।

उनका घेरा छोटा हो गया लेकिन रुका नहीं। धीरे-धीरे उनका बड़ा घेरा कई छोटे टुकड़े में बंट गया। अब वे पहले की अपेक्षा कई गुना ज्यादा तेज घूमने लगे। इस दौरान संतों के अलावा हम जैसे कई नए साधक पुराने साधकों के शारीरिक जोश के आगे टिक नहीं पाए और उनसे अलग हो गए। आरती अपने अंतिम चरण में थी, अब संतों का घुमाव खत्म हो गया था। वे अपनी जगह पर खड़े होकर हाथ उठाकर झूमने लगे। हमने फिर ऊर्जा बटोरी और उनकी नकल शुरू कर दी। इसमें हमारे हाथों और कमर की नसों में खिंचाव आ गया। यह कुछ हद तक स्ट्रेचिंग जैसा था। करीब एक घंटे की आरती की ये पद्धति कसरतनुमा थी। इसमें वार्म अप और स्ट्रेचिंग शामिल थी। ऐसा लग रहा था जैसे शारीरिक रूप से खुद को फिट रखने के लिए आरती की ये खास पद्धति विकसित की गई हो, ताकि कोई भी तन, मन और आध्यात्मिक रूप से खुद को स्वस्थ महसूस कर सके। एक घंटे की कसरतनुमा आरती के बाद मैं वापस गेस्ट हाउस आ गया।

थोड़ा आराम करने के बाद मैं फिर ध्यान के लिए बैठ गया। ध्यान की गहराई में उतरने से पहले मनन करने लगा कि इस्कॉन की हर पद्धति में मुझे वह सब मिल रहा है जो ध्यान करने पर मिल रहा था। इसमें मुझे शारीरिक रूप से कम वेदना से गुजरना पड़ता है। मैं भी तो कृष्ण की भक्ति करके अपनी मुक्ति का रास्ता प्रशस्त कर सकता हूं, और सत्य की खोज कर सकता हूं। तो फिर मैं भगवान बुद्ध की ध्यान क्रियाओं को क्यों अपनाऊं?

इसका जवाब खुद से तलाशने के चिंतन के साथ ही ध्यान की गहराई में उतरना शुरू हुआ। उसमें पाया कि कृष्ण के माध्यम से जो ज्ञान बाहर आया, उसे गीता के रूप में पूरी दुनिया पढ़ रही है और जीवन में उतार रही है। अब तक अनुभव से ये पाया कि खुद से मिला ज्ञान ही आपको सत्य के और करीब लाता है। यही ज्ञान ही शांति और आनंद की अनुभूति देता है।

भगवान बुद्ध की ध्यान क्रियायें और निर्देश सृष्टि को समझने में मददगार साबित हो रहीं थी। हालांकि ये साफ-साफ समझ में भी आ रहा था कि रास्ता आप कोई भी पकड़ें पूरी शिद्दत से उस पर चलने से समान फल मिलेगा।

चूंकि मेरी जिज्ञासाएं बहुत थीं, जिनके जवाब हासिल करने में मुझे बौद्ध धर्म की गुरु-शिष्य परंपरा बेहतर जान पड़ रही थी। जिसमें मैं खुद उस दिशा की ओर चलने में फिट महसूस कर रहा था। इसलिए मैंने यहां तय किया कि कृष्ण की भक्ति का

रसपान करते हुए भगवान बुद्ध के बताए रास्ते से सही सृष्टि समझकर सत्य की खोज की यात्रा जारी रखी जाए।

इस भाव और भक्ति योग के नए अनुभव के साथ हम लोगों ने प्रभु प्रिय गोविंद जी और प्रभु माधव जी से विदा ली। और बढ़ चले सत्य की खोज के सफर पर। यहां से हमने भगवान गौतम बुद्ध की निर्वाण स्थली कुशीनगर की ओर अपनी गाड़ी के पहिए दौड़ा दिए। रास्ते में अयोध्या में पिताजी को छोड़ा। इसके बाद गौतम की बोधिसत्व प्राप्त करने की तकनीक सीखने और सत्य की खोज के लिए कुशीनगर स्थित विपश्यना सेंटर की ओर चल पड़ा।

अध्याय - 14

विपश्यना शिविर में शरीर से निकलती तरंगों से सुलझने लगे ब्रह्मांड के रहस्य

नेपाल का दौरा काफी रोमांचक रहा। वहां से लौटकर भारत में सत्य की तलाश अब भी जारी थी। प्रयोग अभी भी कर रहा था। इसी कारण इस्कॉन में रहकर भक्ति योग को महसूस कर पाया। इसके अलावा मन में एक ही ख्याल था कि हर कोई नेपाल जाकर सत्य की खोज नहीं करेगा। क्यों न भारत में ही कुछ ऐसा खोजा जाए जिससे मेरे परिचितों को सत्य की खोज में मदद मिल सके। मेरे गुरु ने विपश्यना का सुझाव दिया, इसके बारे में पत्नी भी पहले ही बता चुकी थी। गुरु ने कहा कि इससे बौद्ध दर्शन को समझने में मदद मिलेगी।

नेपाल में गुरु से मिलने के बाद इतना समझ में आ गया था कि पत्रकारिता की नौकरी में सत्य की खोज मुश्किल है। इसलिए हिन्दुस्तान लौटते ही नौकरी से कुछ समय के लिए दूरी बनाने का फैसला किया और दैनिक भास्कर से इस्तीफा दे दिया। पत्रकारिता के सवा दशक की नौकरी के दौरान एबीपी, जनसत्ता, देशबंधु, अमर उजाला, नईदुनिया, राजस्थान पत्रिका और दैनिक भास्कर में काम करने का मौका मिला। इन कंपनियों को या तो ऑफिस से परेशान होकर छोड़ा या फिर अच्छे अवसर के लिए। यानी राग या विकार यहां भी थे। लेकिन दैनिक भास्कर से इस्तीफा देना कुछ खास था। जिस समय मैंने दैनिक भास्कर से निकलने का मन बनाया, मुझे लगता है कि तब में अपने काम में बहुत बेहतर था, अच्छे अवसर भी मिल रहे थे। लगातार ध्यान क्रियाओं के अभ्यास से मानसिक तनाव पूरी तरह से खत्म हो चुका था। यही वजह थी कि मेरे मनोचिकित्सक ने सिर्फ पांच माह में एंटी डिप्रेशन दवाएं पूरी तरह से बंद कर दीं।

दैनिक भास्कर में अंदरखाने कोई दिक्कत नहीं थी। उच्च स्तरीय प्रबंधन चाहता था मैं रुक जाऊं, उनके लिए और काम करूं। सैलरी बढ़ाने से लेकर पोस्ट बढ़ाने तक की बात हुई। लेकिन इस बार अंदर की आवाज कुछ और कह रही थी। जीवन सत्य की

तलाश में निकल चुका था। पत्रकारिता में बाहरी दुनिया का सत्य खोजता था, लेकिन इस बार खुद के अंदर खोजना था। इसकी अनुभूतियां बाहरी दुनिया के हर प्रलोभन पर भारी पड़ रहीं थीं। एक साल पहले नौकरी छोड़ने का फैसला कठिन था, लेकिन इस बार खुद की खोज करते-करते काफी सहज बन गया। राष्ट्रीय स्तर की रिपोर्टिंग करना हर रिपोर्टर का सपना होता है। इसके लिए कई पत्रकारों को जोड़-तोड़ करते हुए देखा है। लेकिन उस जगह को छोड़ने में मुझे जरा भी संकोच नहीं हुआ। इसलिए 14 जनवरी 2021 यानी मंकर संक्रांति के दिन सत्य की खोज के लिए दैनिक भास्कर से इस्तीफा दे दिया।

शायद यह इसलिए भी जरूरी था क्योंकि जीवन के 35 साल गुजर गए। इन 35 साल को संसार के बनाए नियमों से जिया, लेकिन जब खुद से जुड़ना शुरू किया तो पाया कि हम सभी प्रकृति के नियम के खिलाफ जी रहे हैं। बिगड़े हुए नियमों से जीते हुए बिगड़े हुए परिणाम निकले। अब प्रकृति के नियम को समझकर आगे का जीवन यापन करना था। इसमें मेरे और अपनों के लिए भगवान बुद्ध मददगार साबित होने वाले थे। विपश्यना उसी सत्य की खोज का अहम पड़ाव था।

कुशीनगर विपश्यना सेंटर -

अपनी गाड़ी से करीब 12 घंटे की सड़क यात्रा के बाद मैं 16 फरवरी 2021 को कुशीनगर विपश्यना सेंटर पहुंच गया। रास्ते में ख्याल आ रहा था कि मेरा पाला कई बुजुर्गों से पड़ने वाला है। लेकिन सेंटर पर पहुंचकर नजारा उलट था। लगभग मेरी उम्र के ही साधकों की संख्या ज्यादा थी। इक्का-दुक्का ही 50 साल से ऊपर वाले थे। रजिस्ट्रेशन होने के बाद हमें हमारे कमरे दे दिए गए। साथ ही बता दिया गया कि शाम सात बजे असेंबली हॉल में सब जमा होंगे, वहीं साधना के नियम और सेंटर के कायदे कानून बताए जाएंगे।

मेरे साथ अधिकांश साधकों को अलग कमरा दिया गया। कुछ कमरों में दो साधकों को साथ रहने के लिए दिया गया। जिन साधकों की आपस में पहचान थी, उन्हें जानबूझकर अलग कमरा दिया गया। कारण पूछने पर वहां के स्टाफ ने बताया कि शाम को मीटिंग में पता चल जाएगा। कुशीनगर शहर से करीब 5 किमी दूरी गांव में खेतों के बीच इस सेंटर में सिर्फ ट्रैक्टरों की आवाज थी। उस वक्त खेतों में बुआई का काम चल रहा था। इसके अलावा सब आवाजों की पहुंच से दूर था सेंटर।

शाम सात बजे हम सभी साधक इकट्ठा हुए। यह बैच करीब 50 साधकों का था। हमें 10 दिन के शिविर के लिए कई तरह के निर्देश दिए गए। लेकिन सबसे अहम निर्देश था, मोबाइल ऑफिस में जमा करते हुए पूरे शिविर के दौरान आर्य मौन का पालन करना। साधक आपस में चर्चा करने लगे कि मौन तो सुना था ये आर्य मौन क्या है? इसका स्पष्टीकरण भी हमें दिया गया। आर्य मौन का मतलब था न मुंह से, न इशारों से और न ही लिखकर कोई बात दूसरों से करना। नजर हमेशा जमीन की ओर होना चाहिए। कसरत करने की मनाही कर दी गई। महिलाओं के मेकअप करने पर रोक लगा दी गई। कारण बताया कि शिविर के दौरान किसी को देखकर या आपस में बात करके मन में किसी भी प्रकार का नया राग-विकार पैदा नहीं करना है। ध्यान के दौरान माला, ताबीज, अंगूठी, इत्यादी पहनना वर्जित था। यहां तक कि कमरे में किसी प्रकार का पूजा पाठ, मंत्रोच्चारण इत्यादि कर्मकांड करने की मनाही थी।

इसका कारण तत्काल नहीं बताया गया। लेकिन शिविर के मध्य में इनकी मनाही का महत्व पता चला। डायरी, किताब यहां तक कि पैन भी ऑफिस में जमा करवा लिया गया। ताकि कमरे में कुछ अलग से लिखा या पढ़ा न जा सके। सभी नियमों को लागू करने की एक ही बॉटम लाइन थी कि कोई काम शिविर के दौरान ऐसा न हो पाए जिससे साधकों का ध्यान प्रभावित हो। सभी नियम-कायदे बताने के बाद रात 8 बजे से हमारा आर्य मौन शुरू हो गया और ध्यान का शिविर भी।

आना-पान प्रक्रिया : सुबह चार बजे हमें उठाने के लिए घंटी बजने लगी। अब यही घंटी पूरे दस दिन निर्देश का पालन कराने के लिए हमसे एकतरफा संवाद करने वाली थी। पहले दिन सभी साधक वक्त पर ध्यान केन्द्र के मुख्य हॉल में पहुंच गए। सभी तय किए गए अपने आसन पर बैठ गए। गुरु जी वक्त पर आ गए। आचार्य गोयनका ऑडियो संदेश के माध्यम से हमें पूरे शिविर में निर्देश देने वाले थे। शिविर के पहले दिन हमें सिर्फ आती जाती श्वास पर ध्यान देना था। नाक से नथुने के अग्र भाग से लेकर नाक के ऊपरी हिस्से के मिलान तक सिर्फ श्वास को महसूस करना था। नाक के त्रिभुजाकार आकार में डेढ़ से दो इंच की लंबाई तक हर एक श्वास की पहरेदारी करनी थी।

शुरू में 10 सेकंड ही श्वास के प्रति सजग रह पाया। फिर मन भटक जाता था। पांच मिनट के ध्यान में दर्जनों बार ध्यान भटका। पल भर में ध्यान उरई पहुंच जाता था तो अगले ही पल मन बर्गर खा रहा था, तो दोस्तों के साथ मजे करने के लिए मन

ने क्षण भर में अपना स्थान बदल लिया। कुछ घंटे गुजारने के बाद मैं एक ही सेकंड में हजारों विचारों को एक साथ महसूस करने लगा। जबकि मैं विपश्यना सेंटर आने के पहले से ध्यान कर रहा था, तब भी विचार पलभर में बदल रहे थे। अपने मन को बंदर की तरह इधर-उधर भटकते महसूस कर रहा था, जो एक डाली पर क्षणभर भी नहीं टिक रहा था।

ध्यान के दौरान ही हमें निर्देश मिल रहे थे कि इन विचारों को दृष्टा के तौर पर देखें। अच्छे से अच्छे और बुरे से बुरे विचार पर टिकना नहीं है। उन्हें आने दें और जाने दें। मन में अंदरखाने उथल-पुथल चल रही थी। लेकिन बाहरी तौर पर आती-जाती एक-एक श्वास की पहरेदारी करनी थी। बीतते समय के साथ मन धीरे-धीरे नियंत्रण में आने लगा। सेकंडों में दर्जनों बार उछलकूद करने वाला मन अब 20-20 मिनट तक एक-एक श्वास पर नजर रखने लगा। इस प्रक्रिया को आना-पान क्रिया कहा जाता है।

वहीं, दूसरी ओर हॉल का माहौल ऐसा था कि अगर कोई साधक हॉल के एक कोने से खांसता भी था तो दूसरे कोने में उसकी तीव्र गूंज सुनाई देती थी। मेरे साथ-साथ कई साधक शुरुआत में 3-4 घंटे ही बैठ पाए। हालांकि शिविर के शुरुआती कुछ दिनों में पैर बदलने की इजाजत मिली हुई थी, जो बाद में जाकर और सख्त होने वाली थी।

शिविर का पहला और दूसरा दिन लगभग एक जैसा बीता। करीब 14-14 घंटे ध्यान के अभ्यास के बाद पहली बार मन की चंचलता को बेहद करीब से महसूस किया। यह बात कई बार सुनी थी कि मन ही दौड़ाता है, और शरीर गतिमान हो जाता है।

शिविर में मन को कई अरब-खरब किमी दौड़ते देखा, फिर भी मन थका नहीं। लेकिन इस बार शरीर स्थिर था, ठहराव था। केवल आती-जाती श्वास पर ध्यान देने से मन पर कुछ हद तक लगाम लगाने में कामयाबी जरूर मिली। अब चंचल मन को श्वास के खूंटे से बांध दिया गया था। इस तरह मन भी स्थिर होने लगा।

अंतर्मन की गहराई में दबे हुए राग-विकार अब धीरे-धीरे उभरने लगे थे। वे धीरे-धीरे मन की ऊपरी सतह पर आने लगे। तब महसूस हुआ कि मन की ढेरों पर्तें होती हैं, हर पर्त के धरातल में हजारों राग-विकार मौजूद होते हैं। ध्यान से जितनी गहराई में जाएंगे, नीचे की ओर खुदाई करेंगे, उतने पुराने राग-विकार दबे होंगे। ध्यान क्रिया इन्हीं राग विकारों को मेरे मन के अंदर खोज रहा था और उन्हें विपश्यना की तकनीक के जरिये जड़ से काट रहा था।

शरीर में तरंगों का प्रवाह: विपश्यना के तीसरे दिन बाहरी शरीर के ऊपरी हिस्से से लेकर एक-एक अंग को मन में देखते हुए पैर के अंगूठे तक देखना था। साथ में इस बात पर गौर करना था कि शरीर के जिस हिस्से में ध्यान जा रहा है, वहां किस प्रकार की संवेदना महसूस होती है। उस हिस्से में गर्माहट, ठंडक, झुरझुरी, रूखापन, जैसी कई प्रकार की संवेदनाएं महसूस हो रही थीं। किसी-किसी को एक से ज्यादा संवेदना महसूस हो रहीं थीं। इन संवेदनाओं को महसूस करते शरीर में धीरे-धीरे तरंगों का प्रवाह महसूस होने लगता था।

इधर, तीसरे-चौथे दिन कुछ साधक शिविर छोड़कर चले गए। चूंकि बात करने की मनाही थी तो कोई उनसे कारण के बारे में जान नहीं पाया। लेकिन उनके जाने की मजबूरी को खुद से भी समझा जा सकता था। क्योंकि अकेले रहना, हर 20 मिनट में मोबाइल से खुड़पेंच करने की आजादी से दूर होना, अपने मन की हर बात खुद तक रखना, एक शब्द न बोलना— इसमें से कुछ भी आसान नहीं था। कमजोर इच्छाशक्ति वाले साधकों के लिए यह सजा जैसी हो सकता है।

हॉल में ध्यान के लिए बिछाए गए खाली आसनों को देखकर लग रहा था कि चार-से पांच लोग बीच में शिविर छोड़कर चले गए हैं। शिविर के मध्य दिनों में एक घंटे तक बिना हिले-डुले बैठने का नियम बना दिया गया। इसकी जानकारी लगते ही कई साधकों के माथे पर चिंता की लकीरें खिंच गईं। थोड़ी चिंता मुझे भी हुई। कुछ साधकों की बॉडी लैंग्वेज हताशा जैसी नजर आने लगी। क्योंकि 45 मिनट बमुश्किल ही बैठा जा रहा था। जिसमें से एक-दो बार पैर बदलने की रियायत का खूब फायदा उठाया।

ध्यान के समय शरीर में उठती तरंगें हम सभी पर गहरा असर दिखाने लगीं थीं। एक समय के लिए ऐसा लगा जैसे हॉल में बैठे हुए सभी साधक एक-दूसरे से तरंगों के माध्यम से जुड़ गए हों और हरेक साधक हॉल में मौजूद गुरु जी की तरंगों से जुड़ गया है। हालांकि ये अनुभूति तभी होती थी जब एक घंटे बिना हिले-डुले बैठने की बाध्यता होती थी। ऐसा दिन में तीन बार होता था।

हर साधक से करीब तीन फीट की दूरी पर दूसरा साधक बैठने की व्यवस्था की गई थी। मैं तीन साधकों से घिरा हुआ था। ये साधक इन तरंगों के माध्यम से मुझसे क्षणिक संपर्क में आ गए, हमारी बातचीत नहीं होती थी लेकिन मैं इनके मन को पढ़ने लगा था, यहां तक कि गुरु की अगली गतिविधि को पहले ही भांप लेता था कि वे अब क्या करने वाले हैं।

पूर्वाभास की गतिविधियां बढ़ने लगीं थीं। मेरा पड़ोसी साधक कब उठने वाला है, उसकी किसी प्रकार की हलचल से पहले पता चलने लगा। वह अक्सर एक घंटे की बाध्यता वाला मेडिटेशन कम ही पूरा कर पाया। वह हिलता-डुलता बाद में था, उसकी बेचैन होते मन की तरंगों के संदेश मुझ तक पहले ही पहुंच जाते थे। ये तरंगे मुझे भी विचलित करती थीं। मेरा मन उसके मन से संपर्क स्थापित करने में कामयाब हो चुका था। पता चल जाता था कि वह कब उठने वाला था या कब वह लंबी गहरी श्वास लेने वाला है। उसकी सभी बातें नहीं, लेकिन ध्यान की यह बात जरूर पता चलने लगी थी।

खुद का शरीर भी घड़ी बन चुका था। शरीर बताने लगा था कि कितनी देर से ये बैठा हुआ है। इस अनुभूति की सत्यता आजमाने के लिए कभी-कभी पीछे की दीवार पर टंगी हुई इकलौती घड़ी देख लेता था। 45 मिनट तक ध्यान लगाने में ज्यादा दिक्कत नहीं हुई, लेकिन 45 मिनट के ऊपर का एक मिनट एक घंटे के बराबर लगने लगा। मेरे पैरों का खून का प्रवाह रुक गया। पैर सुन्न पड़ गए। दाएं पैर के घुटने व पंजों में दर्द बेहद तेजी से बढ़ने लगा। ध्यान के हर स्लॉट के बाद शरीर के अलग-अलग हिस्सों में दर्द बढ़ने लगा।

शिविर के छठे दिन पूरे पैर, जांघ, कमर, कंधे में एक दर्जन से ज्यादा दर्द उभर आए। जबकि शरीर के इक्का-दुक्का हिस्से में आम दिनों में दर्द रहता था। हर एक मिनट पर यह दो गुना हो जाता था। बेहद असहनीय पीड़ा हुई। ऐसा लगता था कि पैरों और कमर में कोई डॉक्टर बिना सुन्न करने का इंजेक्शन लगाए ऑपरेशन कर रहा है और वह मांस को चीरता ही जा रहा है। क्योंकि दर्द शरीर के ऊपरी सतह से होते हुए अंदर तक खुदाई करता हुआ महसूस होता था। इस दर्द ने मुझे बेहाल कर दिया था, अच्छा-खासा शरीर लहूलुहान नजर आ रहा था। मन हताश होने लगा था। लग रहा था कि शिविर बीच में ही छोड़कर चला जाऊं। हताशा के कारण शुरू में एक घंटे बगैर हिले-डुले बैठने की क्रिया 50-55 मिनट तक आते-आते टूट जाती थी। इस बारे में सेवा में लगे साधक से चर्चा की, उन्होंने सुझाव दिया कि कोई भी निर्णय लेने के पहले गुरु जी से एक बार बात कर ली जाए। रात नौ बजे के बाद वे साधकों के सवाल के जवाब व्यक्तिगत तौर पर देते हैं। सेवा साधक की बात सुन मैं कमरे में चला गया और कसरत न करने की सलाह जो शिविर के शुरू में दी गई थी, वह छठे दिन नहीं मानी। कमरे में कमर और पैर को आराम देने वाले आसन करने लगा लेकिन कोई आराम नहीं मिला। मैं रात का इंतजार करने लगा।

शिविर की छठी रात की समाप्ति पर मैं गुरु जी से मिला और उन्हें अपनी शारीरिक पीड़ा के बारे में बताया। उन्होंने बताया कि तुममें कोई बेहद पुराना विकार होगा जो अब उभर आया है, यह भी हो सकता है कि यह पुराने जन्मों का विकार हो। यह अच्छा है। जिन घटनाओं को दुख के साथ हमने सहेज कर रखा, वे विकार बन जाते हैं, और जिन घटनाओं में सुख की अनुभूति करते हैं, वे राग बन जाते हैं। विकार कष्ट के साथ उभरे हैं और राग संवेदनाओं के साथ। दोनों में से किसी एक का या दोनों का उभरना अच्छा संकेत है। पुराने राग-विकार खत्म होने का समय आ गया। इसलिए उभरे हुए राग और विकारों को बिना सुख-दुख का अनुभव किए साक्षी भाव से देखो, ताकि नए कर्म न बनने पाएं और पुराने कर्म कट जाएं।

गुरु जी ने आगे बताया कि ध्यान के समय पर शरीर के हिस्सों को जब अलग देखते हो तब कष्ट वाली जगहों पर थोड़ा ज्यादा रुको। फिर उसके बाद ध्यान की प्रक्रिया में आगे बढ़ जाओ। ऐसा करते-करते शरीर की पीड़ा धीरे-धीरे खत्म हो जाएगी। गुरु जी की इस बात पर शुरू में भरोसा करना मुश्किल था, लेकिन यहां बीते समय में किए गए ध्यान का अनुभव काम आया कि बौद्धिक और तार्किक मन से इसे परखो मत। बस उन क्रियाओं को करो और अंतर्मन को इसे जांचने और परखने का अवसर दो, क्योंकि ये चीजें ऊपरी मन की समझ के बाहर हैं।

शिविर के सातवें दिन पता नहीं क्यों महसूस हो रहा था कि अब से एक घंटे बिना विचलित हुए ध्यान कर लूंगा और शाम तक शरीर का दर्द आधा रह जाएगा। ठीक साढ़े चार बजे सभी साधकों के साथ ध्यान क्रिया शुरू हुई। इस बार पहले ही मिनट से संवेदना महसूस होने लगी, जो पहले 10 मिनट बाद हुआ करती थी। गुरु जी की बताई विधि से ध्यान करता गया। लेकिन इस बार शरीर का दर्द 15 मिनट में ही शुरू हो गया, क्योंकि दर्द पर ज्यादा ध्यान दे रहा था।

आधा घंटा बीतते यह दर्द पहले की अपेक्षा दस गुना बढ़ गया। लगने लगा कि एक घंटा नहीं बैठ पाऊंगा। वहीं, दूसरी ओर मेरा पड़ोसी साधक अंदर से बेहद विचलित हो रहा था। उसकी बदलती तरंगों की आवृत्ति मुझे परेशान कर रही थी। फिर भी मैं पूरी दृढ़ता के साथ बैठा रहा। 45 मिनट होते-होते दर्द के कारण मेरा बीपी गड़बड़ाने लगा, अचानक से श्वास की गति बढ़ गई। पसीना छूटने लगा। अब मेरा ध्यान संवेदनाओं से हटकर, शरीर की बिगड़ती गतिविधियों पर जाने लगा। लगने लगा कि अब प्राण छूटने वाले हैं।

शरीर जितना कष्ट दे रहा था, मैं भी उतना ही जिद्दी होने लगा। तय कर लिया कि जिस सत्य की तलाश के लिए अपनी सबसे प्रिय और अच्छी खासी पत्रकारिता की नौकरी छोड़ी, रुतबा त्यागा, उस सत्य की तलाश के लिए प्राण निकलते हों तो अभी निकल जाएं, लेकिन मैं मन को जीतने नहीं दूंगा और पूरे एक घंटे बैठा रहूंगा।

इस दौरान एक चीज महसूस होने लगी कि ध्यान क्रिया के लिए मन और तन का बराबर मजबूत होना जरूरी है। मन विचलित होने पर शरीर तो वैसे ही ध्यान से उठ जाता है, लेकिन अगर मन मजबूत हो और शरीर पीड़ा के कारण कमजोर पड़ने लग जाए तब भी ध्यान करना मुश्किल होता है। खैर, जैसे-तैसे हर सेकंड को बगैर हिले-डुले गुजार रहा था। आखिर के पांच मिनट पांच साल के बराबर महसूस हो रहे थे।

एक घंटे की अवधि खत्म होते ही जब आचार्य गोएनका का ऑडियो क्लिप चलाया जाता था, उसमें श्लोक का पहला शब्द 'अनित्य' होता था। तमाम तरह की शारीरिक पीड़ा से गुजरने के बाद 'अनित्य' शब्द बेहद मधुर महसूस होता था। ये शब्द शरीर में प्राण वायु देने जैसा लग रहा था। साथ ही मन में विजय भाव उत्पन्न होने लगा था, जैसे बहुत बड़ा साम्राज्य जीत लिया हो।

मेरे लिए तो तमाम पीड़ाओं के बाद एक घंटे बैठे रहना जीवन की सबसे बड़ी उपलब्धि लग रही थी। इस एक घंटे बैठने को जीवन-मरण का सवाल बना लिया था। ध्यान खत्म होते ही पैर सीधे करना मुश्किल हो रहा था, लकड़ी की तरह जकड़ गए थे। बमुश्किल खड़ा हो पाया। लेकिन शरीर के दर्द में कोई कमी नहीं थी, बल्कि वह पहले की अपेक्षा कई गुना बढ़ा हुआ महसूस हुआ। सहायक गुरु जी (आचार्य गोएनका ऑडियो के रूप में संदेश देते थे और शिविर के गुरु जी को सहायक गुरुजी कहा जाता था) ने एक घंटे ध्यान के बाद पांच मिनट का विश्राम दिया।

इस बार हॉल के बाहर विजयी भाव से बाहर निकला। खुद पर फतह जैसा महसूस हो रहा था। आत्मविश्वास बढ़ गया था। हालांकि शारीरिक पीड़ा अपना असर छोड़ने को तैयार नहीं थी। वह अपनी जगह और मजबूती से काबिज होती नजर आ रही थी।

पांच मिनट विश्राम के बाद ध्यान केन्द्र में हम लोग फिर हाजिर हो गए। थोड़े आराम के बाद कुछ समय के लिए दर्द का असर जरूर कम हुआ था, इस बार भी लग रहा था दर्द अपना असर दिखाएगा। लेकिन मैं भी जिद्दी था, तय किया कि इस बार भी एक घंटे के पहले नहीं उठूंगा। ध्यान शुरू होते ही मैं उसकी गहराइयों में उतरने लगा। शरीर में मामूली दर्द उठने लगा। मामूली दर्द के साथ मेरी ध्यान क्रिया और गहराई

में जाती रही। इस बार कुछ क्षण के लिए मन विचलित हुआ। लेकिन ज्यादातर समय ध्यान क्रिया में खोया रहा। काफी समय गुजर चुका था, दर्द अब भी बेहद मामूली था। मैं सोच रहा था कि ये दर्द उभर क्यों नहीं रहा है। मैंने उत्सुकतावश आंखें खोल लीं और पीछे मुड़कर घड़ी की ओर देखा। घड़ी को देखते ही मैं आश्चर्य में पड़ गया। उस समय एक घंटे पूरा होने में सिर्फ एक मिनट बचा था। मेरे लिए ये किसी चमत्कार से कम नहीं था।

पहली बार तन और मन ने पूरी निष्ठा के साथ ध्यान किया। कुछ समय पहले जिस बेरहम दर्द से गुजर चुका था, वह काफी हद तक कम हो गया था। शरीर स्वयं समय बन चुका था, जिसे अब वक्त को महसूस करने के लिए घड़ी की जरूरत नहीं थी। गुरु जी की सलाह काम आ गई थी। इस बार जब एक घंटा पूरा होने के बाद हॉल से बाहर निकला तब मन में विजयी भाव नहीं था, इस बार समता का भाव था। यही बुद्ध के मध्यमार्ग का संदेश था, हर परिस्थिति में समता भाव में रहना। लेकिन इस बार यह अंदर से महसूस हो रहा था।

साथ ही मन में लगातार बदलते विचार और शरीर पर बदलती संवेदनाओं को गौर करते-करते ज्ञात हुआ कि हम हर पल परिवर्तन से गुजर रहे हैं, कुछ भी स्थायी नहीं है। सब कुछ बहुत तेजी से बदल रहा है। इस बदलाव को विपश्यना के दौरान और करीब से महसूस किया।

शिविर खत्म होते-होते मेरे शरीर में उभरा दर्द 90 प्रतिशत तक खत्म हो चुका था। मन की शक्ति भी कई गुना बढ़ी हुई महसूस हो रही थी। विपश्यना ध्यान क्रिया में कुछ रोचक घटनाएं भी हुईं। जब मैं ध्यान क्रिया में होता था तो जिस पकवान के बारे में सोचता था वह मुझे ब्रेकफास्ट या लंच में बना हुआ मिलता था। ऐसा एक या दो बार नहीं, कम से कम 95 फीसदी बार हुआ। यहां तक कि गुरु जी किस रंग के कपड़े पहनकर हॉल में आएंगे, इसका पूर्वाभास होने लगा था। मेरा पड़ोसी साधक ध्यान क्रिया में कितनी बार उठेगा, इसके बारे में मेरा मन पहले ही बता देता था। हालांकि ये भी अनित्य है, स्थायी नहीं है।

शिविर के आखिरी दिन हम सबका मौन टूटने वाला था। उस आखिरी दिन की सुबह सभी के चेहरे ऊर्जावान लग रहे थे। सुबह मैत्री आराधना के बाद हम सभी को एक-दूसरे से बात करने की इजाजत दे दी गई। चूंकि नौ दिनों तक एक शब्द भी नहीं बोलने के कारण दसवें दिन खुद-ब-खुद बात करने की इच्छा नहीं हुई। कुछ साथियों से हल्की फुल्की बात हुई, लेकिन उन्हें ज्यादा से ज्यादा सुना।

यह पाया कि शिविर में दो किस्म के लोग आए थे। पहले वे थे जो अध्यात्म के क्षेत्र में जिज्ञासा रखते थे और नया सीखना चाहते थे। दूसरे वे लोग थे जो मानसिक तौर पर बेहद परेशान थे और कई तरह के कर्मकांड, पूजापाठ और चिकित्सीय पद्धति से गुजरने के बाद भी उनकी मानसिक परेशानी कम नहीं हो रही थी। कई तो जादू-टोना आजमाने की हद तक चले गए थे। ऐसे लोगों की संख्या शिविर में ज्यादा थी। हर जगह से हताशा झेल चुके ऐसे लोगों को इस शिविर से अपार शांति की अनुभूति हो रही थी। उन्हें उस शांति को बयां करने के लिए शब्द नहीं मिल रहे थे, लेकिन उनके चेहरे की भावभंगिमा उनके अहसास को झलकाने के लिए काफी थी।

सत्य की तलाश में रौबदार नौकरी छोड़ चुका था, लेकिन अब तक ये पता नहीं था कि सत्य की तलाश कैसे करनी है। हालांकि मेरे नेपाल के गुरु जी के दिशा-निर्देश पर मैं धीरे-धीरे आगे बढ़ रहा था। लेकिन कुछ कमी खल रही थी। इस कमी की भरपाई कुशीनगर में बुद्ध के निर्वाण स्थल पर जाकर हुई। बुद्ध के असल निर्वाण स्थल के करीब में ही एक मंदिर बनाया गया है, जिसमें भगवान बुद्ध की लेटी हुई मूर्ति के दर्शन किए। वहां की ऊर्जा ने मुझे कुछ समय वहीं बैठकर ध्यान करने के लिए प्रेरित किया। मैं कुछ मिनट के लिए भगवान बुद्ध के पैर की ओर बैठ गया और वहां की ऊर्जाओं को महसूस करने लगा।

ध्यान से उठकर मंदिर के बाहर जाने लगा। वहां एक भिक्षु माला का जाप कर रहे थे। उनका मस्तिष्क चपटा था। उनके मस्तिष्क का दायां हिस्सा किसी दुर्घटना में क्षतिग्रस्त हो गया था, जिसे निकालना पड़ा था। वे ज्यादा बात नहीं करते थे। उन्हें प्रणाम कर मंदिर से पार्किंग की ओर बढ़ने लगा। अंदर से आवाज उठ रही थी कि अपने अनुभव और ज्ञान को दुनिया को बांटो, उनका कल्याण करो। इस आवाज की कोई ध्वनि नहीं थी लेकिन स्पंदन की तीव्रता बहुत थी। मेरा दिमाग आगे रास्ता खोजने लगा। मेरे पास दूसरों तक अपना अनुभव और ज्ञान बांटने के लिए एक ही चीज मौजूद थी, वह थी मेरी लेखनी और पत्रकारिता का अनुभव। इसी माध्यम से मैं ज्यादा से ज्यादा लोगों तक अपने अनुभव और ज्ञान का साझा कर उनके कल्याण के लिए प्रयास कर सकता हूं।

पार्किंग स्थल तक पहुंचते-पहुंचते दिमाग में किताब लिखने का विचार बो दिया गया था। यह मेरे लिए कठिन टास्क था– मैंने किताब कभी नहीं लिखी थी और न ही ज्यादा किताबें पढ़ी थीं। किताब लिखने का न अनुभव था और न ही किताब पढ़ने की आदत। फिर भी अंदर की आवाज का सम्मान करते हुए उस बहाव में बहना तय किया।

आगे आने वाले अध्याय में आप पढ़ेंगे कि किताब लिखना तो मन ने तय किया लेकिन यह निश्चय बेहद कठिन होने वाला था। शुरू में लग रहा था कि इसे मैं एक महीने में खत्म कर सकता हूं लेकिन इसकी दिशा तलाशने में ही कैसे जंगल में दिन बिताने पड़े और सांप-बिच्छुओं ने कैसे आसपास डेरा डाल लिया, और जंगल के पेड़ों ने कैसे अपनी ऊर्जा प्रदान की।

अध्याय - 15

जंगल में सांप-बिच्छुओं के बीच मिली किताब लिखने की दिशा

ध्यान की अनुभूति पर किताब लिखने का विचार दिमाग में जन्म ले चुका था। लेकिन इसकी दिशा नहीं मिल रही थी। इसलिए तय किया कि परिवार से दूर एकांतवास में ध्यान क्रिया के साथ मंथन किया जाए। क्योंकि इसमें सबसे बड़ी चुनौती आपके अंदर की अनुभूति को शब्द देने की थी। ये अनुभूतियां खुद के अनुभव में, विचार और आचरण में समा जाती हैं, लेकिन दूसरों को बताने के लिए शब्दों का मिलना अत्यंत कठिन होता है। भोपाल जाकर एकांतवास में ध्यान कर खुद से किताब लिखने की दिशा तलाशने की कोशिश की। कुछ अध्याय लिखे भी लेकिन संतुष्टि का भाव नहीं जागा।

मैं प्रकृति में मौजूद तमाम सकारात्मक ऊर्जाओं से सही दिशा दिखाने के लिए प्रार्थना कर रहा था। लेकिन सही दिशा नहीं मिल रही थी। दूसरी ओर कोरोना के केस भोपाल समेत पूरे भारत में बढ़ने लगे। अप्रैल 2021 के दूसरे हफ्ते में भोपाल कोरोना की दूसरी लहर की चपेट में आ चुका था। इसलिए मैंने यहां लॉकडाउन लगने से पूर्व निकलने की तैयारी कर ली। मेरा अंदेशा सही साबित हुआ।

मैं किताब की दिशा तलाशे बगैर वापस उरई नहीं जाना चाहता था। इसलिए मैंने अपने परिचित रिश्तेदार से ललितपुर जिले के पाली कस्बे में रहने के इंतजाम के बारे में पूछा। उन्होंने हामी भरते हुए कहा, आ जाओ सब इंतजाम हो जाएगा। ललितपुर पहुंचकर उन्होंने मुझे एकांतवास में ध्यान के साथ किताब लिखने के कई विकल्प बताए। उनमें से विंध्याचल पर्वत श्रृंखला के जंगल में बने मंदिर में रहने का जुगाड़ कुछ रास आ गया। वहां जाने के पहले रोजमर्रा की जरूरतों की उपलब्धता के बारे में पता नहीं था। जंगल में सीतामढ़ी नाम का एक छोटा सा मंदिर है, जिसकी देखभाल एक जटाधारी संत करते थे। दोपहर में गर्मी के कारण दिन भर में इक्का-दुक्का लोग आते थे। पानी के लिए आधा किमी दूर पहाड़ के नीचे प्राकृतिक झरने पर जाना पड़ता

था। वहीं पेट हल्का करने के लिए लोटे के सहारे घने जंगल में रुख करना पड़ता था। मंदिर में कोई पंखा नहीं था। दिन में चलने वाली गर्म लपट जब पसीने में भीगे बदन पर पड़ती थी तो एसी का अहसास दिलाती थी।

रात का मौसम दिन से उलट था। रात एक बजे जंगल का मौसम बेहद ठंडा हो जाता था। रजाई ओढ़ने की नौबत आ जाती थी। खाने का इंतजाम मंदिर के बाबा महंत चेतन दास महाराज जी करते थे। घर में बनने वाली चार रोटी के बराबर एक रोटी हाथ से थापकर बनती थी। इन मोटी रोटी को स्थानीय भाषा में गक्कड़ कहा जाता है।

यहां सब्जी भी बेहद सतरंगी बनती थी। अरहर की दाल, राजमा, टमाटर, प्याज, बैंगन, कद्दू, गोभी, आलू के अलावा अगर कोई सब्जी मंदिर में उपलब्ध हो तो इसे मिलाकर एक सब्जी बनती थी। खाने की सामग्री भक्तों द्वारा बाबा जी को प्रसाद के रूप में भेंट कर दी जाती थी। खाना एक ही बार बनता था इसलिए तीन से चार गक्कड़ का नाश्ता-भोजन एक साथ ही हो जाया करता था। शुरू-शुरू में जंगल में रुकने में डर लगा, क्योंकि कई किमी तक सिर्फ यही इन्सानी इमारत यानी मंदिर मौजूद था। जंगली जानवरों का डर, सो अलग था।

यहां किसी बाघ के किस्से के बारे में जंगल खुद बयां करते हैं। सांप-बिच्छुओं की ये पसंदीदा जगह थी। यानी इस बार पूरी तरह प्रकृति की गोद में था। इस बार प्रकृति के साथ तालमेल कुछ इस तरह बना। इन्सान और जानवर खाना खाने के लिए एक ही बर्तन का इस्तेमाल करते थे। जिस भगोने में बाबा जी कुत्ते को खाना खिलाया करते थे, उसी भगोने में बाबा जी चाय बनाकर हमें बेहद प्रेम से पिलाते थे। उनका ये प्रेम पहले थोड़ा अजीब लगा, फिर आदत पड़ गई।

शुरुआती कुछ दिन में किताब लिखने की दिशा नहीं मिली। मंदिर के महंत बाबा करीब 25 साल से वैरागी जीवन व्यतीत कर रहे थे। वे मंदिर की सेवा करने के साथ-साथ ध्यान भी करते थे। घर से किताब लिखने की बात कह कर निकला था, लेकिन 10 दिन बीतने के बाद भी किताब लिखने की सही दिशा नहीं मिल रही थी। एक दिन किताब लिखने पर मंथन कर रहा था। मंदिर के दरवाजे पर बैठ पेड़ों को निहार रहा था। बाबाजी से किताब लिखने में सहयोग करने की प्रार्थना मन ही मन कर रहा था।

बाबा जी ने मेरा चेहरा देखा। आमतौर पर कम बोलने वाले बाबा जी इस बार खुद को रोक नहीं पाए। उन्होंने पूछा, उलझन में हो, मैंने कहा 'हां। मैंने उन्हें आध्यात्म पर किताब लिखने के बारे में बताया। साथ ही कहा कि तमाम प्रयासों के बाद दिशा नहीं

मिल रही है। बाबा जी ने सिर्फ यही सवाल नहीं सुना, उन्होंने मेरे अंदर झांककर गहराई को समझने की कोशिश की। उन्होंने कहा सब्र रखो, जल्द प्रकृति रास्ता दिखाएगी। ढेर सारे कई अनुभव उन्होंने साझा किए। लेकिन उनकी एक बात ने मेरी बाधा समाप्त कर दी।

उन्होंने कहा कि इसी सांसारिक दुनिया में रहते हुए तुम्हें सत्य की तलाश करनी चाहिए न कि इसे छोड़कर। बात बेहद साधारण थी, यही बात मेरे नेपाल वाले गुरु जी ने भी कही थी। लेकिन जब एक सच्चे संत ने प्रत्यक्ष रूप से सामने से बात कही तो यही बात असाधारण लग रही थी। ऐसा लग रहा था कि मानो उन्होंने अपनी तपस्या से संरक्षित की हुई ऊर्जा के कुछ अंश अपने शब्दों के माध्यम से मुझमें प्रवाहित कर दिए। बाबा जी की बातों से शरीर में स्पंदन पैदा हो रहा था। लग रहा था कि आगे की व्याधियां-बाधाएं अपने आप खत्म हो रही हैं। वह शाम पिछले डेढ़ हफ्ते की सबसे शानदार शाम थी। उस रात बेहद गहरी नींद आई।

अगले दिन जैसे ही उठा, पहला काम हाथों ने लैपटॉप खोलने का किया। उस सुबह मैं, 'मैं' नहीं कोई और था। दिमाग और हाथों की उंगलिया ऑटो मोड पर आ चुकी थीं। शब्द को सोचते ही उंगलिया लैपटॉप पर नाचने लगीं। लैपटॉप पर उंगलियां नाचने की गति इतनी तेज हो गई कि लग रहा था कि उंगलियां ही सोच रहीं और उंगलिया ही टाइप भी कर रहीं हैं।

पहली बार महसूस हुआ कि मस्तिष्क के अलावा शरीर के अन्य अंग भी जरूरत पड़ने पर खुद को निर्देश देते हैं। अब किताब लिखने की दिशा मिल चुकी थी। जब पहला अध्याय खत्म हुआ तब मुझे खुद पर यकीन नहीं हुआ। उस सुबह जीवन में पहली बार मैंने तीन घंटे में पांच हजार शब्द टाइप किए थे। खुद यह प्रदर्शन मुझे चौंका रहा था। इस बार लिखने में आनंद आया और पढ़ने में भी। आखिरकार करीब दो हफ्ते की खोज के बाद किताब लिखने की शुरुआत हो चुकी थी।

किताब के दो अध्याय खत्म होने के बाद मैंने कुछ दिन ध्यान क्रिया और स्वाध्याय पर फोकस किया। बाबा जी भी अपने तरीके का ध्यान करते थे। एक रोज मैंने उनसे पूछा– "बाबा जी, आपने लगभग अपना पूरा जीवन ईश्वर की खोज में निकाल दिया, क्या आपको कभी दर्शन हुए?"

उन्होंने अनुभव बताते हुए कहा, "मेरे गुरु ने मुझे जलते हुई दीपक से कई ध्यान तकनीक बताई थीं। मैं इन्हीं ध्यान क्रियाओं को करता हूं। शुरू-शुरू में ध्यान करते

वक्त हवा में उड़ने जैसा अनुभव होता था, जबकि मेरा शरीर जमीन पर रहता था। इस तरह के कई और शारीरिक और मानसिक अनुभव के बाद आपकी असली परीक्षा शुरू होती है। अबकी बार ईश्वर के दर्शन के भाव से ध्यान शुरू किया तो कई घंटों तक दीपक को बगैर पलकें झपकाए एकटक देखता रहता था। कई महीनों तक इसी तरह का ध्यान करते-करते दीपक से ही सांप, बिच्छू, छिपकली, कातर जैसे रेंगने वाले जीव निकलते हुए महसूस हुए। ये सिर्फ आभासी रूप से दीपक से निकल रहे थे। लेकिन फिर भी कुछ दिनों तक मैं इनसे डरता रहा। कई बार बैठे- बैठे महसूस होता कि दीपक से सांप निकलकर पीठ से चढ़ते हुए सिर पर बैठ गया। अब मैं डर के कारण हिल भी न पाऊं। इस बीच अनुभूति होनी भी शुरू हुई।"

"ईश्वर के प्रत्यक्ष दर्शन के भाव से ये ध्यान क्रियाएं होने के कारण अंदर से रह-रह कर आवाज आ रहीं थीं, अंतरात्मा से संदेश मिल रहा था कि जब तुम इन रेंगने वाले जीवों से डर रहे हो, जो तुम्हारे शरीर के आकार से काफी छोटे हैं, तो तुम मेरे विकराल रूप को कैसे देख पाओगे। मैं सांप और बिच्छु से भी भयानक रूप में तुम्हारे सामने आ जाऊं तो तुम्हारी क्या हालत होगी। खुली आंखों से उस ईश्वर के दर्शन की कल्पना कर रहे हो, जिसने पूरी सृष्टि बनाई। उसके रूप की कल्पना मात्र से ही तुम अपनी सुध-बुध खो दोगे। बेहतर यह है कि मुझे खुली आंखों से देखने की बजाए मुझे अपने अंदर खोजो। मैं तुम्हारे साथ आत्मा के रूप में तुम्हारे अंदर हूं। खुद की खोज ही तुम्हें मुझ तक पहुंचा देगी। अंदर से मिले रहे इन संदेशों को मैंने प्रभु का आदेश मान लिया।"

मैंने उनसे अगला सवाल किया, "तो क्या आपको अपने अंदर ईश्वर के दर्शन हुए?"

इस पर उन्होंने मुझसे कहा अभी यह कहना कठिन है, लेकिन ईश्वर तक पहुंचने का रास्ता जरूर मिल गया। इस जन्म की शायद यही मेरी सबसे बड़ी उपलब्धि है।

जंगल में मेरे और बाबा जी के साथ एक समाजसेवी भी रात में रुकते थे। इनका नाम था विजय सिंह निरंजन। पेशे से वकील होने के कारण लोग इन्हें वकील साहब के नाम से भी पुकारते थे। अपने साढ़े छह दशक के जीवन में इन्होंने डाकुओं से मुकाबला कर कई गांवों को भयमुक्त कराया था। इनके समाज सुधार के कारनामों के किस्से बुंदेलखंड में मशहूर हैं। समाजसेवा के लिए इन्होंने अपना पूरा जीवन वंचितों को समर्पित कर दिया। ललितपुर में रहकर इन्होंने सहरिया आदिवासी बच्चों की शिक्षा पर खूब काम किया। मेरे आग्रह पर इन्होंने अपने कुछ साथियों के साथ कुशीनगर में विपश्यना केन्द्र में ध्यान क्रिया के दस दिन के शिविर में हिस्सा लिया था। उस शिविर

के बाद से इनका रुझान भगवान बुद्ध की ओर और हो गया। ये हमारे साथ मंदिर में रात काटते और सुबह कसरत के साथ भगवान बुद्ध के बताए सत्य के मार्ग पर चर्चा करते। इनसे चर्चा के बाद यह अनुभव हुआ कि आध्यात्मिक हुए बगैर अपने अंदर के खालीपन को नहीं भरा जा सकता है।

सांप का डर : जंगल और योग के बारे में कुछ किंवदंतियां सुनीं थीं, लेकिन यहां रहकर उनका सामना भी किया। अक्सर सुनते हैं कि जहां साधक ध्यान क्रिया करते हैं, वहां सांप-बिच्छू साधक की ओर आकर्षित होते हैं। इनसे मुझे काफी डर लगता था। मंदिर में रहकर ही मैं ध्यान करता था। और कभी मंदिर के बाहर किसी पेड़ के नीचे ध्यान कर लेता था। ध्यान खत्म होने के बाद मैंने कुछ इंच की दूरी से कई बार सांप और बिच्छुओं को निकलते देखा। लेकिन इन्होंने कभी नुकसान नहीं पहुंचाया। इस बारे में बाबा जी ने बताया कि जंगल के छोटे से छोटे प्राणी को अपने परिवार का सदस्य मान लो, वे तुम्हें न डराएंगे न नुकसान पहुंचाएंगे। इसके विपरीत वे तुम्हारी मदद ही करेंगे। तुम्हारे मन में उनसे प्रेम का भाव होना चाहिए। उनकी इस टिप ने काम भी किया।

शाम को मंदिर के पास दो कुत्ते आ जाते थे, जिन्हें बाबा खाना खिलाते थे। शुरू में ये कुत्ते मुझ पर भौंकते थे, लेकिन जब बाबा की सलाह पर ध्यान दिया तो माहौल ही बदल गया। एक-दो दिन बाद इनसे बहुत अच्छी दोस्ती हो गई, रात में कई बार शौच के लिए लोटा लेकर जंगल का रुख करना पड़ता था, तो यही कुत्ते खुद-ब-खुद साथ चल देते थे। इनका साथ चलना सुरक्षा का भाव प्रदान करता था।

कुत्तों की खासियत होती है कि जमीन पर रेंगने वाले जानवर को अंधेरे में भांप लेते हैं। जब तक मैं शौच के लिए जंगल में पेड़ों के बीच बैठा रहता, तब ये कुत्ते भी घुप्प अंधेरे में दूरी पर खड़े रहते थे। जब उठकर चल देता तो ये फिर गार्ड की तरह मेरे आगे हो जाते थे। ये रोज का सिलसिला बन चुका था। कुछ दिन जंगल में गुजारने पर मेरे अंदर का भय खत्म होने लगा। शाम को जंगल में टहलने के लिए नंगे पैर ही निकल जाता था। कुछ सांप बिच्छू दिखे भी या तो उन्होंने रास्ता बदल लिया या मैंने। इनके लगातार संपर्क में रहने से महसूस हुआ कि ये अपनी ऊर्जाएं मुझे स्थानांतरित कर रहे हैं। शायद इन्हीं ऊर्जाओं के कारण मेरा जंगल में रहने का भय खत्म हुआ, अनजान भी दोस्त बन गए। जंगल अपनी हर चीज से प्रेम करना सिखा रहा था।

करीब एक हफ्ता गुजारने के बाद मन में छप्पन भोग का ख्याल आया, क्योंकि घर का खाना खाए हुए दो हफ्ते से ज्यादा हो चुके थे। मैंने इस ख्याल को इस तर्क के साथ मार दिया कि 'जंगल में मंगल' फिल्मों में होता है, असल जिंदगी में नहीं। वहां पाली का मदन नाम का युवक आया। उसने मंदिर की सेवा स्वरूप भोजन बनाने की इच्छा बाबा जी से प्रकट की। बाबा जी ने उसे जरूरी सामान दिया। उस भक्त ने पूरी श्रद्धा से भोजन बनाया। अरहर की दाल, हरी धनिया-मिर्ची की चटनी, रायता, आलू की सूखी सब्जी, चावल और रोटी थाली की शोभा बढ़ा रहे थे। बहुत दिनों बाद इतने आइटम एक थाली में देख रहा था। उस खाने के बारे में सोचकर आज भी मुंह में पानी आ जाता है। मेरे लिए ये किसी छप्पन भोग से कम नहीं था। तब महसूस हुआ कि अगर भाव अच्छे हों तो जंगल में मंगल भी हो सकता है।

जंगल में रहने के बाद मुझे इस बात का अनुभव हो गया कि आपके भाव के मुताबिक प्रकृति आपकी मदद करती है। जंगल में खान-पान से लेकर रोजमर्रा की जरूरतों की पूर्ति कैसे होगी, वहां के विषैले और आदमखोर जीव से कैसे सुरक्षित रहूंगा, घनघोर जंगल के बीच एक छोटे से मंदिर में रात में कोई लुटेरा आ जाए तो उससे कैसे बचेंगे? इस तरह की आशंकाएं और डर ललितपुर आने के पहले से थे, लेकिन इन सबसे भी प्रबल भावना यह थी कि मुझे अपनी किताब लिखने के लिए दिशा खोजनी है, अच्छी शुरुआत करनी है।

जंगल में प्रवेश करने के बाद ये सभी चिंताएं स्वत: मिट गईं। प्रकृति इतनी मददगार साबित हुई कि उसने मेरी शारीरिक और रोजमर्रा की जरूरतें भी पूरी की और किसी भी तरह की अनहोनी का आभास तक नहीं होने दिया। प्रकृति की गोद में ही मुझे किताब लिखने की दिशा भी मिल गई। जबकि यहां आने के पूर्व भोपाल में अपने फ्लैट पर करीब डेढ़ हफ्ते रुका रहा। यहां किताब के कुछ चैप्टर लिखने के बाद संतुष्टि नहीं हो रही थी। करीब आधा दर्जन चैप्टर लिखने के बाद, उन्हें मिटाकर फिर लिखा। फिर भी संतुष्टि नहीं हुई, इन्हें फिर मिटाया। इस तरह करीब आधा दर्जन बार कई चैप्टर लिखे और मिटाए। कांक्रीट के जंगल में अपार सुविधाओं के बाद भी सही दिशा नहीं मिल पाई, वहीं प्राकृतिक घने-पेड़ पौधों से बने जंगल में बेहद अल्प सुविधाओं में रहते हुए सही दिशा भी मिल गई।

अध्याय - 16

पूर्वाभास से जाना, कोरोना होगा : बच गई परिवार की जान

अप्रैल-मई 2021, कोरोना की दूसरी लहर अपने चरम पर थी। चारों तरफ त्राहिमाम मचा हुआ था। श्मशानों और कब्रिस्तानों में कोरोना से मरने वालों की लाशों की लाइन लगी हुई थी। मौत अपना तांडव दिखा रही थी। वहीं समाज के गिद्ध भी उड़ान भर रहे थे। अंतिम संस्कार की सामग्री कई गुना महंगी हो चुकी थी। कोरोना से अपनों को खो चुके परिजन तन, मन, धन से खाली हो चुके थे। हिन्दुओं ने अपनी परंपराओं से अलग होकर अपनों की मृत देह को दफनाया।

राजनीति का वीभत्स चेहरा भी देखने को मिल रहा था। सरकारों की चिंता लोगों की जान बचाने की नहीं, बल्कि खुद की लाज बचाने की थी, सरकार चाहे किसी भी राजनैतिक दल की हो। चारों तरफ मानवता शर्मसार थी। गांव से लेकर शहरों तक कोरोना से संक्रमित होने और उससे मौत की जानकारी सरकार और जनता, दोनों ही छुपा रही थी। कोरोना अपनी रफ्तार में और सरकारें चुनाव कराने में मदहोश थी।

पं. बंगाल विधानसभा और उत्तर प्रदेश में प्रधानी की चुनावी रैलियां और जुलूस गांव-गांव में निकाले जा रहे थे। सरकार और जनता की सामूहिक लापरवाही से अब तक संक्रमण से अछूते रहे गांवों तक कोरोना पहुंच चुका था। इन्हीं कारणों से देश को कोरोना की दूसरी लहर का सामना करना पड़ा।

मैं भी दूसरी लहर की चपेट में कुछ इसी तरह के कारणों से आ गया।

20 अप्रैल को कहीं जाते वक्त मुझे अनुभूति हुई कि मैं दो दिनों के अंदर किसी कोरोना पॉजिटिव के संपर्क में आने वाला हूं। इस तरह का पूर्वाभास होना अब आम हो चुका था। इनसे यह अनुभव हुआ कि आप भले ही भविष्य के कुछ पल देख लें, लेकिन उस घटना को बदल नहीं सकते। इसलिए जो भी होने वाला है, उन्हें सहज स्वीकार करो।

मेरे एक मित्र का फोन नहीं उठ रहा था। यह वो दौर था, जब किसी साथी की प्रतिक्रिया न मिलने पर अलग तरह की अनहोनी की आशंका पैदा हो जाती थी। उसकी ड्यूटी कोरोना मरीजों के बीच लगाई गई थी। खैर, खैरियत पूछने के लिए मैं सीधे उसके गांव पहुंच गया। इस वक्त तक पूरे उत्तर प्रदेश में ग्राम प्रधानी के चुनाव के नामांकन शुरू हो चुके थे। इस कारण गांवों के घर-घर तक कोरोना पहुंच चुका था। गांव के लोग भी प्रशासन द्वारा क्वारंटीन किए जाने के डर से लक्षण दिखने के बाद भी कोरोना टेस्ट नहीं करवा रहे थे।

अपने दोस्त के गांव पहुंचा तो घर के बाहर ही उनके पिता जी टकरा गए। उन्होंने वहीं बैठा लिया। तब तक मुझे पता नहीं था कि मेरे दोस्त के परिजन कोरोना पॉजिटिव हैं और वह घर के अंदर आइसोलेट हैं। घर के बाहर स्वागत सत्कार हुआ। जब अपने दोस्त से मिलने अंदर पहुंचा, तब उसने बताया कि दूर से बात करो क्योंकि हमारे घर में एक परिजन कोरोना पॉजिटिव है। जिस कमरे में उनके परिजन आइसोलेट थे, उसके बगल में ही रसोई थी, वहीं से चाय-नाश्ता बनकर आया था। कुछ सेकंड के लिए स्तब्ध रह गया। फिर खुद ही संभल गया।

मुझे इस खतरे का आभास पहले हो चुका था। इसलिए पुराने पूर्वाभासों का अनुभव यहां काम आया। मैं घबराया नहीं, न ही डरा। मन में आया जो होना होगा, देखा जाएगा, बस प्रोटोकॉल फॉलो करेंगे। खुद के साथ-साथ परिवार के अन्य लोगों को सुरक्षित रखना है। इसलिए घर (उरई) आते ही मैंने कपड़े उतारे, उन्हें अलग किया। गर्मी के मौसम में 45 डिग्री के तापमान में गर्म पानी से नहाया। ताकि बाहरी रूप से वायरस मुझ से अलग हो सके। इसके बाद मैं अपने घर की छत पर बने स्टोर रूम में आइसोलेट हो गया। सोचा था कि अगर चार दिन में किसी प्रकार के लक्षण नहीं उभरे तो परिवार के साथ रहने लगूंगा।

हमारा संयुक्त परिवार था। परिवार के 20 लोग आज भी एक ही छत के नीचे रहते हैं। एक साल की बच्ची से लेकर 80 साल के बुजुर्ग तक सब एक साथ। पूर्वाभास के कारण मुझे यकीन था कि इन्हें कुछ नहीं होगा। फिर भी पूरी एहतियात बरती।

आईसोलेशन के दूसरे ही दिन लक्षण दिखने शुरू हो गए। अंदर से अजीब तरह की कमजोरी महसूस होने लगी। आमतौर पर ऐसी कमजोरी बुखार से ठीक होने के बाद महसूस होती है। लेकिन यह कमजोरी बुखार से पहले की थी। इसलिए मुझे कोरोना पॉजिटिव होने का यकीन हो गया। साथ ही यह भी भरोसा जाग गया कि तीन-चार दिन

में कोरोना के लक्षण खत्म हो जाएंगे। मेरी पत्नी बार-बार कहती रही कि तुम्हें कोरोना होने का सिर्फ वहम है। अगर तुम्हें लगता है तो टेस्ट क्यों नहीं करवाते हो। मैं उसको अपने पूर्वाभासों के बारे में क्या कहानी बताता। मैं सिर्फ चुप रहा। टेस्ट करवाने का मतलब था कि पूरे परिवार को दो हफ्ते के लिए बेवजह तनाव में डालना।

पत्नी के बार-बार दबाव डालने पर मैंने कोरोना टेस्ट करवा लिया। एक घंटे में कोरोना पॉजिटिव होने का रिजल्ट आ गया। इसके बाद मैं सरकारी प्रक्रिया का हिस्सा बन गया। जिला प्रशासन से कॉल आने शुरू हो गए। उनके लोग सर्वे के लिए आने लगे। जिसकी आशंका थी, वही हुआ। घर के अन्य लोग तनाव में आ गए। मैंने उन्हें कुछ न होने का यकीन दिलाने के लिए अपने पिताजी का सहारा लिया। उन्हें अपने पूर्वाभास के रहस्य के बारे में बताया। और उन्हें बताया कि वे घर वालों को बगैर ये राज खोले यकीन दिलाएं कि उन्हें कुछ नहीं होगा। उनकी रिपोर्ट निगेटिव ही आएगी।

अगले दिन प्रशासन की ओर से कांटेक्ट ट्रेसिंग टीम ने हमारी गली में दस्तक दी। घर के साथ-साथ गली के सभी लोगों का सेंपल लिया गया। सभी की एंटीजन रिपोर्ट निगेटिव आई, और आरटीपीसीआर का रिजल्ट छह दिन में आया। एंटीजन रिपोर्ट के बाद सब ने राहत की सांस ली। इस बीच मैं आइसोलेशन के प्रोटोकॉल का पालन बेहद सख्ती से कर रहा था। भले ही मुझे पूर्वाभासों की श्रृंखलाएं लगातार दिख रहीं थीं, लेकिन अपने भौतिकवादी कर्म को भी साथ निभाता रहा। मुझे अनुभूतियों से भी अनुभव हुआ था, भले इंसान भविष्य की घटना को देख ले, लेकिन अपने कर्म से खुद पर पड़ने वाली उस घटना के असर को कम, ज्यादा या स्थिर कर सकता था। घटना बदलना इन्सान के हाथ में नहीं है, उसका कुछ असर बदलने का विकल्प जरूर इन्सान के हाथ में है।

जागते-जागते अनुभूति : कोरोना वायरस अपना असर दिखाने लगा था। हल्की खांसी, जुकाम, बुखार, कमजोरी शरीर को जकड़ने लगी, जिस कारण मैं ध्यान करने में अक्षम था। मैं जिस स्टोर रूम में आइसोलेट था, उसकी छत लोहे की चादर की थी। जिसकी ऊंचाई मेरे सिर से सिर्फ दो फीट ऊपर ही थी। दिन में वह भट्टी की तरह तपता था। कमरे की गर्माहट लोटे में रखे पानी को प्राकृतिक रूप से गुनगुना कर दे रही थी। कमरे में कोई पंखा या कूलर नहीं था। फिर भी उस गर्मी में रहना सहज था।

मुझे भी नहीं पता था कि ऐसा कैसे हो रहा है लेकिन मैं उस माहौल में आनंदित महसूस कर रहा था। शरीर पर पसीने की बाढ़ आती थी, लेकिन इससे मैं परेशान नहीं

हुआ। बेहद सहज रहा। कोई कष्ट नहीं। ध्यान न करने के बाद भी अंदर से आनंद का प्रस्फुटन हो रहा था। ऐसा लग रहा था जैसे अंदर से आनंद का फव्वारा फूट रहा हो।

वहीं, मरने वाले की खबर सुन ऐसी संवेदना जागती जैसे कोई परिवार का सदस्य चला गया हो। संवेदना और आनंद की समानांतर लहर बहते साफ महसूस कर रहा था। भोर के आसपास चिड़ियों की चहचहाहट से नींद टूटती थी, तब सवेरे की रोशनी आने में देर ही होती थी, अंधेरे-उजाले की संधि पर...।

शरीर की अस्वस्थता के कारण ध्यान अब भी नहीं हो पा रहा था। लेकिन मेरी आंखों ने किसी भी चीज को ध्यान से देखना शुरू कर दिया। दिमाग उसे ध्यान से समझने लगा। आसपास की हर हरकत पर स्वत: ही गहराई से ध्यान देने लगा। ये अपने आप हो रहा था। मुझे चलते-फिरते ध्यान की अनुभूतियां हो रहीं थीं, जो कभी बैठकर आंखें बंद करके होती थीं।

भोर पूर्व तीन बजे चिड़ियों की आवाज से उठकर छत पर टहलने लगा। मेरे घर के ठीक नीचे बैठा कुत्ता भौंकता मिलता था। शायद मेरे जागने से पहले ही भौंकने लगता था। उसने हमारी गली में अलग ही साम्राज्य बना लिया था। उससे दोस्ती किए बगैर गली में रहना मुश्किल था। रात में भौंकने के कारण वह कई लोगों की नींद हराम कर रहा था। लेकिन मुझे उसके भौंकने से कभी दिक्कत नहीं हुई।

उस सुबह जब मैं सोकर उठा तो दो मकान छोड़कर एक युवक अपनी गैलरी में खड़ा था। कुत्ते से उसकी दूरी मुझसे पांच गुना ज्यादा थी। कुत्ते के भौंकने के कारण वह रात को सो नहीं पा रहा था। और मैं हमेशा की तरह सुबह टहल रहा था और चिड़ियों की आवाज को ध्यान से सुन रहा था। जबकि युवक अपनी गैलरी से छोटे-छोटे पत्थर कुत्ते को मार रहा था। लेकिन दूरी के कारण उसका निशाना चूक रहा था...और कुत्ते का भौंकना जारी रहा।

युवक ने मुझे छत पर खड़ा देख कहा, "देखो भैया, कुत्ता भौंक रहा है, मैं सो नहीं पा रहा हूं।"

मैंने कहा, "तुम उसके भौंकने को संगीत का हिस्सा मानकर सो जाओ, ये तुम्हारे लिए संगीत की तरह काम करेगा और नींद आ जाएगी।"

उसने मेरी बात को मजाक में लिया और रूम में चला गया और फिर वापस गैलरी में नहीं आया। शायद नींद आ ही गई।

अगली सुबह मैंने अपने चाचा को कुत्ते के पीछे डंडा लेकर दौड़ते हुआ देखा। उन्होंने कुत्ते को एक-दो धर भी दिए। यह नजारा मैं छत से देख रहा था। फिर भी कुत्ते का अगली कई रातों तक भौंकना जारी था। मैंने इन घटनाओं को सिर्फ साक्षी भाव से कुछ समय तक गौर किया। उसके साथ कोई भावना नहीं जोड़ी। अंदर से सवाल उठा, आखिर कुत्ते के भौंकने की आवाज मुझ से दूर रहने वाले को परेशान कर रही है, लेकिन मैं उसके भौंकने पर भी सहज क्यों हूं? तब, जबकि कुछ रात पहले उसने मेरी गाड़ी का कवर भी फाड़ दिया था। फिर भी उसकी करतूत मुझे सहज लग रही थी। इसका जवाब भी अंदर से मिला।

अब तक मैं अपनी अनुभूतियों से कर्म को समझ चुका था। हमारे आसपास छिपकली, पेड़-पौधे, कीड़े मकोड़े, पड़ोसी, जानवर, दोस्त, रिश्तेदार होने का कारण है। पिछले या इस जन्म के हमारे कर्म के कारण ये सब हमारे पास हैं। हमारा इनसे या इनका हमसे किसी अच्छे या बुरे कर्म के कारण जुड़ाव रहता है। इनकी या हमारी पिछले जन्मों की छाप हमारे अंतर्मन में इतनी गहराई में दबी रहती है कि अगले कई जन्मों तक हम इनसे और ये हमसे किसी न किसी रूप में टकराते रहते हैं। अगर इनसे जुड़ी घटनाओं को हम दृष्टा की तरह समता भाव से देखेंगे तो आने वाले जन्मों में इनसे मिलना भले ही हो, कष्ट नहीं होगा।

कोरोना से लड़ने में अध्यात्म ने क्या मदद की : आइसोलेशन के करीब 10 दिन गुजर चुके थे। कोरोना से संबंधित मेरे लक्षण आकर चले गए यानी पूरी तरह खत्म हो गए, खतरे की कोई बात नहीं थी। पूरी दुनिया कोरोना से निपटने के लिए, उससे लड़ने, सकारात्मक रहने, इम्यूनिटी सिस्टम मजबूत करने, वायरस पर जीत जैसे शब्दों का इस्तेमाल कर रही थी। लेकिन बीमारी के दौरान मेरे अंतर्मन ने कोरोना को कुछ अलग तरह से लिया। मेरे अंतर्मन ने कोरोना को दूसरे सामान्य वायरल की तरह ही माना। बिना किसी अतिरिक्त भय के साक्षी भाव से इस संक्रमण को भी देख सका और शांत चित्त से सामान्य अपेक्षित सावधानियां बरतता रहा इसके पीछे मेरी आध्यात्मिक तैयारी काम आई, जो मददगार साबित हुई।

हमारे शरीर में पहले से ही लाखों की तादाद में अलग-अलग तरह के वायरस हर समय मौजूद रहते हैं। अंतर्मन ने कोरोना वायरस को आम वायरस की तरह लिया। इसे विशेष तवज्जो नहीं दी। आम वायरस की तरह अंतर्मन ने कोरोना वायरस को स्वीकार किया। अंतर्मन बार-बार इस वायरस को संदेश दे रहा था कि तुम्हारी उम्र दो हफ्ते से ज्यादा नहीं है। अन्य वायरस की तरह तुम भी अपना समय इस शरीर में बिताओ और

चलते बनो। लड़ने की कोई जरूरत नहीं है। क्योंकि मेरा अंतर्मन यह अहसास दे रहा था कि इससे जैसे ही लड़ाई की तैयारी करूंगा ये ताकतवर होता जाएगा, वहीं हमारी प्रतिरोधक क्षमता को भी और ताकतवर होना पड़ेगा।

वर्चस्व की इस जंग में खुद के नुकसान की संभावना ज्यादा है। वायरस को साक्षी भाव से महसूस किया। इसका परिणाम ये रहा कि तीन दिन में करीब एक दर्जन लक्षण उभरे और खत्म भी हो गए। बाद में कुछ मीडिया रिपोर्टों में मैंने इम्यूनिटी सिस्टम की अति सक्रियता के दुष्परिणामों के बारे में पढ़ा, जिसमें कुछ हद तक इसी तरह की थ्योरी दी गई थी। इसलिए आइसोलेशन के शुरुआती दो हफ्ते बेहद आनंदमय तरीके से बीते।

ठीक होने के बाद मन में उठा बवंडर : प्रशासन ने करीब 20 दिन के सख्त आईसोलेशन की सलाह दी थी। मैंने वही किया, ताकि मुझसे दूसरों में वायरस पहुंचने की सभी संभावना मेरे तक ही खत्म हो जाएं। शुरू के दो हफ्ते बेहद शानदार गुजरे, लेकिन कोरोना ने जाते-जाते अपनी छाप शरीर और मन पर छोड़ दी थी। मैं बेहद कमजोर हो चुका था। चलने के लिए दीवार या लाठी की जरूरत पड़ने लगी। बाएं पैर के घुटने पर थोड़ा सा दबाव पड़ते ही असहनीय दर्द होने लगा। स्वभाव में चिड़चिड़ापन आने लगा। इस दौरान कुछ करीबी लोगों के अभद्र व्यवहार ने मुझे अंदर से झकझोर दिया था, जबकि बात बेहद साधारण थी।

पूर्व में हुए इस तरह के व्यवहार का मुझ पर कोई असर नहीं होता था। लेकिन अचानक से मैं बेहद नकारात्मकता में घिर गया। 20 दिन का आइसोलेशन खत्म हो गया, लेकिन शरीर और मन की कमजोरी ने मुझे तोड़ दिया था। मन में नकारात्मक बातों का तूफान चल रहा था। मैं जान रहा था, मेरा व्यवहार गलत है लेकिन मैं इसे रोक नहीं पा रहा था। शरीर में कमजोरी बरकरार थी, सो अलग।

सीने में दर्द, बाएं घुटने में दर्द, सिर में दर्द, सांस फूलना, चिड़चिड़ाना। यानी मैं पोस्ट कोविड इफेक्ट से जूझने लगा। आइसोलेशन के 20 दिनों तक मैं ध्यान नहीं कर पाया। मुझे लगने लगा कि मेरी पिछले आठ महीने की योग की तपस्या बेकार जा रही है। लेकिन इस बार स्थिति पिछले आठ माह की स्थिति से अलग थी, क्योंकि मुझे इस बार कठिन परिस्थिति से निकलने का फॉर्मूला पता था।

जरूरत थी, बस उसे खुद पर लागू करने की। कुछ देर रुककर कुछ मिनटों के लिए मैंने खुद पर ध्यान दिया। मन के तूफान और शरीर की कमजोरी के बीच कनेक्शन को

महसूस किया। तभी तय किया कि मैं कुछ और दिन के लिए परिवार से अलग होकर किसी शांत जगह पर जाकर ऊर्जा संरक्षण पर काम करूंगा।

मैं अपने मामा के गांव खरूसा गया। मन को अपने हिसाब से चलाने के लिए मैंने कुछ ऐसे प्रयोग किए जो पहले कभी नहीं किए थे। मैंने भरी दोपहरी में एक बजे करीब 45 डिग्री तापमान में तपती धूप में ध्यान लगाना शुरू किया। शुरू में कुछ दिक्कत हुई, लेकिन जैसे-जैसे पसीना आता गया, मेरा ध्यान लगता गया। शुरू के दिन लक्ष्य तय किया था कि कुछ भी हो जाए बगैर हिले-डुले एक घंटे धूप में ही ध्यान करना है। पहले ही दिन मन को काबू कर लिया।

अगले तीन दिन धूप में ध्यान किया। तीसरे दिन जब ध्यान से उठा तो बाएं पैर का घुटने का दर्द और सीने में 90 प्रतिशत दर्द खत्म हो गया। मन के ऊपरी सतह पर ध्यान का असर था, शरीर भी तेजी से रिकवर हो गया। लेकिन अंतर्मन में अभी रह-रहकर कुछ छोटे-छोटे बवंडर उठ रहे थे। इन्हें शांत करने के लिए मैंने दूसरी प्रक्रिया का इस्तेमाल किया। मुझे ऐसी जगह की तलाश थी, जहां मुझे दो दिन तक कोई डिस्टर्ब न करे। न कोई मुझे देखे और न मैं किसी और को देखूं। इसके लिए मुझे ट्रैक्टर का गैराज मुनासिब लगा। हालांकि यहां मच्छरों का आतंक था। यहां दो चारपाई जितनी जगह थी। यहां पर भी कोई पंखा नहीं था, न ही प्राकृतिक हवा का कोई इंतजाम, फिर भी मुझे ये जगह ध्यान के लिए सही लगी।

ध्यान की गहराई के लिए मैंने दो दिन का मौन व्रत और उपवास रखा। सिर्फ पानी पर रहने का तय किया। ध्यान क्रियाओं को करना शुरू किया। अंतर्मन की गहराई में जो बवंडर रह-रहकर उठ रहे थे, वो ध्यान क्रिया के दौरान और भयानक लगे। जो दिख रहा था, वो बेहद दुखदाई था। फिर भी मैं ध्यान क्रिया की प्रक्रिया को बेहद सख्ती से करता रहा। ध्यान में नकारात्मक बातों से मन इतना विचलित हो जाता था कि तुरंत उठ खड़े होने का मन करता था। लेकिन धैर्य के साथ मैंने पहला दिन गुजारा। इस दौरान छह घंटे का ध्यान कई हिस्सों में किया। दूसरे दिन कुछ ऐसे अनुभव मिले जो अभी तक नहीं हुए थे।

साधना के दूसरे दिन सुबह ध्यान करना शुरू किया तो भयंकर दुख की अनुभूति हो रही थी। लेकिन मन से भी आवाज आ रही थी कि समता भाव से इसे देखो, इससे जुड़ो मत, ये अनित्य, नश्वर है, परिवर्तनशील है, ये भी चला जाएगा। इस बार ध्यान की गहराई में दुख की अनुभूति के साथ उतरा, जबकि पहले आनंद की अनुभूति के

साथ उतरता था। पता चल रहा था कि निष्पक्ष मन में न राग वास करता है और न ही विकार। यही कारण था कि पहले आनंद की अनुभूति के साथ ज्ञान मिलता था। इस बार दुख की अनुभूति के साथ ज्ञान मिला।

गहराइयों में डुबकी लगाने पर महसूस हुआ कि इन्सानी रिश्ते दुख का कारण नहीं, बल्कि इन रिश्तों के प्रति मोह या आसक्तियां, अपेक्षा दुख का कारण हैं। ये सुना तो बहुत था लेकिन अंदर से महसूस पहली बार किया।

उस सुबह मैं गहराई में इतना डूब गया कि बगैर हिले-डुले डेढ़ घंटे बैठकर ध्यान किया। वहीं रात को ध्यान करते समय महसूस किया कि मच्छर शरीर के चारों ओर चिपके हुए हैं, वे कान में आकर संगीत भी नहीं सुना रहे हैं, सिर्फ शरीर पर बैठे हैं, जैसे मानों वो कह रहे हैं कि तुम अभी ध्यान कर लो, हम तुम्हें अभी परेशान नहीं करेंगे, ध्यान से उठने के बाद हम तुम्हें देख लेंगे। ध्यान में हजारों मच्छरों के स्पर्श को त्वचा साफ महसूस कर रही थी। वे चुपचाप थे। जबकि इसके पहले एक-दो मच्छर ही ध्यान बिगाड़ने के लिए काफी थे। लेकिन इस बार हजार मच्छर थे। एक घंटे के ध्यान के दौरान एक मच्छर ने भी नहीं काटा।

जब ध्यान से उठा तो मच्छरों ने संगठित होकर आक्रमण कर दिया। फिर मच्छरदानी में घुसकर खुद की जान बचाई। अगली सुबह साधना के दो दिन पूरे हो रहे थे। जब सुबह उठा, तो मन पूरी तरह शांत था। कुल पांच दिन की अलग-अलग साधना से मन मेरे नियंत्रण में था और अंदर फिर से ज्ञान की गंगा बह निकली थी।

लेकिन इस बार स्थिति उलट थी, न अच्छे माहौल में अच्छा और न खराब माहौल में खराब लग रहा था। न कोई दुश्मन लग रहा था और न कोई दोस्त। दूसरी ओर अंतर्मन से जो ज्ञान फूट रहा था, वह काफी भारी-भरकम महसूस हो रहा था।

क्या मैं समता भाव के रास्ते पर चल पड़ा था?

क्या मैं दृष्टा या साक्षी था?

बचे हुए जीवन में ऐसा क्या पाना है जो महसूस ही न हो?

ऐसे कई और सवाल थे जो सिर्फ महसूस हो रहे थे, लेकिन उन्हें शब्दों के ढांचे में ढाल नहीं पा रहा था... न ही अभी भी ऐसा कर पाया हूं...

अध्याय - 17

अनुभवियों को छूने लगी साधारण सी बात

मेरे जीवन में जिस तरह से बदलाव हुए और मेरा भीतर-बाहर जिस गति से बदला, उसपर मुझे खुद ही आश्चर्य होता है। अवसाद के गर्त से निकलकर शांति की सरिता में बहता हुआ मैं न जाने कितना आगे निकल आया हूं। अभी यात्रा कितनी बाकी है, कौन जाने– कम से कम मैं तो नहीं ही जानता। पर भीतर गुनगुनाते आनंद की जो छलकन है, वह कई रूपों में बाहर निकलने लगी है। वर्तमान में जीवन जीने की जो अबूझ आदत सी हो चली है, उसके पीछे ईश-कृपा जो गुरु-कृपा के रूप में मिली है, उसी का हाथ है।

पीछे घूमकर देखता हूं तो ध्यान क्रियाओं से जीवन के कई आयामों में बदलाव हो रहे थे। मेरी बातें मेरे अपने करीबियों द्वारा एक अलग ही तरह से ग्रहण की जाने लगी थीं, पहले से काफी अलग तरीके से। अंत:करण की गहराई से मेरा खुद का जो संपर्क होने लगा तो उसके बाद लोगों से साधारण रूप से कही बात भी उनके अंतर्मन को छू रही थी।

कुछ झलकियां -

बेहद करीबी डॉक्टर साहब उरई के जाने-माने आयुर्वेदिक चिकित्सक हैं, बीएचयू से डिग्री लेने के बाद योग कोर्स का सर्टिफिकेट भी हासिल कर चुके हैं। अध्यात्म में गहरी रुचि रखने वाले डॉ साहब का कमरा किताबों से पटा रहता है। कई सालों से बगैर पंखे के रातें गुजार रहे हैं। कमर में दर्द के कारण लेटे हुए या कुर्सी पर बैठकर घंटों ध्यान में मग्न रहते हैं। इनका एक क्लीनिक भी हैं। ऑपरेशन के पहले प्रार्थना इनकी चिकित्सकीय प्रैक्टिस का अहम हिस्सा हुआ करता था।

अब, लगभग 80 साल की अवस्था में ज्यादातर समय घर पर किताबों के साथ ही बीतता है। किसी काम से इनसे मिलने घर गया।

बिस्तर पर लेटे हुए डॉक्टर साहब पहली नजर में सोए हुए जान पड़े। लेकिन मेरे पैरों की आवाज सुनकर वे उठ बैठे और आवाज लगाई, कौन है?

मैंने कहा : मैं हूं ....अमित।

"कौन अमित?"

मैंने थोड़ा जोर से कहा "विशाल सिंह जी का पोता।

फिर वे संभल कर उठे, और बोले - आओ बेटा, मेरी याददाश्त थोड़ी कमजोर हो चली है। इसलिए मैं पहचान नहीं पाया। और बेटा क्या है, क्या कर रहे हो आजकल?"

मैंने कहा, "पत्रकारिता से फिलहाल सन्यास ले लिया है, भगवान बुद्ध के बताए रास्ते पर चल रहा हूं।"

उन्होंने हैरानी भरे लहजे में कहा, "जिस जगह पर पहुंचने के लिए पत्रकार मरे जाते हैं, तुमने राष्ट्रीय स्तर की पत्रकारिता छोड़कर अच्छा नहीं किया। अब क्या कमाओ-खाओगे? परिवार कैसे चलेगा?"

मैंने उन्हें समझाया - आप चिंतित न हों, बुद्ध के रास्ते पर चलकर महसूस हो रहा है कि अब सही तरीके से खुद को और जिंदगी को समझ रहा हूं। बड़ा आनंद और ज्ञान मिल रहा है। मैंने ऐसा नहीं कहा कि घर त्याग रहा हूं, बस कुछ समय के लिए ठहर गया हूं।"

उन्होंने तसल्ली भरे लहजे में कहा - फिर ठीक है।

लेकिन तुरन्त ही उन्होंने आतुरता के साथ पूछा- "क्या है बुद्ध का रास्ता, मुझे बताओ, मैंने उन पर लिखी हुई कई किताबें पढ़ी। तुम्हारे पास नया क्या है?"

मैंने कहा - "मैंने बुद्ध को पढ़ने के साथ-साथ उनकी बताई ध्यान क्रियाओं को जीवन में उतारने का प्रयास कर रहा हूं।"

वे उत्सुकता के साथ बोले - "मुझे भी कुछ ध्यान क्रिया बताओ, ताकि मुझे भी कुछ लाभ हो।"

मैंने उन्हें बताना शुरु किया कि किसी भी ध्यान क्रिया को बताने के पहले आपको शील का पालन करना होगा, यानी मन-वचन-कर्म से किसी को हानि न होना। ताकि आप अपने अंदर कोई नया विकार पैदा न करें, और नई वैचारिक गंदगी अंदर न पनपे।

बातचीत का सिलसिला आगे बढ़ता गया...

अगर कोई व्यक्ति ध्यान क्रिया में बैठने में सक्षम नहीं भी है तो वर्तमान में अपने साथ हो रही घटनाओं को समता भाव से देखे, इससे उसके पिछले कर्म का प्रभाव कम होता जाएगा और नए कर्म नहीं बनेंगे। (हालांकि समता भाव बहुत कठिन अभ्यास के साथ आता है।)

डॉक्टर साहब से जब मैं प्रवाह में बोल रहा था तो मेरी आंखे बंद हो गई थीं, ज्ञान का स्त्रोत मस्तिष्क नहीं था, वह कहीं अंदर से प्रस्फुटित हो रहा था, मस्तिष्क तो शब्दों का आकार भर दे रहा था, और मुंह उन शब्दों को ध्वनि में बदल रहा था। उस ध्वनि में उठ रहे स्पंदन सीधे ज्ञान के स्त्रोत से ही उठे महसूस हो रहे थे।

इस बातचीत के दौरान आयुर्वेद और योग के ज्ञाता डॉक्टर साहब ने 20 मिनट तक शरीर से और वाणी से कोई हरकत नहीं की। अंत में उन्होंने सिर्फ इतना ही कहा– मैं इन बातों को जानता तो था लेकिन आज पहली बार ये बातें अंतर्मन को छू गईं। तुमसे हुई बातचीत में कुछ क्षण के लिए मुझे भी आनंद की अनुभूति हुई।

—◆—

दूसरी घटना मेरे दूर के रिश्ते के एक बुजुर्ग के साथ की है। वह भी 80 साल के रिटायर्ड अध्यापक हैं। एक अन्य रिश्तेदार के घर के बाहर वे टकरा गए। बातचीत करते वक्त वे परेशान नजर आए।

उनकी परेशानी का कारण पूछा तो उन्होंने कहा, लल्ला हो! मैंने जिंदगी भर दूसरों का भला किया, किसी का अहित नहीं किया, फिर मेरे साथ ऐसा क्यों हो रहा है?

मैंने उनसे शांत भाव से पूछा- आपको क्या दिक्कत है, सब कुछ तो है आपके पास।

उन्होंने कहा, "सभी कुछ होने के बाद भी, मेरा मन बहुत भारी रहता है, दिमाग में बहुत नकारात्मक विचार आते हैं। समझ नहीं आ रहा है ऐसा क्यों हो रहा है। कैसे इन नकारात्मक विचारों से मुक्ति मिले।

आगे वे कहते हैं- मैं हर रोज पूजा-पाठ करता हूं, गीता-रामायण पढ़ता हूं, धार्मिक सत्संग और भजन सुनता हूं। मेरा मन सिर्फ क्षण भर के लिए हल्का होता है, जितना वक्त मेरा इसमें गुजरता है। इससे हटने के बाद मन नकारात्मकता के दलदल में धंसने लगता है।"

"खैर ये सब छोड़ो, तुम बताओ कैसे आना हुआ?"

मैंने मजाक में कहा- "आज आपसे मिलना ही तय हुआ था। आया किसी दूसरे काम से था, अब आपसे बात हो रही है। आप थोड़ा वक्त दें तो शायद मैं आपके कुछ काम आ सकूं।"

नाना जी ने उत्सुकता वश पूछा- वो कैसे?

मैंने उनसे कहा कि आप सिर्फ मेरे पास बैठिए और कुछ समय के लिए भूल जाइए कि मैं आपका नाती हूं। जो मैं कहूं, उसे ठीक मन से सिर्फ सुनिए। आप चाहें तो बीच में टोक कर पूछ सकते हैं।

मैंने उनसे कमोबेश वही बातें साझा की जो डॉक्टर साहब से की थीं। इस बार बात करते समय में मेरा ध्यान उनकी आंखों पर था। अंतर्मन से खुली आंखों से बात करते हुए भी अंतर्मन उनके लिए प्रार्थना कर रहा था कि इन्हें इनके दर्द से मुक्ति मिल जाए। उनके लिए अंत:मन में करुणा जाग रही थी। इस बार मेरे शब्दों के साथ उनके लिए प्रार्थना के भाव थे। करीब आधा घंटे बातें हुईं, बगैर हिले डुले, बाएं हाथ से लाठी को पकड़े वे एकटक मुझे सुनते रहे।

बातचीत के अंत में वे बेहद भावुक हो गए। आंखें नम हो गईं। उन्होंने कहा - बेटा तुम हमेशा खुश रहो।

अनायास ही मेरे मुंह से निकल गया– मुझे समता के भाव में रहना है, खुशी मांगेंगे तो दुख उसके साथ अपने आप खिंचा चला आएगा।

उन्होंने रुध कंठ से और कांपते हुए होठों से कहा - इन सब बातों को मैंने खूब संतों से सुना, किताबों में पढ़ा। लेकिन पहली बार साधारण सी बात आत्मा को छू गई। कुछ समय के लिए मैं अपनी मानसिक परेशानी को भूल गया।

------◆------

एक वरिष्ठ पत्रकार हैं, ग्वालियर-चंबल में इनकी पत्रकारिता के चर्चे सुनने को मिल जाएंगे। अब पटना में प्रभात खबर के साथ जुड़ गए हैं। मुझ से अनुभव और उम्र में काफी वरिष्ठ हैं। एक दिन उनका रात को फोन आया।

(हमेशा की तरह गर्मजोशी में) "क्या हाल हैं अमित बाबू, आजकल दैनिक भास्कर में कोई खबर नहीं दिखाई देती है।"

"सर मैंने इस्तीफा दे दिया।"

भौंचक होकर उन्होंने कहा- "अरे कब, तुम्हारा तो बढ़िया चल रहा था। देश के हर बड़े मुद्दे की रिपोर्ट कर रहे थे।"

मैंने कहा - खुद को समझने के लिए भगवान बुद्ध के बताए रास्ते का अनुसरण कर रहा हूं।

मुझे भी कुछ बातें बताओ ताकि मुझे कुछ ज्ञान मिले - जिज्ञासा वश उन्होंने कहा।

उनका जब फोन आया था, तब रात के नौ बज रहे थे, लाइट न आने के कारण मैं छत पर टहल रहा था। उनकी जिज्ञासा जान मैं छत की दीवार के एक कोने में पालथी मारकर बैठ गया। उरई के मच्छर बड़े प्रसिद्ध हैं। इतने कि शहर के एक चौराहे का नाम मच्छर चौराहा रखा गया है। मच्छरों ने अपनी साख बनाए रखने के लिए रात के अंधेरे में मुझे दबोचना शुरु कर दिया। वरिष्ठ पत्रकार से बातचीत का सिलसिला जैसे-जैसे आगे बढ़ा, मच्छरों की भिनभिनाहट और डनके डंक बेअसर होते चले गए।

उनसे अपने आध्यात्मिक सफर के अनुभव साझा करते हुए मैंने बताया कि दरअसल, हम लोगों ने प्रकृति के नियम को समझने की कोशिश नहीं की, गलत नियमों से जिए तो उसके गलत परिणाम निकलने तय हैं। प्रकृति ने एक सृष्टि बनाई और हमने उसकी सृष्टि के अंदर अपनी सृष्टि बना ली और अपने नियम बना लिए। जीवन में मिलने वाला सुख और दुख इसी का परिणाम है।

वरिष्ठ पत्रकार से रहा न गया, क्षण भर के लिए बातचीत को उन्होंने बीच में रोका और कहा अमित जी, आप जो बता रहे हैं, वह कोई नई बात नहीं है, लेकिन आपके मुंह से ये बातें सुन हृदय में गुदगुदी क्यों हो रही है... बहुत हल्कापन महसूस हो रहा है।

मैंने उनसे मजाक में कहा कि आपसे बात करने के दौरान मच्छरों ने जो मेरा दो लीटर खून पी लिया है, उसी का असर है कि आवाज और असरदार हो गई।

उन्होंने पूछा, "मतलब?"

मैंने कहा, "सर आपसे बात करते वक्त छत पर बैठ गया। आपसे बातचीत में मेरा हर अंग इतना स्थिर हो गया कि मच्छरों ने तसल्ली से मेरा खून चूसकर पार्टी कर ली।"

उन्होंने कहा– मैं भी इसी तरह की आत्मिक शांति चाहता हूं।

मैंने उन्हें विपश्यना की सलाह दी। उन्होंने इसे करने का वादा किया।

<hr>

ग्वालियर में पत्रिका लांचिंग के मौके पर मुझे एक प्रतिभावान संपादक के साथ काम करने का अवसर मिला। हम एक टीम का हिस्सा थे। राजनीति, खेल, साहित्य, संस्कृति, इतिहास, अध्यात्म जैसे विषयों में उनकी गहरी रुचि थी। हर वक्त इससे संबंधित कुछ न कुछ पढ़ते रहते थे। बेहद शार्प माइंड के संपादक जी की गिनती हिन्दी पत्रकारिता में बेहतरीन संपादकों में रही है। इन्हें कुशीनगर में मेरे विपश्यना शिविर की जानकारी सोशल मीडिया से मिली। फोन पर बात हुई तो उन्होंने उत्सुकता के साथ पूछा - दैनिक भास्कर की नौकरी क्यों छोड़ दी, सब तो मिल रहा था तुम्हें वहां से?

मैंने कहा - "सर जीवन में पहली बार ऐसा हुआ कि दैनिक भास्कर की नौकरी न किसी परेशानी में छोड़ी और न ही अतिमहत्वाकांक्षा में। अगर ऐसा करता तो जिस चीज की तलाश में निकला हूं, वहां भी ये राग-विकार मेरे साथ चले आते और मेरी खोज अधूरी रहती। जबकि दूसरी नौकरी मेरे हाथ में है, लेकिन अभी नौकरी नहीं करने का इरादा है।"

उन्होंने सीधा सवाल पूछा - "ऐसी किस चीज की तलाश में निकले हो?"

मैंने शांत मन से कहा - "मानसिक शांति और आंतरिक आनंद जब मिलने लग जाए तो बाकी की दुनियादारी की उपलब्धियां बौनी लगने लगती हैं।"

उन्हें आश्चर्य सा हुआ। जानना चाहा - "क्या ये तुम्हें मिल गई और कैसे मिली..."

मैंने कहा– "सर, कई जगह भटकने के बाद मानसिक शांति और आनंद प्राप्ति का रास्ता दिखने लगा है। इसके लिए मैं मथुरा, हरिद्वार के अलावा नेपाल तक गया हूं। वहां हार्वर्ड विवि से पढ़े एक गुरु से मुलाकात हुई। उनकी परीक्षा में खरे उतरने के बाद उन्होंने अपना शिष्य बना लिया। तब जिंदगी में वह मिलना शुरु हुआ, जो सबकुछ पाकर भी मुझसे काफी दूर था। खुद को समझना शुरु किया तो जिंदगी सहज हो गई। अब किसी काम को करने के लिए अतिरिक्त या जबरन ऊर्जा नहीं लगानी पड़ती है। अनायास ही भगवान बुद्ध के रास्ते पर चल पड़ा था। उन्हीं की ध्यान क्रियाओं का नतीजा है कि मैं नकारात्मकता के रसातल को छूकर सकारात्मकता के अनंत आकाश की ओर बढ़ चला हूं।"

बीच में टोकते हुए उन्होंने कहा, "तुम्हारी बात सुनकर मन में खास किस्म का स्पंदन महसूस हो रहा है। ऊर्जावान महसूस कर रहा हूं। तुम्हें ये अनुभव दूसरों से साझा करने चाहिए ताकि दूसरों के जीवन में परिवर्तन आए।"

भारत सरकार के लिए अलग विकासशील योजनाओं पर सलाह देने वाले और मेरे साथ कुछ समय एक अलग ही तरह की पत्रकारिता कर चुके एक साथी बेहद ऊर्जावान व्यक्ति हैं। हर पल दूसरों की मदद को तैयार रहने वाले ये सज्जन खुद को नुकसान होने पर भी किसी की मदद से पीछे नहीं हटते हैं। कोरोना काल में हालचाल पूछने के लिए मैंने रात में फोन किया। वैसे तो व्यावहारिक रिश्ते से वह मेरे साले लगते हैं, क्योंकि मेरी पत्नी को वह दीदी कहते हैं। लेकिन वे मुझे सर कहते हैं, क्योंकि हमने अमर उजाला में साथ काम किया था।

अपने अनुभव साझा करते हुए वे बोले - "सरकार के साथ काम करना बहुत चेलेंजिंग है, बहुत काम करवाती है। फुर्सत ही नहीं मिलती है। परिवार को भी वक्त नहीं दे पाता हूं। यूं ही भागना-दौड़ना चलता रहता है। अभी ऑटो में हूं, कॉल कट सकता है।"

मैंने कहा - "खुद से दूर जा रहे हैं, खुद से जुड़िए, अंदर का खालीपन अपने आप भर जाएगा और ये भाग दौड़ चैलेंजिंग नहीं, आनंददायी लगेगी। सड़क पर कदम पड़ते ही आपको लगेगा कि आप सुबह की सैर पर निकले हैं।"

उन्होंने कहा - "सर एक मिनट रुकिए।"

ऑटो से उतर कर वह कहते हैं - "सर, आपकी बात बड़ी प्यारी और मीठी लग रही थी और ऑटो के शोर में इस मिठास में ध्वनि प्रदूषण घुल रहा था। अब बताइए... आपकी बात सुनने के लिए सड़क किनारे खड़ा हूं।"

मैंने कहा, कोई काम नहीं, बस खैर-खैरियत जानने के लिए फोन कर लिया था।

उन्होंने फिर पूछा- "सर, कहीं आप हिमालय पर तो होकर नहीं आए, आपकी बात सुनकर बड़ी शांति मिल रही है।"

श्रीवास्तव जी गूगल के लिए कंटेंट और न्यूज राइटिंग का काम करते हैं। डिजिटल कंटेंट को प्रस्तुत करने के महारथी हैं। इनकी गिनती उन लोगों में होती है, जिन्हें पता

होता है कि रीडर डिजिटल प्लेटफॉर्म पर क्या देखना या पढ़ना चाहता हैं। ये डीजिटल रीडर की नब्ज को टटोलना अच्छे से जानते हैं।

कोरोना काल में कुछ अपनी बताओ, कुछ हमारी सुन लो की तरह इनसे अक्सर बात हो जाया करती थी। मार्च के पहले सप्ताह की बातचीत भी कुछ ऐसी ही शुरु हुई। मैंने उनसे कहा कि मैं अध्यात्म पर कुछ करना चाहता हूं। उन्होंने तपाक से कहा - भाई इंटरनेट पर धर्म और आध्यात्मिक मसलों पर ढेर कंटेंट है। यहां आने की सोचना भी मत।

मैंने कहा - यार, जब से मैं ध्यान क्रियाओं को कर रहा हूं, मुझे उस ज्ञान की अनुभूति अंदर से हो रही है, जो वेदों और शास्त्रों में लिखी हुई है। अभी तक हम इन्हें बाहर से पढ़कर जीवन में उतारने की कोशिश करते हैं, जिसके लिए जरूरत से ज्यादा ऊर्जा लगानी पड़ती है। और इसमें से कुछ ही हिस्सा हमारे जीवन में उतर पाता है। लेकिन वही चीज खुद को समझते हुए अंदर से ज्ञान के रूप में प्रस्फुटित होती है तो जीवन खुद-ब-खुद बदलने लगता है। सब कुछ ऑटोमोड पर चलता है।

उनके धैर्य से, बिना कुछ बोले सुनने के कारण मुझे लगा फोन के दूसरी तरफ कोई नहीं, सन्नाटा छा गया, शायद कॉल डिस्कनेक्ट हो गया। तीन बार हैलो बोलने के बाद, उन्होंने कहा - जी, जी अमित जी, मैं आपकी बात ध्यान से सुन रहा हूं। आपकी बात में इतना मग्न हो गया कि आपके शब्द की ध्वनि मेरे कानों को नहीं बल्कि अंत:मन को महसूस हो रही थी, उसी में खो गया था।

उन्होंने उत्साह में कहा– स्वयं की अनुभूति का कंटेंट लोग पढ़ेंगे। इसकी आज की तारीख में जरूरत है। लोग धर्म की कट्टरता को भले ही देखते या पढ़ते हों लेकिन इस तरह की अनुभूति की बातें लोगों पर असर डालेंगी।

अध्याय - 18

गुरु ने बुद्ध का रास्ता दिखाया तो बदल गया जीवन

ईश्वर गुरु जी द्वारा बताई गई बौद्ध धर्म की ध्यान क्रिया और शिक्षा-दीक्षा अपनाए एक साल होने वाले थे। बौद्ध धर्म की गुरु-शिष्य परंपरा की भी एक खास बात है कि पहले तो किसी को शिष्य बनाने के पहले शिष्य को खूब परखेंगे। लेकिन एक बार शिष्य बनाने के बाद उसका हाथ नहीं छोड़ते। एक लाइफ कोच या काउंसलर की तरह हर समय आपको रास्ता बताते रहेंगे।

गुरु जी से लगभग हर दो हफ्ते में वीडियो कॉल से बात हो जाती है। उनका बड़प्पन ऐसा कि वे खुद को गुरु कहलवाने से परहेज करते। उनका कहना है कि आपका कल्याण मित्र हूं। मेरे ऊपर 40 गुरु हैं। मेरे पास जो ज्ञान है, वह उनका है। मैं इस ज्ञान का उत्तराधिकारी नहीं हूं।

फोन पर बात आम मामलों से शुरू होती है। जीवन में चल रही घटनाओं से वे समझ जाते हैं कि ये ध्यान क्रिया से भटक तो नहीं रहा। क्योंकि ध्यान क्रिया सही होने की पहली झलक आपके परिवार और आसपास के लोगों से किए जा रहे बर्ताव से पता लग जाती है।

जब तक अनुभूति न होती वे नई ध्यान क्रिया नहीं बताते, बस यही कहते अभी और अभ्यास करो। एक ध्यान क्रिया में तो अनुभूति पाने में दो माह से ज्यादा लग गए। मुझे लगने लगा कि आध्यात्मिक सफर यहीं खत्म हो गया। क्योंकि उसके पहले की ध्यान क्रियाओं की अनुभूति में दो से तीन हफ्ते ही लगते थे।

कभी-कभी ध्यान क्रिया में इतना मग्न हो जाता हूं कि आसपास की चीजों से दूर होने लगता था। परिजनों से कट जाता था, दोस्तों से बात बंद हो जाती। अपने में ही मग्न रहने लगता। इस पर गुरु जी कहते, ध्यान से हम आसपास की चीजों से जुड़ते हैं, उनसे दूर नहीं होते। आप अपना ज्यादा से ज्यादा टाइम परिवार के साथ बिताइए।

इस तरह वे आध्यात्म और सांसारिक जीवन में असंतुलन को पटरी पर ले आते हैं। यही वजह है कि मैं कई बार अध्यात्म के सफर में पटरी से उतरते-उतरते बचा हूं। गुरु लक्ष्य हासिल करने तक भटकते नहीं देते।

एक बार मैं काफी विचलित हो गया।

परिजन की किसी बात पर मुझे क्रोध आ गया। क्रोध आने की फ्रिक्वेंसी पहले की अपेक्षा काफी कम हो गई थी, लेकिन फिर भी माह में एक-दो बार आ ही जाता। गुस्सा आते ही मैं विचलित हो गया। मैं सोचने लगा कि साधना पूरी शिद्दत से करने के बाद भी गुस्सा पूरी तरह से खत्म क्यों नहीं होता। कुछ देर के लिए मन मे उथल-पुथल शुरु हो गई।

रात दस बजे उन्हें फोन किया। उन्होंने समझाया कि गुस्सा आ गया, कोई बात नहीं। उसे दबाओ नहीं, न उससे दूर भागो और न ही उसे इग्नोर करो, उसे किसी और तरीके से दूर भी न भगाओ। यहां तक कि उसे हराने की कोशिश भी न करो। उस पर विजयी भी नहीं पानी है। उसे सिर्फ देखो। ये देखो कि गुस्सा आने पर शरीर में क्या-क्या परिवर्तन होता है। सिर्फ गुस्से को देखना है।

ऐसा करने का उन्होंने कारण भी बताया कि आज अगर किसी कारण से तुम गुस्सा दबा दोगे या हरा दोगे तो अगले दिन यह नए विकार रूपी कई गुंडों को साथ लेकर आएगा। तब ये तुम्हें हरा देगा। इस तरह क्रोध से लड़ाई में तुम्हारा गुस्सा और बिगड़ता जाएगा। हो सकता है कि क्रोध को देखते-देखते तुम्हें और गुस्सा आने लग जाए। लेकिन लगातार सजगता से तुम्हें क्रोध खुद छोड़कर चला जाएगा तुम्हें क्रोध को छेड़ने या छोड़ने की जरूरत नहीं पड़ेगी।

गुरु जी की यह तकनीक काम आई। धीरे-धीरे क्रोध स्वत: ही जाता रहा।

जनवरी 2021 में गुरु जी से मिलने के पहले बौद्ध धर्म की जो ध्यान क्रियाएं करता था, तब से लेकर अब तक में अनुभूतियों से लेकर बौद्ध धर्म को समझने में काफी अंतर आ गया। यह कुछ ऐसा था जैसे गली क्रिकेट में खेलने वाला अब कोचिंग ले रहा हो। खेल की हर बारीकी और कमजोरी पर पैनी निगाह कोच की होती हो। इस दौरान जब वह फील्ड पर मैच खेलने के लिए उतरता है, तब उसके खेलने का अंदाज ही बदल जाता है। और मैच दर मैच शतक-अर्धशतक लगा रहा हो।

मेरे साथ भी कुछ ऐसा ही होने लगा था। पहले आंतरिक ज्ञान रह-रहकर मिलता था। अब ध्यान क्रिया में बैठने पर ऐसा लगता है जैसे हर रोज कुछ न कुछ ज्ञान का

हिस्सा मिल रहा है। पूर्वाभास, किसी के मन की बात जानने की घटनाएं पहले कभी कभार होती थीं। चमत्कार (जबकि अब समझ में आता है कि इसमें चमत्कार जैसा कुछ नहीं है, मन की बढ़ती निर्मलता के छोटे-छोटे सहज प्रतिफल भर हैं ये अनुभव। इससे अधिक कुछ नहीं।) मुझे अपनी ओर खींचता था।

अब इस तरह की चीजें होना आम हो गया, लेकिन चमत्कार की ओर ध्यान ही नहीं जाता है। समझ आ गया है कि सत्य के सफर में चमत्कार-सी लगने वाली बातों का होते रहना तो एक मामूली बोनस की तरह है। यह भी समझ आ गया कि इन 'चमत्कारों' से मन की शांति नहीं मिलती है। यह सिर्फ दूसरों को प्रभावित करने के लिए हो सकता है। इससे न आपका भला होगा और न दूसरे किसी व्यक्ति का।

पूजा-पाठ की बात करूं तो गुरु जी से मुलाकात के बाद पूरे अनुशासन से उनकी बताई हुई तकनीक और विधियों से ध्यान क्रिया आरंभ कर दी थी। एक माह बाद ही स्वत: ही हनुमान चालीसा, गीता, रामायण का पाठ छूट गया। मार्च 2021 आते-आते महामृत्युंजय मंत्र, गायत्री मंत्र और ओम के जाप के साथ 108 बार माला फेरने की आदत भी छूट गई।

इन्हें छोड़ने के लिए गुरु जी ने एक बार भी नहीं कहा। यह अपने आप ही छूटते चले गए। अब पूजा-पाठ के तौर पर सिर्फ ध्यान था और बाएं हाथ से मंत्र जपते हुए माला फेरना। ध्यान क्रिया व्यवस्थित होने के कारण अनुभूतियों का सिलसिला तेज हो गया। कई जिज्ञासाओं के जवाब अब खुद से मिलने लगे।

हर हफ्ता बीतने के साथ महसूस होता गया कि मौजूदा हफ्ता पिछली बार से और बेहतर बीता है। लगातार आनंद की अनुभूति होने के बारे में गुरु जी ने सचेत किया था कि एक समय बाद ये आनंद की अनुभूति मिलना भी बंद हो जाएगी। तब बौद्ध धर्म में सही मायनों मे प्रवेश होगा। बौद्ध धर्म आनंद के भी परे है।

बाएं हाथ से चंदन की लकड़ी की बनी हुई छोटी गुरियों वाली माला का इस्तेमाल मंत्र के साथ करता था। 108 गुरियों की माला दिन में कभी पांच, तो कभी 20 तक फेर लेता था। इन्हें प्रतिदिन फेरने के कारण मस्तिष्क के दाएं हिस्से में शुरु के 15 दिन में ही असर देखने को मिला। दिमाग का दायां हिस्सा बाएं हिस्से की अपेक्षा थोड़ा भारी लगने लगा। ये भारीपन दिन प्रतिदिन थोड़ा-थोड़ा बढ़ता ही जाए। लेकिन इस भारीपन में न दर्द था और न बैचेनी।

इस बारे मे गुरु जी से बात की तो उन्होंने बताया कि बाएं हाथ की सक्रियता से दिमाग का दायां हिस्सा अब नया शेप ले रहा है। यह भारीपन अच्छा संकेत है। धीरे-धीरे यह भारीपन कंपन में बदलने लगा। कभी-कभी यह कंपन हृदय के कंपन जैसा महसूस होने लगा।

जब मस्तिष्क के दाएं हिस्से के ऊपर हाथ रखो तो ये कंपित होते हुए महसूस होता था। जबकि दिमाग के ऊपर मोटी हड्डी का खोल चढ़ा होता है। फिर भी कंपन को साफ महसूस कर रहा था। करीब तीन माह बाद यह कंपन भी खत्म हो गया। इस बीच मैंने महसूस किया कि मेरे दिमाग में सिर्फ वही विचार आ रहे थे जो मेरे जीवन से जुड़े थे। ऐसे विचारों की संख्या काफी कम हो गई थी जो फिजूल के थे। भावनाओं का ज्वार जो अक्सर खुशी और गम के रूप में उफनता रहता था, अब वह भी सीमित हो गया था। जिंदगी पहले से ऑटो मोड पर चल रही थी, अब इस ऑटोमोड जिंदगी को नई दिशा स्वत: ही मिलती जा रही थी।

इस तरह गुरु के सर्पक में आने के बाद तमाम प्रकार के कर्मकांड साधना का हिस्सा नहीं रहे, अब सिर्फ ध्यान और स्वाध्याय ही साधना का हिस्सा बन गए थे।

दुनिया को देखने का नया दृष्टिकोण भी मिला। मेरे सगे संबंधी, परिजन, रिश्तेदार, यार-दोस्त, ऑफिस के साथियों को देखने की मेरी दृष्टि बदल गई। पहले मैं पत्थर की दीवार की तरह था, जो न्यूटन की क्रिया-प्रतिक्रिया नियम पर बनी थी। सामने से आने वाले रिएक्शन को मैं उसी रूप में लौटाता था जिस गति से वो मेरी ओर आया। लेकिन बुद्ध के रास्ते पर चलने पर यही दीवार कोमल फूलों की पंखुड़ियों की बनती जा रही थी। इस पर पत्थर भी मारो तो फूलों की दीवार पत्थर की कठोरता को खुद में समा लेती थी। हालांकि कभी-कभार फूलों की दीवार ढह जाती है। लेकिन फिर प्रयास कर ज्ञान के गारे से इसे फिर से खड़ा कर देते हैं।

लगातार ध्यान मग्न होने के कारण परिजनों को चिंता होने लगी। कहीं यह लड़का घर-गृहस्थी त्याग साधू न बन जाए। कुछ के ताने अब भी बेहद भारी पड़ रहे थे, जिन्हें सहना बहुत मुश्किल पड़ रहा था। इस बारे में गुरु जी का स्पष्ट निर्देश था कि घर त्यागने के बारे मे सोचना भी नहीं है। गृहस्थी में रहकर ही सत्य प्राप्त हो सकता है। अपनी पत्नी को धर्मसंगिनी मानो।

कभी-कभी सोचता हूं कि गुरु की तलाश के लिए कितने पापड़ बेले। देश में करीब दो दर्जन से ज्यादा साधू संतों के पास गया। लेकिन सवाल-जवाब की छूट नहीं जमिल

पाई। लेकिन नेपाल में गुरु जी से सवाल करना गुरु-शिष्य परंपरा का अभिन्न हिस्सा है। स्वभाव से पत्रकार होने के कारण सवाल करना खून में शामिल हो गया था। बगैर सवाल किए तो मैं खबर की एक लाइन भी न लिखूं, ये तो मेरे जीवन से जुड़ा मसला था। तो इस पर सवाल की बौछार तो बनती ही है।

सपनों में सुधार - नकारात्मक सपने अच्छी-खासी नींद खराब कर सकते हैं। यहां तक कि सुबह के सकारात्मक अहसास के असर को प्रभावित करने की क्षमता रखते हैं नकारात्मक सपने। सपनों से जुड़ाव हमारे अंदर अच्छे और बुरे भाव पैदा करते हैं। डिप्रेशन की अवस्था में नींद ही सबसे बड़ी दवा मानी जाती है लेकिन नींद में बुरे सपने आना नींद के असर को कम कर देता है। जब सपने बिगड़ने लग जाएं तो समझ जाना चाहिए हमारा दिमाग गलत भाव से चीजों को देख या समझ रहा है।

आप सपने नहीं सुधार सकते लेकिन देखने की अपनी दृष्टि सुधार सकते हैं, इसी से सपने भी सुधर जाएंगे। सपने सिर्फ सपने नहीं होते है, दरअसल ये आईना होते हैं दिमाग के। अंत:करण पर जमा होती अज्ञानता की झलक भी दिखाते हैं ये सपने। इसलिए इन्हें नजरंदाज करना ठीक नहीं होगा ।

भगवान बुद्ध के रास्ते पर नींद के घंटे तो कम हो गए क्योंकि सुबह-रात एक-एक घंटे मेडिटेशन करने पर कम समय में नींद पूरी होने लगी । साथ ही सपने के प्रति भाव भी सुधर गए। जागते हुए जो भाव रहते थे, वही भाव सपने में भी रहने लगे। अगर सपने में कोई भौंकते हुए कुत्ते को लाठी से मार रहा होता था तो मुझे उस पर दया आती और उसे बचाने की कोशिश करता।

पहले सपने में सांप से अक्सर डर लगता था, लेकिन सपने में यही सांप अब आम जीव की तरह ही नजर आने लगा। जागृत अवस्था में भगवान बुद्ध के बारे में लगातार पढ़ने और मनन करने से सपने में उनकी प्रत्यक्ष मौजूदगी महसूस होती, वे वहीं अपने उपदेशों को पूरा करते। नफरत करने वाले लोगों के लिए अक्सर सपने में सेवा का भाव आता।

कई बार सपने सिर्फ घटना के तौर पर जान पड़ते, उनमें न अच्छे का भाव होता और न बुरे का। पूरी नींद होने पर पता नहीं रहता कि आखिर सपना क्या देखा था। सबसे अच्छा यही भाव होता है, जिसमें सपने से किसी भी प्रकार का जुड़ाव न हो।

बदलते भाव - मेडिटेशन मैं बचपन से कर रहा हूं। उस समय सिर्फ यही पता था कि मानसिक स्वास्थ्य के लिए मेडिटेशन बहुत फायदेमंद हैं। लेकिन जब डिप्रेशन से उबरने

के लिए मेडिटेशन शुरु किया तब महसूस हुआ कि मेडिटेशन की यही क्रिया हमें डिप्रेशन से उबारती भी है और इन्हीं ध्यान क्रियाओं से तपस्वियों को ज्ञान प्राप्त होते हैं।

सुना है कि इन्हीं ध्यान क्रियाओं की मदद से भगवान गौतम बुद्ध को बोधि प्राप्त हुई थी। इसमें सबसे ज्यादा फर्क तकनीक का तो होता ही है, साथ ही भाव भी बहुत मायने रखते हैं। अगर ध्यान करते समय भाव सिर्फ यही है कि मानसिक स्वास्थ्य ठीक रहे तो असर सिर्फ इसी दायरे में ही होगा। अगर भाव ज्ञान प्राप्ति का है तो असर बड़े स्तर पर होगा।

गुरु जी से मिलने के पहले मेडिटेशन मन को नियंत्रण में करने और मानसिक शांति का जरिया था। लेकिन अब मेडिटेशन करते वक्त भाव सृष्टि के हर सवाल का जवाब खुद से खोजना है।

आपसी संबंध - मीडिया क्षेत्र में रहते हुए अधिकतर फोन किसी न किसी काम से बजता रहता था। कुछ काम पूरे होते थे तो कुछ काम रह जाते थे। काम होने पर कई लोग पलटकर धन्यवाद कहते तो काम न होने पर ताने भी सुनने पड़ते। कुछ लोगों के फोन अक्सर सिर्फ काम के लिए आते थे। उनका फोन उठाने में हिचकिचाहट होती।

जब बुद्ध के मार्ग पर चलकर दृष्टि बदली तो महसूस हुआ कि कोई अगर मदद के लिए फोन कर रहा है तो मैं बैठे-बैठाए पुण्य कमाने का अवसर क्यों गंवाऊं। काम हो या न हो, अपनी कोशिश में कोई कमी नहीं रहती थी। क्योंकि देखा गया है कि कई लोगों को पुण्य कमाने के लिए तीर्थों की यात्रा करनी पड़ती है।

एकांत या अकेलापन - आज की भागती-दौड़ती दुनिया में सबसे कठिन है एकांत में रहना। पहले तो एकांत मिलना मुश्किल होता है, और अगर मिल जाए तो एकांत में रहना बहुत भारी पड़ जाता है। टाइमपास के जरिए खोजे जाते हैं, किताब, मोबाइल, टीवी या कुछ लिख कर वक्त गुजारने की कोशिश की जाती है। अगर ये सब न करें तो एकांत में मन हमारा उछलता-कूदता रहता है। मन की हरकत शरीर को हिलने पर मजबूर करती है। नकारात्मकता हमें घेर लेती है। अकेलेपन में रहना किसी सजा से कम नहीं लगता है।

इस तरह हम कई और व्याधियां हम पाल लेते हैं। कोरोना के कारण लॉकडाउन में अकेलेपन ने मेरे लिए कई तरह की व्याधियां पैदा कर दीं। अकेले रहना दुनिया की सबसे बड़ी सजा लगने लगी थी। लेकिन गुरु जी के बताए भगवान बुद्ध के निर्देशों पर

ध्यान करने से सबसे बड़ा लाभ मेरे लिए यह हुआ कि जो अकेलापन कभी मेरे लिए सजा थी, अब वह मजा लगने लगा।

खाली बैठ कुछ भी देखते रहने के बाद दिमाग में सृष्टि के सवालों के जवाब तलाशने का काम जारी रहता है। जो अनुभूति ध्यान में होती थी, अब कुछ-कुछ अनुभूति खुली आंखों से एकांत में बैठकर होने लगी। दो हफ्ते तक मौन रहना आसान हो गया, जिस कारण अपने अंदर ऊर्जा का स्तर बढ़ते हुए खुद महसूस किया। कमरे में 6*6 की जगह ब्रह्मांड की सैर करने के लिए पर्याप्त लगने लगी। कई लोगों के बीच में रहकर भी एकांत की अनुभूति होना आम हो गया। एकांत अब ज्ञान प्राप्ति का सबसे बड़ा जरिया बन गया।

समस्या से निपटारा - ऐसा नहीं है कि अब मेरे सामने समस्याएं नहीं आती हैं या दुःख नहीं होता है। यह सब कुछ अभी भी आता है लेकिन अब इनका असर ज्यादा समय तक नहीं रहता है। कई बार दुःख या सुख पहुंचाने की घटनाएं सिर्फ घटना जैसी प्रतीत होती हैं, उनमें किसी तरह की भावना नहीं जुड़ती है।

समस्या के समाधान के लिए दूसरे पर निर्भर होने की बजाए खुद पर निर्भर रहने लगा। कुछ मौके आए जिसमें मानसिक अशांति महसूस हुई, खासकर तब जब कोरोना से संक्रमित होने के कारण ध्यान नहीं कर पाया। शारीरिक और मानसिक तौर पर घोर कमजोरी महसूस हुई। चिड़चिड़ेपन ने मुझे घेर लिया था। मन नियंत्रण के बाहर था। तब कुछ दिन एकांत में रहा, ध्यान क्रियाओं को पूरे अनुशासन के साथ किया। चार से पांच दिन में बेहतर परिणाम मिलने लगे।

अभी तक के अनुभव से ये पाया कि अगर आपको कोई परेशानी है तो किसी दूसरे से हालात बेहतर करने की अपेक्षा मत पालिए, क्योंकि तूफान आपके अंदर उठ रहा है न कि दूसरे के अंदर। इसलिए अंदर के तूफान को खुद शांत करना होगा, इसके लिए कोई बाहर का आदमी मदद नहीं कर सकता है।

खुद को हील करने का फॉर्मूला अब तक काम आ रहा है। कुछ समय पहले तक जीवन में ऐसा होता था कि छोटी से छोटी परेशानी के लिए किसी से घंटों बात होती रहती थी। कुछ समय के लिए मन ठीक जरूर होता था लेकिन समाधान फिर भी नहीं निकलता था।

संबंध - पुराने व्यवहार से मैंने कई लोगों को नाराज किया था। इस कारण मेरे मित्रों, परिजनों, संबंधियों की सोच मेरे बारे में बदल गई थी। मैं भले ही सही और अच्छी

बात कहूं लेकिन तरीका गलत होने के कारण दूसरों को मेरा व्यवहार बुरा लगने लगा। उन्होंने दूरी बना ली थी और मैं अपेक्षा करता था कि वे मेरे साथ सही व्यवहार करें।

बुद्ध के मार्ग पर चलने के बाद सबसे पहले मैंने खुद को खुद के लिए सुधारा। इस सुधार का केन्द्र सिर्फ मैं था, कोई और नहीं। क्योंकि पुराने अनुभव से पाया कि जब आप किसी व्यक्ति के लिए खुद को बदलते हैं तो कुछ समय तो उसे यह परिवर्तन अच्छा लगता है लेकिन आपमें परिवर्तन की उसकी चाह और बढ़ जाती है। दूसरों के लिए लगातार परिवर्तन से आप खुद से दूर होते जाते हैं, जिस कारण खालीपन की खाई और भी बढ़ जाती है।

दूसरी बात यह कि एक के लिए किया गया परिवर्तन जरूरी नहीं कि दूसरे को ठीक लगे। आप खुद को खोजकर स्वयं को बदल सकते हैं। इसी से बाहरी संबंध धीरे-धीरे ठीक होने लगेंगे।

गुरु के मार्गदर्शन में इस फलसफे को खुद से समझा तो खुद में सुधार की प्रक्रिया स्वत: ही होने लगी। कुछ रूठे फिर जुड़ गए, तो कुछ अभी भी रूठे हुए हैं, हालांकि इन लोगों के प्रति मेरे अंदर करुणा ही है, लेकिन बाहरी संबंधों की फिक्र भी कम है। मुझ में परिवर्तन होते देख मेरे पिता जी जिनके लिए कृष्ण भक्ति ही सब कुछ है, वे भगवान बुद्ध के प्रति आकर्षित हुए। उन्होंने ध्यान क्रिया सीखने की इच्छा जताई। उन्हें विपश्यना मेडिटेशन सेंटर जाने का सुझाव दिया। 10 दिन का शिविर करने के बाद उन्हें ध्यान में इतना आनंद आने लगा कि ध्यान क्रिया ही उनके लिए महत्वपूर्ण हो गया।

मेरा सात साल का बेटा भी ध्यान के बारे में अक्सर सवाल करता रहता है। कई रिश्तेदार और मित्रों ने भी मुझमें परिवर्तन देख विपश्यना कर भगवान बुद्ध की बोधि प्राप्त करने की तकनीक सीख ली है।

वर्तमान ही सब कुछ - खुद को समझते-समझते अनुभूति हुई कि जो मेरे साथ हो रहा है या होने वाला है वह बीते समय में किए कर्मों का प्रतिफल होगा। इसे कुछ समय के लिए टाला जा सकता है लेकिन बदला नहीं जा सकता। साथ ही यह भी महसूस किया कि मैंने अपने वर्तमान को भूतकाल के ढांचे और भविष्य के श्रृंगार से तैयार कर लिया है। वर्तमान के अमित में 99.99 प्रतिशत हिस्सा भूतकाल और भविष्यकाल है, वर्तमान का महज 0.1 फीसदी है।

समय के फ्रेम से बाहर निकलने में ध्यान क्रिया से मदद मिली। पूर्ण रूप से वर्तमान में सजग रहकर पुराने कर्म को उतारा जा सकता है और नए कर्म बनाने से बच

सकते हैं। इस पल में बनाई गई एक-एक ईंट धीरे-धीरे भूतकाल की छाप और भविष्य के रंग-रोगन से बच जाएगी। इन्हीं सिद्धांतों को तन-मन स्वत: ही अपनाने लगा और आज की योजनाओं पर काम करने लगा। हालांकि कोशिश है कि आज को भी समेट कर वर्तमान के छोटे से छोटे हिस्से में समा लिया जाए।

अध्याय - 19

बुद्ध धर्म के बारे में भ्रम टूटा, भारतीय होने पर गर्व हुआ

बुद्ध धर्म के बारे में मैं उतना ही जानता था जितना कि कक्षा तीन या चार की किताब में पढ़ाया गया। इसके अलावा मेरा बुद्ध धर्म की ओर झुकाव कभी नहीं रहा। सनातन धर्म की मान्यताओं के दायरे में ही मैंने जीवन के 35 साल गुजारे।

डिप्रेशन की अवस्था में बुद्ध धर्म की ओर झुकाव के कई कारण जिम्मेदार हैं। पहला कारण था धार्मिक मान्यता। डिप्रेशन की पहली झलक मुझे सितंबर 2019 में महसूस हुई। कड़ी मेहनत के बाद भी तरक्की अपेक्षानुरुप न होने के कारण मैं ज्योतिषी के चक्कर में पड़ गया। उन्होंने बताया कि तुम्हें कालसर्प दोष है। तुम्हें इसके निदान के लिए पूजा नासिक के पास त्र्यंबकेश्वर जाकर करवानी चाहिए। मैं अपनी पत्नी संग त्र्यंबकेश्वर गया भी। वहां के पंडितों ने बहुत शानदार ढंग से पूजा का आयोजन किया। उसका तत्काल लाभ भी मिला।

त्र्यंबकेश्वर से लौटने के बाद दो हफ्ते में ही बेहतर परिणाम मिलने लगे। छह माह बाद कोरोना में लॉकडाउन लगने से मेरी हालत पहले से भी बदतर हो गई। तब मुझे विश्लेषण का मौका मिला कि मैं अपनी समस्या सुलझाने के लिए किसी अन्य माध्यम पर निर्भर रहा हूं। कोई पंडित जी आते, हवन-कर्मकांड से समस्या के निदान का दावा करते... लेकिन आखिर ये कब तक चलता। समस्या मेरी है तो समाधान भी मुझे ही करना होगा, इसमें तीसरे का हस्तक्षेप करवाकर उस पर निर्भर नहीं रहना है।

दूसरा कारण था लॉकडाउन। पूरे देश में सख्त पाबंदी के चलते योग, ध्यान केन्द्र बंद थे। वे ऑनलाइन प्लेटफॉर्म से ही अपनी सेवाएं दे रहे थे। मेरी हालत इतनी खराब थी कि ऑनलाइन सर्विस का मुझ पर कोई असर नहीं होता। जेहन में एक बात और थी कि काफी कुछ योगासन मैं खुद जानता था, जिन्हें मैं बचपन से करता आया हूं। तब भी मैं डिप्रेशन में फंस गया। इसका मतलब कि इसका असर अब मुझ पर नहीं होगा।

तीसरा कारण आर्थिक था। लॉकडाउन में चुनिंदा आयुर्वेदिक सेंटर खुले हुए थे। लेकिन उनकी दो हफ्ते की फीस तीन लाख रुपए से भी ज्यादा थी। यह मेरे हिसाब से बहुत महंगा ईलाज था। चौथा कारण विकल्प की कमी थी। जब सभी जगह से खुद को ठीक करने के पुराने विकल्प बंद लग रहे थे, तो नया विकल्प आजमाने की कोशिश शुरु कर दी।

पांचवा सबसे बड़ा कारण था आध्यात्मिक। मैं नौकरी करते-करते इतना व्यस्त हो गया था कि जीवन में ठहराव खत्म हो गया था और मानसिक शांति कुंद होती जा रही थी। इसलिए जब भी पूजा के लिए हाथ जोड़ने जाता तो परिवार की खैरियत के साथ मानसिक शांति की कामना करता।

मान्यता है कि आप जैसे होना चाहते हैं उसी तरह की ऊर्जा से आपका संपर्क होता है। इसी से जुड़ी हुई दूसरी मान्यता है कि अपना आदर्श या इष्ट चुनने में सावधानी बरतनी चाहिए क्योंकि जिसे भी आप अपना आदर्श और इष्ट मानकर उसे याद करते हैं, उसके गुण और अवगुण, दोनों के ही अंश आप में आने लगते हैं। वैज्ञानिक तौर पर यह कितना सही है पता नहीं, लेकिन इसके साक्ष्य बहुत देखें हैं।

अगर किसी युवा क्रिकेटर के कमरे में सचिन तेंदुलकर की फोटो लगी होगी तो इसकी संभावना ज्यादा है कि फिर वह बल्लेबाज ही बनेगा न कि बॉलर। भगवान बुद्ध की पहचान विश्व शांति के प्रतीक के रूप में स्थापित है। शायद इसी कारण मैं शांति स्थापित करने वाले भगवान से जुड़ गया। इन छोटे-छोटे कई कारणों से बुद्ध भगवान की ओर झुकाव बढ़ता चला गया या इसे आध्यात्मिक नजरिए से कहें तो भगवान बुद्ध से जुड़ने के लिए प्रकृति ने कई तरह के हालात पैदा कर दिए।

इसके अलावा एक सबसे मुख्य कारण है मेरा स्वभाव। दरअसल मेरा स्वभाव ऐसा है जिसमें बिना जांचें परखें मैं किसी भी चीज को स्वीकार नहीं करता हूं। धर्म तो ऐसी चीज है जो आपकी मान्यताओं और जीवन को बदल देता है। इसलिए बौद्ध धर्म हर किसी को इस बात की इजाजत देता है कि वह बुद्ध के संदेशों को आंख मूंद कर न मानें, उन्हें जांच परख कर ही अपने जीवन में उतारे। अगर वह बुद्ध की क्रियाओं से संतुष्ट नहीं हैं तो वह आंख मूंद कर तो बिल्कुल भी न माने।

मेरे गुरु जी भी अपने उपदेशों में कई बार मुझे आगाह करते रहते हैं कि तुम मेरी बात पर आंख मूंद कर भरोसा मत करो। खुद से इसे परखोगे तभी प्रज्ञा जागेगी। अगर अंधविश्वासी होकर बुद्ध के रास्ते पर चलोगे तो तुम्हारा सफर एक स्तर के बाद

आगे ही नहीं बढ़ पाएगा। एक खास बात यह भी है कि बौद्ध भिक्षु कभी अपने धर्म को सर्वश्रेष्ठ और दूसरे धर्म की आलोचना नहीं करते। उनके अनुयायियों को सभी धर्मों का सम्मान करने के लिए कहा जाता है।

नेपाल यात्रा के दौरान बुद्ध धर्म के बारे में सबसे बड़ा भ्रम टूटा। मुझे लगता था कि बुद्ध धर्म पूरे विश्व में इसलिए ज्यादा विख्यात हो गया क्योंकि इसकी शिक्षाएं बहुत वैज्ञानिक और तार्किक हैं। लेकिन यह पूरा सच नहीं है। दरअसल इस धर्म में सबसे पहले आपको खुद से चित्त शुद्धी की शुरुआत करनी होती है यानी "पहले आर्य सत्य का अनुसरण अपने जीवन में शुरु करें"। (पंचशील बौद्धों का एक चरित्र का आधार है। प्रथम शील है अहिंसा या जीवों को हानी न पहुँचाना, दूसरा है चोरी न करना, तीसरा हैं व्यभिचार न करना, चौथा है असत्य न बोलना और पांचवा है मादक द्रव्यों का सेवन न करना।)

जब गुरु को लगेगा कि व्यक्ति बुद्ध के रास्ते पर चलने के लिए आंतरिक तौर पर प्रयासरत है, तभी गुरु अपने शिष्य को ध्यान क्रियाएं सिखाते हैं। मैंने अभ्यास के दौरान यह पाया कि मेडिटेशन अकेला काफी नहीं है। अगर चित्त के अंदर से होने वाले सूक्ष्मतम परिवर्तन का बार-बार अभ्यास अपने आचरण के माध्यम से नहीं करेंगे तो एक स्तर के बाद मेडिटेशन से मिलने वाली अनुभूति मिलनी बंद हो जाती है।

इसके अलावा यहां स्वाध्याय की परंपरा का भी खूब चलन है। गुरु अपने शिष्य से बौद्ध धर्म की किताबें पढ़ने के लिए कहते हैं। मैं पत्रकारिता में रहने के बाद भी किताबों से दूर भागता था। लेकिन जब गुरु जी ने कहा तो मानना पड़ा। छह माह के दौरान करीब एक दर्जन मोटे-मोटे बौद्ध धर्म ग्रंथों को पढ़ा और यह सिलसिला अभी भी जारी है। इसका फायदा भी मिला। स्वाध्याय से मेडिटेशन के दौरान मिलने वाली अनुभूतियां अब जल्दी मिलने लगीं, वे अब स्पष्ट तौर पर समझ में आने लगीं। यानी आचरण के माध्यम से अभ्यास, मेडिटेशन का अभ्यास और स्वाध्याय का अभ्यास— इन तीन अभ्यासों को समान रूप से लगातार करने से जीवन सकारात्मक दिशा में लगातार बदल रहा है। और इन बदलावों को हर पल महसूस कर रहा हूं। बुद्ध धर्म में माना गया है कि सिर्फ मेडिटेशन के लिए बैठना पर्याप्त नहीं है। बुद्धि के तीन सोपान हैं - श्रुतमयी(अध्ययन), चिंतामयी(चिंतन), भावनामयी प्रज्ञा(ध्यान)।

तब भारतीय होने पर गर्व महसूस हुआ - मैंने जितने बौद्ध धर्म ग्रंथों को पढ़ा, जितने बौद्ध गुरुओं से मिला, सभी में भारत के प्रति भरपूर कृतज्ञता है। उनका मानना है

कि आने वाले समय में आर्यवर्त यानी भारत समेत उसके पड़ोसी देशों (अफगानिस्तान, पाकिस्तान, नेपाल, बर्मा, श्रीलंका, भूटान) में बुद्ध धर्म अपनी जड़ें मजबूत करेगा। और भारत वर्ष अध्यात्म के क्षेत्र में विश्व को नई राह दिखाएगा। असल मायने में विश्व गुरु बनेगा।

दरअसल यहां विश्व गुरु का अर्थ स्पष्ट करने की जरूरत है। आमतौर पर भारत में विश्वगुरु होने की अवधारणा यह है कि भारत की बात पूरी दुनिया मानेगी, उसका लोहा हर क्षेत्र में स्वीकारा जाएगा। भारत की बात को कोई अनसुना नहीं कर पाएगा। लेकिन मैंने बुद्ध के रास्ते पर चलकर विश्व गुरु की अवधारणा को डिकोड करने की कोशिश की। इस बारे में कई बौद्ध गुरु भी कुछ ऐसा ही कहते हैं।

आने वाले समय में भारत सभी की बात सुनेगा, चाहे वह अमीर देश हो या गरीब। भारत के अंदर सभी को जाति, धर्म क्षेत्र से ऊपर उठ एक मानव के रूप में स्वीकारा जाएगा। भारत का कलेजा इतना बड़ा होगा कि हर विचाराधारा को वह समान रूप से देखेगा और उनका सम्मान करेगा। धार्मिक व जातिगत कट्टरता की कोई जगह नहीं होगी। अंदरूनी और बाहरी तौर पर प्रेम, आनंद, शांति व अहिंसा ही इसके सबसे बड़े हथियार होंगे। तब असल मायने में भारत विश्व गुरु बन पाएगा। इन्हीं के दम पर भारत पहले भी विश्व गुरु बना है और आगे भी बन सकता है।

बौद्ध धर्म ग्रंथ बोधिचर्यावतार में लिखा है कि "भारत को ' आर्य - भूमि ' कहा गया है, जहाँ अनेक धर्म, मत तथा सिद्धान्त उत्पन्न हुए और वास्तव में लगता है कि यह एक महान देश है। इस भूमि पर असंख्य सिद्धान्तवादी, न्यायवादी जैसे बड़े - बड़े विद्वान और महान सिद्ध हुए, जिनकी विद्वत्ता को उनके मत - मतान्तरों की मीमांसाओं एवं न्यायिक विवेचनाओं की पूर्ण रचनाओं से जान सकते हैं। इस प्रकार के मत - मतान्तर की रचनाओं का निष्पक्ष दृष्टिकोण से अगर हम अध्ययन करें तो बहुत महत्त्वपूर्ण ज्ञान के साधन प्राप्त होंगे। परन्तु विद्वानों के मूल सिद्धान्त को बिना समझे यदि पक्षपातपूर्ण दृष्टि से हम उन रचनाओं का अध्ययन करते हैं तो यह हानिकारक भी सिद्ध हो सकता है । इस प्रकार (अगर हम पक्षपातपूर्वक ग्रन्थों का -पाठन या अध्ययन) करते हैं तो धार्मिक अध्ययन से हम पुण्य की जगह पाप कमा सकते हैं। इसलिए सभी धार्मिक अनुयायियों को परस्पर सद्भावना रखनी चाहिए । जो जिस मत, सिद्धान्त या धर्म को मानते हैं, उनको उस धर्म या मत में बताई गई शिक्षा की सही - सही जानकारी और अभ्यास होना आवश्यक है। हिन्दू, मुस्लिम, बौद्ध, सिख, जैन, पश्चिमी देशों के ईसाई, यहूदी आदि हरेक मत हमें अच्छे और कल्याणकारी

मनुष्य बनाने की राह बताते हैं। इसलिये हमें सभी धर्मों के प्रति आदर और सद्भावना रखनी चाहिए। सभी धर्मों के प्रति सद्भावना रखते हुए यह भी आवश्यक है कि अपने धर्म या मान्य सिद्धान्त को केवल विश्वास पर न छोड़कर उसकी सच्ची और गहरी जानकारी करें।"

खासियत - मैंने अब हिन्दू, इस्लाम, क्रिश्चियन, जैन, बौद्ध सिख धर्मों के बारे में थोड़ा बहुत अध्ययन किया है। यात्रा के दौरान पाया कि दुनिया में हर धर्म की आधारशिला खुद को जानने से बनी है। यहीं से ज्ञान की प्राप्ति हुई। देश-काल-परिस्थिति-भाषा-रंग-रूप-खानपान-पहनावा जैसी कई अन्य परिस्थितियों के चलते इन धर्मों के अलग-अलग फ्रेम बनते चले गए। सभी धर्मों का एक ही उद्देश्य है– प्रकृति में रहने वाले सभी तरह के जीवों का उद्धार करना।

बौद्ध धर्म एक बड़ी संस्था की तरह सुसंगठित होकर आगे बढ़ रहा है। यहां बिखराव कम देखने को मिलेगा। यहां की गुरु-शिष्य परंपरा ने मुझे सबसे ज्यादा आकर्षित किया। सुप्रीम गुरु से लेकर लेकर नीचे पाएदान के अंतिम शिष्य तक एक श्रृंखला बनी हुई है। जिस कारण हर कोई एक दूसरे का हाथ पकड़े हुए नजर आता है। अगर कोई नीचे का शिष्य अपने रास्ते से कभी भटक भी जाए तो उसके ठीक ऊपर वाले गुरु उसे समय रहते रास्ते पर ले आते हैं। सनातन धर्म के साथ-साथ बुद्ध धर्म में भी बहुत सी ध्यान क्रियाएं और रहस्यमयी बातें गुरु-शिष्य परंपरा के दायरे तक ही सीमित रहती हैं। इसे पात्र शिष्य को ही स्थानांतरित किया जाता है। एक-एक ध्यान क्रिया की अनुभूति प्राप्त करने के लिए कठिन तपस्या करनी पड़ती है। अनुभूति होने पर ही अगली ध्यान क्रिया बताई जाती है।

बौद्ध धर्म की बड़ी खासियत यह भी है कि यह किसी अन्य धर्म की मान्यताओं और तकनीक का कभी खंडन नहीं करता है। ध्यान देने की बात है कि प्राचीन भारत में दार्शनिक बहस और खंडन की एक स्वस्थ परंपरा रही है। मध्यकाल में वह परंपरा कमजोर हो गई और आधुनिक भारत और भारतीय उपमहाद्वीप में हमारे पास अपने धर्म के बारे में केवल एक रोमांचित विचार है, क्योंकि हमने खंडन-मंडन की स्वस्थ परंपरा को खो दिया है। बौद्ध धर्म के भिक्षु कभी खुद को श्रेष्ठ नहीं मानते हैं। और जबरन धर्म परिवर्तन इनके सिद्धांतों के खिलाफ है।

अगला कदम

आपके हाथों में खुली यह किताब आध्यात्मिक यात्रा का पहला पड़ाव थी। इसमें लेखक ने सत्य के मार्ग की खोज का विवरण दिया है, जिसमें लेखक बाहरी और आंतरिक तौर पर कई आयामों से गुजरा। लेखक की अगली किताब इसी यात्रा का दूसरा और रोचक पड़ाव है। इस किताब के अनुभव पूर्ण रूप से आंतरिक अनुभूति के आधार पर होंगे। इसमें थोड़े विस्तार से झलक मिलेगी कि भगवान गौतम बुद्ध के रास्ते पर चलते-चलते उसे आंतरिक तौर पर क्या अनुभूतियां हुईं। ब्रह्मांड के रहस्य अनभूतियों से कैसे खुलते हैं, क्यों कहा जाता है कि सब कुछ नश्वर है, राम-कृष्ण-बुद्ध-महावीर को कैसे महसूस कर सकते हैं, कर्म क्या है, मन को मंदिर क्यों मानना चाहिए, कर्मकांड पूर्ण मुक्ति का रास्ता क्यों नहीं है। प्रकृति कैसे दंड देती है और मदद करती है। क्या हमें कोई परम सत्ता चला रही है, या हम खुद की कठपुतली हैं। ये रास्ता है ही ऐसा कि जो भी इस पर चलेगा, वह आत्मज्ञान के करीब आता जाएगा, भले ही वह कोई भी हो।